Der prächtige Montez

Von der Kurtisane zum Konvertiten

Horace Wyndham

Writat

Diese Ausgabe erschien im Jahr 2023

ISBN: 9789358811155

Herausgegeben von
Writat
E-Mail: info@writat.com

Inhalt

VORWORT

Ziehen Sie ein Schleppnetz über die Seiten des zeitgenössischen Dramas, und es steht außer Frage, dass in ihrer Blütezeit kein Name auf der Liste in Bezug auf Abenteuer und Romantik eine größere Bedeutung hatte als der von Lola Montez. Alles, was sie tat (oder was ihr zugeschrieben wurde), füllte Spalten um Spalten in der Presse Europas und Amerikas; und vom Anfang bis zum Ende war sie genauso „Neuigkeiten" wie jede Hollywood-Heldin unserer Zeit. Doch obwohl sie in zwei Hemisphären Geschichte schrieb, erwies es sich als äußerst schwierig, die wahren Fakten ihrer glamourösen Karriere herauszufinden und aufzudecken. Dies liegt daran, dass um nur wenige (wenn überhaupt) Frauen eine solche Honigwabe aus Fabeln, Fantasien und Fantasien aufgebaut wurde wie um diese.

Auch wenn es um die grundsätzlichen Punkte geht, herrscht Uneinigkeit. So sind laut verschiedenen Chronisten der Sultan der Türkei, ein „indischer Rajah" (nicht näher bezeichnet), Lord Byron, der König der Kannibaleninseln und ein „wohlhabender Kaufmann", jeweils als ihr Vater dargestellt, mit einem „schönen kreolischen „eine „schottische Wäscherin" und eine „Dublin-Schauspielerin" für ihre Mutter; und Kalkutta, Genf, Limerick, Montrose und Sevilla – und ein Dutzend anderer Städte auf der ganzen Welt – als ihr Geburtsort. So etwas ist – gelinde gesagt – verwirrend.

Aber Lola Montez war so etwas wie ein Anachronismus und hatte eine ebenso hohe Missachtung von Konventionen wie die Damen, die sich am Court of Merlin drängten. Man muss zugeben, dass sie selbst auch nicht besonders auf Genauigkeit bedacht war. So verkürzte sie ihr Alter um ein halbes Dutzend Jahre, gewährte ihrem Vater (den sie einen „spanischen Offizier von Rang" nannte) ein paar Stufen im Rang und beharrte auf einer Abstammung, auf die sie nie Anspruch hatte.

Doch wenn Lola Montez die Öffentlichkeit über sich selbst getäuscht hat, haben andere die Öffentlichkeit über Lola Montez getäuscht. So verkündete George Augustus Sala in einem seiner Bücher feierlich, dass sie eine Schwester von Adah Isaacs Menken sei; und ein modernerer Schriftsteller, der nicht in der Lage ist, zwischen Ludwig I. und seinem Enkel Ludwig II. zu unterscheiden, erzählt uns, dass sie „mit dem verrückten König von Bayern vertraut" war. Für jeden (und es gibt immer noch solche Menschen), der das gedruckte Wort als Evangelium akzeptiert, zerstören Ausrutscher dieser Art den Glauben.

Als Informationsquelle zu diesem Thema ist die (angebliche) *Autobiographie* von Lola Montez, die erstmals 1859 veröffentlicht wurde, wertlos. Der Großteil davon wurde für sie von einem geistlichen „Geist" in Amerika, Rev.

Chauncey Burr, geschrieben und dient lediglich als Ansammlung malerischer und leicht zu widerlegender Unwahrheiten. Einige davon werden übrigens zusammen mit einigen zusätzlichen Stickereien ausführlicher in anderen Bänden von Ferdinand Bac (der Ludwig I. mit Maximilian II. verwechselt) und den ebenso unzuverlässigen Eugène de Mirecourt und Auguste Papon dargelegt . Auf der anderen Seite haben deutsche Schriftsteller, auch wenn sie dazu neigen, langatmig zu sein, zumindest die offensichtlicheren Fallstricke vermieden. Unter den Büchern und Broschüren (viele davon anonym) germanischen Ursprungs werden folgende die Forschung lohnen: *Die Gräfin Landsfeld* (Gustav Bernhard); *Lola Montez, Gräfin von Landsfeld* (Johann Deschler); *Lola Montez und andere Novellen* (Rudolf Ziegler); *Lola Montez und die Jesuiten* (Dr. Paul Erdmann); *Die spanische Tänzerin und die deutsche Freiheit* (J. Beneden); *Die Deutsche Revolution, 1848-1849* (Hans Blum); *Ein vormarzliches Tanzidyll* (Eduard Fuchs); *Abenteur der beschäftigten Tänzerin* ; *Anfang und Ende der Lola Montez in Bayern* ; *Die Münchener Vergänge* ; *Unter den vier ersten Königen Bayerns* (Luise von Kobell); und insbesondere die monumentale *Histeriche* von Heinrich von Treitschke. Aber man muss hundert Kühe melken, um auch nur einen halben Liter Lola-Montez-Sahne zu bekommen.

Um aus erster Hand verlässliche und bisher nicht aufgezeichnete Details zu sammeln, habe ich kürzlich Berlin, Brüssel, Dresden, Leningrad, München, Paris und Warschau usw. besucht, deren Hauptstädte jeweils eine Portion farbenfrohes Drama bieten von Lola Montez wurde entfaltet. Das Ergebnis dieser Untersuchungen erwies sich jedoch in mancher Hinsicht als enttäuschend.

„Lola Montez – hm – was war das für ein Mann?" war die Antwort eines prominenten Schauspielers, der mir als „führende Autorität in allem, was mit der Bühne zu tun hat" empfohlen wurde; und der Sekretär eines Theaterclubs, der behilflich sein wollte, schrieb: „Tut mir leid, aber keines unserer Mitglieder hat persönliche Erinnerungen an die Dame." Da sie damals mehr als siebzig Jahre lang in ihrem Grab gelegen hatte, kam es mir nicht in den Sinn, dass selbst der ältere *Jeune Premier* unter ihnen noch lebhafte Erinnerungen an sie behalten hätte. Dennoch waren viele von ihnen schon alt genug, um von ihren Vorgängern etwas über sie gehört zu haben.

Aber wertvolle Hilfe dabei, die wahren Fakten im Zusammenhang mit der Karriere dieser bemerkenswerten Frau herauszufinden und sie aus dem Netzwerk von Lügen und Fabeln zu befreien, in das sie seit langem verstrickt ist, kam von anderen Quellen. Zu denjenigen, denen eine besondere Schuld zugestanden werden muss, gehören Edmund d'Auvergne (Autor einer sorgfältig dokumentierten Studie), *Lola Montez (eine Abenteurerin der Vierzigerjahre)*; Gertrude Aretz (Autorin von *The Elegant Woman*); Bernard Falk (Autor von *The Naked Lady*); Arthur Hornblow (Autor von *A History of the Theatre in America*); Harry Price (Hon. Sec. University of London Council for Psychical Investigation); Philip Richardson (Herausgeber von *The Dancing Times*); und Constance Rourke (Autorin von *Troupers of the Gold Coast*); Weitere Informationen kamen von Frau Charles Baker (Ruislip) und John Wade (Acton).

Bei der Bereitstellung wichtiger Briefe und Dokumente sowie bisher unveröffentlichter Einzelheiten über den von Lola Montez in Amerika gebahnten Weg haben mir folgende Personen große Hilfe geleistet: Miss Mabel R. Gillis (Staatsbibliothekarin , Californian State Library, Sacramento); Frau Lillian Hall (Kuratorin, Harvard Theatre Collection); Miss Ida M. Mellen (New York); Frau Helen Putnam van Sicklen (Bibliothek der Society of Californian Pioneers); Frau Annette Tyree (New York); Herr John Stapleton Cowley-Brown (New York); Herr Lewis Chase (Hendersonville); Professor Kenneth L. Daughrity (Delta State Teachers' College, Cleveland); Herr Frank Fenton (Stanford University, Kalifornien); Herr Harold E. Gillingham (Bibliothekar, Historical Society of Pennsylvania); Herr W. Sprague Holden (Mitherausgeber, Argonaut Publishing Company, San Francisco); und Herr Milton Lord (Direktor, Public Library, Boston).

Neben diesen Experten bin ich auch Monsieur Pierre Tugal (Konservator, Archives de la Danse, Paris) zu Dank verpflichtet; und an die Direktoren und Mitarbeiter der Bibliothèque d'Arsenal, Paris, und des Theatermuseums, München, die mir ihre Aufzeichnungen großzügig zur Verfügung gestellt haben.

Im Gegensatz zu seinen amerikanischen und kontinentalen Kollegen sagte ein öffentlicher Bibliothekar in England (auf einer Postkarte), er sei „zu beschäftigt, um Fragen zu beantworten".

KAPITEL I

VORSPIEL ZUM ABENTEUER

ICH

In einer tränenreichen Kolumne mit der Überschrift „Nekrologie des Jahres"
schrieb ein Nachrufer aus der Mitte des viktorianischen Zeitalters über eine
darin vorkommende Frau:

Dies war eine Person, die trotz ihrer bösen Taten an einigen öffentlichen
Transaktionen beteiligt war, die zu bemerkenswert waren, als dass ihr Name
in der Liste der im Jahr 1861 verstorbenen berühmten Personen gestrichen
werden konnte.

Das unglückliche Mädchen, das aus einer angesehenen englischen oder
irischen Familie stammte, besaß schon in jungen Jahren die verhängnisvolle
Gabe der Schönheit. Sie trat für kurze Zeit als Tänzerin auf der Bühne auf
(für diese Erniedrigung trugen ihre trauernden Verwandten Trauer und
stellten Beerdigungskarten aus, um zu zeigen, dass sie nun für sie gestorben
war) und glänzten dann als die berüchtigtste Paphianerin Europas.

Wenn das alles wäre, wäre ihr Name in diesen Spalten nicht enthalten
gewesen. Aber sie zeigte einige sehr bemerkenswerte Eigenschaften. Die
natürlichen Kräfte ihres Geistes waren beträchtlich. Sie hatte einen starken
Willen und ein gewisses Gespür für die Umstände. Ihr Wesen war großzügig
und ihre Sympathien sehr groß. Diese Eigenschaften machten die Kurtisane
zu einer einzigartigen Stellung. Sie erlangte einen politischen Einfluss; und
übte eine größere Faszination auf Herrscher und Minister aus, als sie
vielleicht jedes andere Mitglied der *Halbwelt* besessen hat . Sie regierte ein
Königreich; und regierte es darüber hinaus mit Würde, Weisheit und
Können. Die politische Hypatia wurde jedoch dem Pöbel geopfert. Ihre
Macht war verschwunden und sie konnte nicht mehr auf die Schmeicheleien
der Staatsmänner hoffen. Sie wurde zu einer Abenteurerin einer
minderwertigen Klasse. Ihre Intrigen, ihre Duelle und ihre Pferdepeitschen
machten sie eine Zeit lang in London, Paris und Amerika zu Berühmtheit.

Wie andere gefeierte Lieblinge, die mit all ihren persönlichen Reizen, aber
ohne Einblicke in eine bessere menschliche Natur, die Würde der
Weiblichkeit einem verschwenderischen Ehrgeiz geopfert haben, machte
sich diese in ihren letzten Momenten Vorwürfe über ihr verschwendetes
Leben; Und dann, als all ihr Ehrgeiz und ihre Eitelkeit zu Asche geworden
waren, verstand sie, was es bedeutete, das Spielzeug der Männer und der
Spott der Frauen zu sein.

Alles in allem ein etwas zurückhaltender Anflug von Missbilligung gegenüber dem Thema dieser speziellen Abhandlung.

II

Drei Jahre, nachdem die donnernden Echos von Waterloo verklungen waren und „Boney", hinter einer Franse britischer Bajonette, sicher auf der Insel St. Helena interniert wurde, wurde in der Kaserne von Limerick ein kleines Mädchen geboren. Am selben Tag feierte im fernen Bayern ein Herrscher seinen fünfunddreißigsten Geburtstag. Siebenundzwanzig Jahre später sollten sich die beiden treffen; und von diesem Treffen sollte viel Geschichte geschrieben werden.

Das kleine Mädchen, das zum ersten Mal in Limerick auf der Bildfläche erschien, war die Tochter eines Fähnrichs Edward Gilbert, eines jungen Offiziers aus guter irischer Familie, der eine Señorita Oliverres de Montalva „von Castle Oliver, Madrid" geheiratet hatte. Auf jeden Fall behauptete sie, eine solche zu sein und direkt von Francisco Montez abzustammen, einem berühmten Toreador aus Sevilla. Es besteht jedoch die starke Vermutung, dass sie sich hier auf ihre Fantasie stützte; und was das „Castle Oliver" im sonnigen Spanien betrifft, so hat es diesem Land nie an „Burgen" gefehlt.

Die Familie Oliver war, wie EB d'Auvergne in seinen sorgfältig dokumentierten „ *Adventuresses and Adventurous Ladies*" darlegte, in Wirklichkeit irischer Abstammung und seit dem Jahr 1645 in Limerick ansässig. „Der Stammbaum der Familie", sagt er, „verrät nein." Spuren von spanischem oder maurischem Blut." Darüber hinaus war die Hauptlinie zu Beginn des letzten Jahrhunderts, soweit die Vereinigung ihrer Mitglieder von der Kirche gesegnet worden war, erloschen und es waren keine legitimen Nachkommen mehr übrig. Dementsprechend muss Gilberts Ehefrau, wenn sie eine echte Oliverres ist, mit einem beträchtlichen Fleck auf ihrem „Wappen" zur Welt gekommen sein.

Dennoch, wenn in ihrem Stammbaum keine Hidalgos zu finden wären, hätte Mrs. Gilbert wahrscheinlich gutes Blut in ihren Adern gehabt. Tatsächlich gibt es von einer entfernten Verwandten, Miss DM Hodgson, Beweise dafür, dass sie in Wirklichkeit eine uneheliche Tochter eines Iren, Charles Oliver, aus Castle Oliver (heute Cloghnafoy), Grafschaft Limerick, und eines Bauernmädchens war auf seinem Anwesen. Das ist durchaus möglich, denn es gab eine Zeit, in der die Squires „seigneuriale Rechte" ausübten und die Colleens selbstgefällig waren. Wenn nicht, hatten sie nur sehr kurzen Prozess.

Mrs. Gilberts Hochzeit war überstürzt gewesen. Dennoch nicht zu voreilig, denn der Arzt und die Monatsschwester mussten gerufen werden, fast bevor die Tinte auf der Kasse trocken war. Tatsächlich muss Mrs. Gilbert im Zustand von Damen, die ihre Herren lieben, in die Kirche gegangen sein, denn dieses „Versprechen gegenseitiger Zuneigung" wurde in der Limerick-

Kaserne geboren, als die Flitterwochen noch in vollem Gange waren, und zwar innerhalb eines Paares Monatelang wurde der Bund fürs Leben geschlossen. Sie wurde auf den Namen Marie Dolores Eliza Rosanna getauft, wurde aber zunächst mit dem zweiten dieser Namen genannt. Da dies jedoch für ein kleines Kind etwas zu langwierig war , schnitt sie es selbst bald auf die winzige Lola ab. Der Name passte zu ihr und er blieb hängen.

Obwohl diese Tatsachen durch dokumentarische Beweise gestützt werden, waren sie nicht „romantisch" genug, um mit den Ansichten bestimmter ausländischer Biographen übereinzustimmen. Dementsprechend gaben sie als Geburtsort des Kindes unter anderem Madrid, Luzern, Konstantinopel und Kalkutta an; und einer von ihnen war sogar so mutig, sie zur Tochter von Lord Byron zu machen. Auch Larousse sagt, um nicht hinterherzuhinken, dass sie „in Sevilla als Tochter eines spanischen Vaters geboren" wurde; und alternativ „in Schottland, eines englischen Vaters". In beiden Berichten wird jedoch ausdrücklich darauf hingewiesen, dass ihre Mutter „eine junge Kreolin von erstaunlicher Schönheit war, die zwei Offiziere, einen Spanier und einen Engländer, geheiratet hatte".

Es war Edward Gilberts Verdienst, dass er nicht mit dem königlichen Auftrag in der Tasche, sondern in einer bescheideneren Funktion, der eines Privatsoldaten, in die Armee eingetreten war. Tapferer Dienst im Feld hatte ihm den Aufstieg beschert; und 1817 wurde er zum Fähnrich des 25. Infanterieregiments ausgewählt und tauschte seine Muskete und seinen Rucksack gegen das Schwert und die Schärpe eines Offiziers ein. Von der 25. Infanteriedivision wurde er fünf Jahre später zur 44. Infanteriedivision unter dem Kommando von Colonel Morrison versetzt. Als das Regiment 1822 für einen Auslandsdienst an die Reihe kam, zog es von Dublin nach Chatham und schiffte sich nach Indien ein. Der junge Offizier segelte mit seiner Frau und seinem Kind nach einer Reise, die den größten (oder schlimmsten) Teil von sechs Monaten dauerte, landete in Kalkutta und ging in die Kaserne von Fort William. Bei ihrer Ankunft dort wurden „die Neuankömmlinge", heißt es in einem erhaltenen Bericht, „mit großzügiger Gastfreundschaft bewirtet, und zwar auf eine Weise, die nur mit den Festlichkeiten zu vergleichen ist, die in den Romanen von Charles Lever beschrieben werden." Aber alle Ränge hatten starke Köpfe und wurden dadurch nicht schlechter.

Im darauffolgenden Sommer erhielt das Regiment „die Route" und wurde landeinwärts nach Dinapore beordert, einem von Warren Hastings gegründeten Quartier in der Nähe von Patna am Ganges. Es war eine ungesunde Station, besonders für junge Leute, die frisch aus England kamen. Tagsüber eine brennende Sonne; heiße, drückende Nächte; und kein Windhauch fegte über die ausgedörrten Ghats. Innerhalb weniger Wochen trat die gefürchtete Cholera auf; das melancholische Rollen gedämpfter

Trommeln war jeden Abend bei Sonnenuntergang zu hören; und Fähnrich Gilbert war eines der ersten Opfer.

Truppen der „John Company" auf dem Marsch in Indien

Überliefert ist, dass die Witwe „der Fürsorge und dem Schutz von Mrs. General Brown, der Frau des Brigadiers, überlassen wurde". Aber die Ereignisse marschierten bereits ihrem festgelegten Ende entgegen; und infolgedessen wurde diese barmherzige Dame bald von ihrer Obhut entbunden.

Hinterließ eine junge Witwe (noch keine fünfundzwanzig) mit einem fünfjährigen Kind, das sie großziehen musste, und sehr wenig Geld dafür (denn ihr Mann hatte nur 108 Rupien pro Monat bezogen), in der sich Mrs. Gilbert befand selbst war eine schwierige Frage. „Sie können", schrieb Lola Jahre später, „nur eine schwache Vorstellung von der Verantwortung haben." Es waren jedoch herzliche Herzen bereit, sich mit ihr anzufreunden. Der herzlichste unter ihnen war der eines Offiziersbruders ihres verstorbenen Mannes, Leutnant Patrick Craigie von der 38. Eingeborenen-Infanterie, der damals in Dacca stationiert war. Da er Junggeselle war und über beträchtliche private Mittel verfügte, lud er sie ein, mit ihr in seinem Bungalow zu wohnen. Die Einladung wurde angenommen. Infolgedessen gab es eine gewisse Menge Klatsch. Dies wurde jedoch umgehend durch eine zweite, ebenfalls angenommene Einladung, seinen Namen preiszugeben, zum Schweigen gebracht; und im August 1824 blühte Mrs. Gilbert, die auf ihre Trauer und ihre Witwenschaft verzichtete, als Mrs. Craigie neu auf. Es heißt, dass die Zeremonie von Bischof Heber, Metropolit von Kalkutta, durchgeführt wurde, der sich zu dieser Zeit zufällig in Dacca aufhielt. Sehr bald darauf erhielt Benedikt eine Ernennung zum stellvertretenden Generaladjutanten in Simla und gleichzeitig die eines stellvertretenden

Postmeisters im Hauptquartier. Dies bescherte ihm einen Aufstieg in den Rang eines Kapitäns und eine willkommene Aufstockung seines Gehalts. Nach Meinung des teils nicht allzu barmherzigen Senders „gup" habe die Witwe „sich gut geschlagen."

Kapitän Craigie, der anscheinend ein etwas Dobbin-ähnlicher Mensch war, erwies sich als liebevoller Ehemann und Stiefvater. Die Hübschheit und Frühreife des kleinen Mädchens gefielen ihm sehr. Er konnte nicht genug für sie tun; und er verwöhnte sie, indem er sich weigerte, ihre eigensinnige Veranlagung zu kontrollieren und sie zu schelmischen Streichen zu ermutigen. Es war keine gute Erziehung; und da Kleidung und „Gesellschaft" die Gedanken ihrer Mutter erfüllten, wurde die „Miss Baba" weitgehend der Obhut der Scharen einheimischer Bediensteter überlassen, die im Bungalow stationiert waren. Sie wurde von allen gestreichelt, mit denen sie in Kontakt kam, vom vergoldeten Personal des Regierungshauses bis hin zum bescheidensten Sepoy und Träger. Lord Hastings, der Oberbefehlshaber – ein strenger Disziplinarist, der die „Katze" wieder eingeführt hatte, als Lord Minto, sein Vorgänger im Amt, sie abgeschafft hatte – lächelte sie freundlich an. Sie saß auf dem Schoß von mit Medaillen ausgezeichneten Generälen, Veteranen von Assaye und Bhurtpore, und zog ungehindert deren Schnurrhaare; und sie tobte wild in den Siedlungen der zivilen Großen und Kaufmanns-Nabobs, die, wie es in den Tagen der „John Company" Brauch war, den Pagodenbaum zu ihrem eigenen beträchtlichen Vorteil geschüttelt hatten. Schließlich, wie sie sagten, wenn irgendein Protest bis zur Leadenhall Street durchsickerte, wofür waren die Eingeborenen da, außer um ausgebeutet zu werden; und Wichtigtuer, die sie zur Rede stellten, redeten Unsinn. Schlimmer noch, sie waren „illoyal".

Da es jedoch hinreichende Gründe dafür gab, warum Kinder nicht auf unbestimmte Zeit auf dem Land bleiben konnten, entschied Lolas Stiefvater nach reiflicher Überlegung, dass es das Beste wäre, mit ihr zu tun, da sie wild herumlief und Unfug trieb um sie bei seinen Verwandten in Schottland großziehen zu lassen. Nachdem eine geeignete Eskorte gefunden und eine Überfahrt gebucht worden war, wurde sie im Herbst 1826 nach Montrose geschickt, wo sein eigener Vater, ein „ehrwürdiger Mann, der die Position eines Propsts innehatte, und Schwestern lebten".

Von Indien nach Schottland war eine erhebliche Veränderung. Keine Wende zum Besseren, meint der Neuankömmling dort. Der Montrose-Haushalt, der von Captain Craigies älteren Schwestern regiert wurde, war mürrisch und streng, geprägt von einer Atmosphäre düsteren und kühlen Calvinismus. Jeglicher Genuss war verpönt; Vergnügen war „weltlich" und musste streng unterdrückt werden. Kein Streicheln und Verwöhnen mehr für das kleine Mädchen. Stattdessen ein Regime aus Haferbrei, Gebeten und endlosen Lektionen. Das Ergebnis war, dass es dem Kind so leid tat, dass es in der

Überzeugung, dass seine Mutter kein Mitleid mit ihm zeigen würde, an seinen Stiefvater schrieb und darum bat, zu ihm zurückgeschickt zu werden. Das war natürlich unmöglich. Doch als der Brief, voller Tränen, ihn in Kalkutta erreichte, war Kapitän Craigies Herz berührt. Wenn sie bei seinen Verwandten in Montrose unzufrieden war, schickte er sie woanders hin. Aber wo? Das war die Frage.

Glücklicherweise traf mit derselben Post ein zweiter Brief eines anglo-indischen Freundes ein, der eine Lösung des Problems anbot. Dies war Sir Jasper Nicolls, KCB, ein Veteran aus Assaye und Bhurtpore, der sich in England niedergelassen hatte und ein junges Mädchen als Begleiterin für seine eigene mutterlose Tochter wollte, mit der er aufwachsen sollte. Die beiden gerieten in Briefkontakt; und nachdem die notwendigen Vorkehrungen getroffen waren, wurde die kleine Lola Gilbert außer sich vor Freude im Sommer 1830 zu Sir Jaspers Haus in Bath gebracht.

„Tut es dir leid, uns zu verlassen?" fragte die älteste Miss Craigie.

„Kein bisschen", war die offene Antwort.

„Beachten Sie meine Worte, Fräulein, Sie werden ein schlechtes Ende nehmen", sagte der andere säuerlich voraus.

III

Aber wenn Bath ein „schlechtes Ende" sein sollte, war es sicherlich ein guter Anfang. Dort fand sich Lola statt Trostlosigkeit und ständigem Tadel in einer Atmosphäre der Wärme und Freundlichkeit wieder. Sir Jasper war die Freundlichkeit selbst; und seine Tochter Fanny hießen den Neuankömmling willkommen. Die beiden Mädchen fühlten sich von Anfang an sympathisch und teilten ihre Freuden, während sie ihre Studien austauschten. Daher erröteten und schwärmten sie, wenn es nötig war; genähte Mustertücher und kopierte Texte; lernte ein wenig Französisch und Zeichnen; setzte sich mit Miss Mangnalls *„Fragen für junge Leute" auseinander* ; geübte Duette und Balladen; berührte die Saiten der Harfe; weinte über die Gedichte von „LEL"; las Byron heimlich und die neu veröffentlichten *Skizzen von Boz* offen; bewunderte die „Books of Beauty" und die prächtig gebundenen „Keepsake Annuals", herausgegeben von der Gräfin von Blessington und dem Hon. Frau Norton; lachte sittsam über die Possen dieser älteren Spaßfigur „Romeo" Coates, als er im Quadranten die Luft erkundete; fragte mich, warum dieser angesehene Veteran, Sir Charles Napier, so viel Wert darauf legte, Sir Jasper Nicolls zu streichen; machte einen Knicks vor der kleinen Prinzessin Victoria, die damals im York Hotel übernachtete, und wandte sich diskret zur Seite, als die Herzogin de Berri zufällig vorbeikam; und (da sie nicht vollständig im Kloster untergebracht waren) besuchte sie unter dem wachsamen Auge einer Gouvernante „ausgewählte" Konzerte in den Versammlungsräumen (mit Catalini und Garsia auf dem Programm) und gelegentlich ein Theaterstück im Theatre Royal, wo von Zeit zu Zeit sie erhaschten einen flüchtigen Blick auf Fanny Kemble, Kean und Macready; und folgte, kurz gesagt, dem anerkannten Lehrplan junger Damen ihrer Stellung in der fernen Zeit, als Wilhelm IV. König war.

Obwohl Sir Jasper eine herzliche und John Bullische Verachtung gegenüber Ausländern hegte – und insbesondere gegenüber den „Froggies", zu deren Unterdrückung er in Waterloo beigetragen hatte – hatte er das Gefühl, dass sie nichtsdestotrotz ihre Meinung hatten; und dass sie auf der falschen Seite des Kanals geboren wurden, war eher ihr Unglück als ihre Schuld. Dementsprechend gab es eine Pause in Paris, wohin die beiden Mädchen geschickt wurden, um Französisch zu lernen. Dort eignete sich Lola zusätzlich zu ihren Sprachkenntnissen eine Technik an, die sich später in anderen und sehr unterschiedlichen Umgebungen als wertvoll erweisen sollte. Glaubt man de Mirecourt (einer alles andere als verlässlichen Autorität), wurde sie in dieser Zeit auch vom britischen Botschafter König Karl X. vorgestellt. Aufgrund der Daten konnte dies jedoch nicht der Fall sein, denn Charles hatte sein Zepter aufgegeben und war nach England geflohen, lange bevor Lola im Land ankam.

Nach einer Weile hatte Sir Jasper das Gefühl, dass er selbst nach Paris schlüpfen sollte, und sei es nur, um sicherzustellen, dass seine Tochter und sein Mündel „keinen Unfug trieben oder ihre Köpfe voller Ideen waren". Gesagt, getan, und auf dem Weg nach Dover nahm er das Paket entgegen. Nachdem er sich über das Wohlergehen der beiden Mädchen Gedanken gemacht hatte, wandte er seine Aufmerksamkeit anderen Dingen zu. Wie er erwartet hatte, hießen ihn einige seiner alten Kameraden, die sich in Paris niedergelassen hatten, herzlich willkommen und übernahmen bereitwillig, ihn „herumzuführen". Er genoss die Erfahrung. Das Leben dort war angenehm und die Theater und Cafés waren attraktiv und eine Abwechslung zu den Strengen von Bath. Auch die Damen, denen er begegnete, als er in den Gärten des Palais Royal seine Zigarre rauchte, lächelten den „englischen Milord" freundlich an. Einige von ihnen taten ohne große Ermutigung mehr. „Kein Unsinn, auf Vorstellungen zu warten."

Doch trotz seiner Annehmlichkeiten war Paris Anfang der dreißiger Jahre kein geeigneter Urlaubsort für britische Besucher. Die politische Atmosphäre war deutlich aufgewühlt. Revolution lag in der Luft. Sir Jasper spürte die bevorstehenden Veränderungen; und war taktisch genug, um dem drohenden Strudel zu entgehen, indem er sich rechtzeitig mit seinen jungen Schützlingen nach England zurückschlich. Andere seiner Landsleute, die nicht so viel Glück hatten oder nicht so diskret waren, wurden in französischen Gefängnissen eingesperrt.

Als wir in die Ruhe von Bath zurückkehrten, nahmen die Dinge ihren normalen Lauf wieder auf. Sir Jasper pflegte seine Gicht (wodurch er seine Meinung über die französische Küche änderte, der er einen neuen Anfall zuschrieb) und die Mädchen nahmen die Fäden wieder auf, die sie vorübergehend verloren hatten.

Lola reagierte stets auf ihre Umgebung und entwickelte sich schnell in der sympathischen Atmosphäre des Nicolls-Haushalts. Bald war Montrose mit seinem „blauen schottischen Calvinismus" nur noch eine Erinnerung. Anstatt brüskiert und beschimpft zu werden, wurde sie gestreichelt und ermutigt. Dadurch wurde sie fröhlich und lebhaft, voller guter Laune und Lachen. Vielleicht aufgrund des spanischen Blutes ihrer Mutter wurde sie früh erwachsen. Mit sechzehn war sie eine Frau. Außerdem war sie eine bemerkenswert attraktive Frau, die mit ihren rabenschwarzen Locken, den langbewimperten violetten Augen und ihrer anmutigen Figur die reife Schönheit versprach, für die sie später in zwei Hemisphären bekannt sein sollte. Sie war romantisch veranlagt und hatte natürlich auch ihre *Affären* . Mehrere davon, wie sich herausstellte. Einer von ihnen war bei einem Platzanweiser, der verliebte Briefe in ihr Gebetbuch gesteckt hatte. Er war äußerst gewagt und führte daraufhin Sir Jasper in seine Höhle und bat ihn um Erlaubnis, seinem Mündel „seine Adressen zahlen" zu dürfen. Die Reaktion des Kriegers war unversöhnlich. Dennoch konnte er nicht wütend sein, als das Mädchen ihn auslachte, als es herausgefordert wurde.

„Egad!" er definierte. „Aber bald, Fräulein, werden Sie alle Männer an den Ohren haben."

Prophetische Worte.

IV

In der Zeit seit ihrer letzten Begegnung hatte sich Mrs. Craigie kaum um das Kind gekümmert, das sie nach England geschickt hatte. Als sie jedoch von Sir Jasper ihr Porträt zusammen mit einer begeisterten Beschreibung ihrer Attraktivität und ihres Charmes erhielt, nahm die Situation ein neues Aussehen an. Sie hatte das Gefühl, Lola sei zu einer Bereicherung und nicht zu einer Sorge geworden; und als solche muss sie eine „gute" Ehe führen. In Bath wimmelte es von Schädlingen, und es bestand die Gefahr, dass ein hübsches Mädchen ohne die wachsame Fürsorge einer Mutter von einem von ihnen entführt wurde. Möglicherweise ein jüngerer Sohn, der keinen Penny hatte, mit dem er sich selbst segnen konnte. Eine erschütternde Aussicht für eine ehrgeizige Mutter. Daher bestand die offensichtliche Lösung darin, ihre Tochter nach Indien zu bringen und sie an einen reichen Ehemann zu verheiraten. Je reicher, desto besser.

Mrs. Craigie ging geschäftsmäßig an die Arbeit und warf einen mütterlichen Blick auf die „Berechtigten", die sie im Government House traf. Derjenige unter ihnen, den sie schließlich als wirklich begehrenswerten Schwiegersohn auswählte, war ein Richter aus Kalkutta, Sir Abraham Lumley. Es stimmte, dass er mehr als alt genug war, um der Vater des Mädchens zu sein, und er war ausgesprochen lebhaft. Aber das war ihrer Meinung nach nebensächlich, da er eine große Menge Rupien angehäuft hatte und bald mit einer großzügigen Rente in den Ruhestand gehen würde.

Sir Abraham wurde dementsprechend vernommen. Da er ein abgebrühter Junggeselle war, genügte ein einziger Blick auf Lolas Porträt, um seinen Blutdruck in die Höhe schnellen zu lassen. Voller Verzückung über die Vorstellung, dass solch eine junge Schönheit zu ihm werden könnte, erklärte er sich bereit, seinen Zustand zu ändern, und besprach hübsche Siedlungen.

Nachdem alles so geklärt und getrocknet war, machte Mrs. Craigie, wie sie dachte, den nächsten Schritt in ihrem Programm. Dies sollte Indien im Herbst 1836 nach England verlassen und Lola von den „guten Nachrichten" erzählen, die ihr bevorstanden. Sie sollte sie dann nach Kalkutta und in die erwartungsvollen Arme von Sir Abraham zurückbringen.

Der ehrliche Kapitän Craigie wirkte ein wenig zweifelhaft, als man ihn befragte.

„Vielleicht wird sie sich nicht um ihn kümmern", schlug er vor.

„Fiddlesticks!" erwiderte seine Frau. „Jedes Mädchen würde die Chance ergreifen, Lady Lumley zu sein. Denken Sie an die Position."

„Ich denke an Lola", sagte er.

KAPITEL II

„Eilig geheiratet"

ICH

Zu den Passagieren, die Mrs. Craigie auf der langen Reise nach Southampton begleiteten, gehörte Leutnant Thomas James, ein eleganter junger Offizier der bengalischen Infanterie, der ihr gegenüber sehr freundlich war und mit dem er viele Vertraulichkeiten austauschte. Er würde für ein Jahr krankgeschrieben nach Hause gehen; und auf Anregung seines Schiffsbekannten beschloss er, den ersten Monat in Bath zu verbringen.

„Es ist Zeit, dass ich mich beruhige", sagte er. „Wer weiß, aber vielleicht hole ich mir in Bath eine Frau und nehme sie mit nach Indien zurück."

„Wer weiß", stimmte Mrs. Craigie zu, ihr Heiratsinstinkt war geweckt. „Bath ist voller hübscher Mädchen."

Das Treffen zwischen Mutter und Tochter verlief ganz anders, als sie es geplant hatte. Entgegen ihren Erwartungen zeigte Lola keine ausgeprägte Bereitschaft, sich ihnen anzuschließen. Völlig unbeeindruckt von der Aussicht, Lady Lumley zu werden, und an Sir Abrahams alter Brust liegend, ging sie sogar so weit, den gelehrten Richter einen „gichtigen alten Schlingel" zu nennen und erklärte, dass sie nichts dazu bewegen könne, ihn zu heiraten. Weder Vorwürfe noch Argumente zeigten Wirkung. Sie zeigte auch nicht das geringste Interesse an der Aussteuer, für die (aber ohne ihr Wissen) großzügige Aufträge erteilt worden waren.

Die arme Mrs. Craigie konnte ihren Ohren kaum trauen. Sie hatte es für unmöglich gehalten, dass eine Tochter den Wünschen ihrer Mutter zuwiderlief und bei der Chance, einen „Titel" zu heiraten, mit den Fingern schnippte. Sie fragte sich, wozu zum Teufel die Mädchen kamen. Entweder war ihr die Pariser „Abschlussschule" oder die Badeluft zu Kopf gestiegen. Die Zeiten waren aus den Fugen geraten und die Theorie, dass Töchter taten, was ihnen gesagt wurde, wurde grob verärgert. Es war alles sehr beunruhigend.

In ihrem Erstaunen und Ärger legte sich Mrs. Craigie zu Bett. Allerdings blieb es dabei nicht lange, denn es mussten umgehend Maßnahmen ergriffen werden. Da es sinnlos war, gegen Sir Jasper Nicolls vorzugehen (den sie für die Störung ihrer Pläne verantwortlich machte), suchte sie den Rat einer anderen Person. Dies war ihr militärischer Freund, der sich, wie es der Zufall wollte, immer noch in Bath aufhielt, wo er offenbar eine besondere Anziehungskraft entdeckt hatte. Schließlich sei er ein „Mann von Welt" und wisse, was zu tun sei. Deshalb berief sie ihn zu einem Beratungsgespräch und klärte ihre Gedanken über Lolas „Seltsamkeit".

„Natürlich ist das Mädchen verrückt", erklärte sie. „Nichts anderes würde das erklären. Können Sie sich vorstellen, dass ein Mädchen, das noch bei Sinnen ist, bei einem solchen Match die Nase rümpft? Ich habe noch nie so einen Blödsinn gehört. Ich bin mir sicher, dass ich nicht weiß, was Sir Abraham sagen wird. Er erwartet, dass sie es tut." Kommen Sie bis Ende des Jahres zu ihm nach Kalkutta. Tatsächlich habe ich ihre Überfahrt bereits gebucht. Die Hochzeit soll von unserem Haus dort aus stattfinden. Es muss etwas getan werden. Die Frage ist: Was?"

„Überlassen Sie es mir", war die luftige Antwort. „Ich werde mit ihr reden."

Thomas James hat „geredet". Er redete einigermaßen wirkungsvoll, aber ganz und gar nicht in der Art und Weise, wie Mrs. Craigie es beabsichtigt hatte. Er drückte sein Mitgefühl für Lola aus und erklärte sich ganz auf ihrer Seite. Sie sei viel zu jung, hübsch und attraktiv, sagte er, um auch nur einen Augenblick davon zu träumen, einen Mann zu heiraten, der alt genug sei, um ihr Großvater zu sein, und sich in Indien zu begraben. Die Idee war lächerlich. Er hatte einen viel besseren Plan anzubieten. Als Lola ihn unter Tränen lächelnd fragte, was es sei, sagte er, dass sie mit ihm durchbrennen müsse und sie heiraten würden. Damit wäre das Problem ihrer Zukunft automatisch gelöst.

Der üppige Schnurrbart und die schneidige Miene von Leutnant Thomas James taten ihr Übriges. Darüber hinaus war dieser Vorschlag genau das, was Heldinnen in Romanen widerfuhr. Lola Gilbert, jung, romantisch und unerfahren, erlag. Sie nutzte ihre Chance und schlüpfte am nächsten Morgen früh aus dem Haus. Ihr Geliebter hatte eine Postkutsche parat, mit der sie sich auf den Weg nach Bristol machten. Dort nahmen sie das Paket und setzten nach Irland über, wo James Verwandte hatte, die, wie er versprach, sich um sie kümmern würden, bis ihre Ehe zustande gekommen wäre.

„Elopement im High Life!" Ein Leckerbissen an Klatsch für die Teetische und für das Geld in den Clubs. Keine verschlafene Mulde mehr. Bath war in den „Nachrichten".

Erst als sie weg waren, erfuhr Mrs. Craigie, was passiert war. Ihre erste Reaktion war wütende Empörung. Das war jedoch nur natürlich, denn ihr ehrgeiziges Projekt war nicht nur gescheitert, sondern sie war auch von genau dem Mann getäuscht worden, dem sie vertraut hatte. Es war mehr als genug, um jeden zu verärgern, zumal sie auch vor der unangenehmen Aufgabe stand, Sir Abraham Lumley zu schreiben und ihm zu erzählen, was passiert war. Daraufhin kündigte sie an, dass sie den beiden „die Hände in Unschuld waschen" werde.

Während es eine Sache war, wegzulaufen, war es, wie Lola bald herausfand, eine andere, zu heiraten. Es ergab sich eine unerwartete Schwierigkeit, da der Pfarrer, den sie konsultierten, sich weigerte, die Zeremonie für ein so junges Mädchen durchzuführen, ohne zuvor die Zustimmung ihrer Mutter eingeholt zu haben. Mrs. Craigie lehnte es unter Tränen und Drohungen ab, es zu geben. Daraufhin sprang James' verheiratete Schwester, Mrs. Watson, in die Bresche und wies darauf hin, dass „die Dinge so weit gegangen sind, dass es jetzt zu spät ist, einen Rückzieher zu machen, wenn ein Skandal vermieden werden soll." Das Argument war wirksam; und nachdem die widerstrebende Zustimmung eingeholt worden war, wurde die Position am 23. Juli 1837 vom Bruder des Bräutigams, Rev. John James, Pfarrer von Rathbiggon, County Meath, „regularisiert". „Thomas James, Junggeselle, Leutnant, 21. bengalische Ureinwohner-Infanterie, und Rose Anna Gilbert, Zustand, Jungfer", lautete der Eintrag auf der Urkunde.

Her Majesty's Theatre, Haymarket, wo Lola Montez ihr Debüt gab

Nach einer kurzen Hochzeitsreise in Dublin, zunächst im Shamrock Hotel und dann in eher ärmlichen Unterkünften (es gab nicht genügend Bargeld), wurde Lola zu den Verwandten ihres Mannes zurückgebracht. Sie lebten in einem tristen irischen Dorf am Rande eines Torfmoores, wo die junge Braut das Leben sehr langweilig fand. Auch dann, als der Glamour des Durchbrennens verblasst war, war es offensichtlich, dass ihre Flucht aus Bath überstürzt gewesen war. Thomas war trotz all seines üppigen Schnurrbarts und seiner Schlagkraft, dachte sie traurig, „nichts weiter als die äußere Hülle eines Mannes, ohne ein Gehirn, das sie respektieren konnte, noch ein Herz, das sie lieben konnte." Ein trauriges Erwachen aus den Träumen, denen sie sich hingegeben hatte. Tatsächlich hatten sie nichts gemeinsam. Der Ehemann, der sechzehn Jahre älter war als seine Frau, interessierte sich nur für Jagen und Trinken, und Lolas Vorlieben galten hauptsächlich dem Tanzen und Flirten.

In Dublin, wo ihr Ehepartner zu ihrer großen Zufriedenheit vorübergehend zum Dienst eingeteilt wurde, fand sie ein geeignetes Betätigungsfeld für diese Aktivitäten.

„Dear dirty Dublin" war für Lola eine enorme Verbesserung gegenüber Rathbiggon. Auf jeden Fall gab es die „Gesellschaft", kluge junge Offiziere und aufstrebende Politiker, statt herumhüpfender Landjunker und Dorfburschen, mit denen man reden konnte, und Geschäfte, in denen man die neue Mode begutachten konnte, und Theater mit echten Londoner Schauspielern und Schauspielerinnen. Wenn sie nur ein wenig Geld zum Ausgeben gehabt hätte, wäre sie vollkommen glücklich gewesen. Aber Tom James hatte außer seinem Gehalt nichts, was ihn kaum in Stumpen und Autofahrgeldern hielt. Dies hinderte ihn jedoch nicht daran, Schulden zu machen.

Der Oberleutnant von Irland war zu dieser Zeit der Earl of Mulgrave („der elegante Mulgrave"), später Marquess of Normanby. Da er ein großer Bewunderer hübscher Frauen war und das Privileg des Vizekönigs wahrnahm, attraktive Debütantinnen zu küssen, waren die Salons im Schloss unter seinem Regime beliebte Veranstaltungen. Er schenkte der jungen Frau James viel Aufmerksamkeit. Die Adjutanten, darunter vor allem Bernal Osborne und Francis Sheridan, folgten dem Beispiel, das ihnen ihr Chef gegeben hatte; und Eintrittskarten für Bälle, Konzerte, Dinnerpartys, Trommeln und Aufruhr wurden ihr überschüttet.

Da Leutnant James dachte, dass diese Komplimente und Aufmerksamkeiten übertrieben seien, nahm er sie übel und beschloss, eifersüchtig zu werden. Er sprach düster davon, einen der Bewunderer seiner Frau „herauszurufen". Doch bevor es am frühen Morgen zum Pistolenspiel im Phœnix Park kommen konnte, bot sich eine unerwartete Lösung an. An der afghanischen Grenze drohten plötzlich Unruhen; und im Sommer 1837 wurde allen aus Indien beurlaubten Offizieren befohlen, sich wieder ihren Regimentern anzuschließen. Lola freute sich über die Aussicht, auf diese Weise ihre Bekanntschaft mit einem Land zu erneuern, an das sie immer noch schöne Erinnerungen hatte, und machte sich an die Arbeit, ihre Koffer zu packen.

Wenn sie dem Rat eines bestimmten „Reisehandbuchs" von Miss Emma Roberts gefolgt wäre, das damals sehr beliebt war, musste sie eine beträchtliche Menge Gepäck gehabt haben. So enthielt die „Liste der Notwendigkeiten einer Dame auf einer Reise von England nach Indien" laut dieser Behörde unter anderem folgende Artikel: „72 Hemden; 36 Nachtmützen; 70 Taschentücher; 30 Paar Unterhosen (oder Kombinationen nach Wahl); 15 Unterröcke; 60 Paar Strümpfe; 45 Paar Handschuhe;

mindestens 20 Kleider unterschiedlicher Textur; 12 Schals und Sonnenschirme; und 3 Hauben und 15 Morgenmützen, zusammen mit Keksen und Konserven nach Wahl, und ein Dutzend Schachteln Aperient-Pillen. Nichts ausgelassen. Vorsorge für alle Eventualitäten.

Auch die Offiziere mussten sich mit einer aufwendigen Ausrüstung ausstatten. So enthält die in der *East India Voyage empfohlene Liste* neben anderen notwendigen Gegenständen „72 Kalikohemden, 60 Paar Strümpfe, 18 Paar Unterhosen, 24 Paar Handschuhe und 20 Paar Hosen"; zusammen mit Uniform, Sattlerwaren und Lagerausrüstung; und solche Kleinigkeiten wie „60 Pfund Wachskerzen und mehrere Flaschen Tinte". Allerdings nichts über Bürokratie.

Ein hilfreicher Hinweis von Miss Roberts lautete: „Eine Dame an Bord, die sich für den Park oder die Oper herausgeputzt hat, wäre für ihre erfahrenen Begleiter nur ein Gegenstand der Lächerlichkeit. Firlefanz, die in England weggeworfen würde, ist in Indien oft nützlich." „Angehörige meines Geschlechts", fügt sie hinzu, „die Wirtschaftswissenschaften studieren müssen, können immer Schnäppchen machen, indem sie für wenig Geld Modestücke erwerben, die zwar in London veraltet sind, aber bis zu ihrer Ankunft in Kalkutta neu genug sein werden."

Eine Dame mit solch fundierten Ansichten über die Verwaltung des Staatshaushalts wie Miss Emma Roberts hätte nicht lange im Single-Glück bleiben dürfen.

II

Das waren noch nicht die Tage der Ozeanwindhunde, die die Strecke zwischen England und Indien in ein paar Wochen zurücklegten. Damals gab es auch keine Route durch den Suezkanal, um die langen Meilen, die zurückgelegt werden mussten, zu verkürzen. Als Lola und ihr Ehepartner sich mit einem Ostindienfahrer von England aus einschifften, dauerte die Reise fast fünf Monate, mit Zwischenstopps auf Madeira, St. Helena und am Kap, bevor der Begrüßungsruf „Land voraus!" ertönte. wurde gehört und der Anker wurde in Kalkutta geworfen.

Lolas erste Bekanntschaft mit dem Korallenstrand Indiens hatte sie als fünfjähriges Kind gemacht. Jetzt kehrte sie als verheiratete Frau zurück. Dabei war sie kaum achtzehn. Sie blieb nicht lange in Kalkutta, denn das Regiment ihres Mannes befand sich im Punjaub, und eine dringliche Nachricht des Brigadiers forderte ihn auf, sich so schnell wie möglich wieder anzuschließen. In Kurnaul (wie es damals geschrieben wurde) begann Lola ihr Leben in der Garnison. Unter den anderen Offizieren, die sie traf, befand sich ein junger Unteroffizier der bengalischen Artillerie, der sich in den kommenden Jahren als „Lawrence von Lucknow" einen Namen machen sollte.

Das Jahr 1838 war sowohl für die Truppen der Kompanie als auch für die Armee der Königin ein ereignisreiches Jahr, wenn es um Indien ging. Im Frühjahr entwickelte Lord Auckland, der neu ernannte Generalgouverneur, die dumme und schlecht durchdachte Politik, die zum ersten Afghanistankrieg führte. Seine Idee (soweit er eine hatte) bestand darin, mit Hilfe von Brown Bess und britischen Bajonetten Dost Mohammed, der dort zwanzig Jahre lang auf dem Thron gesessen hatte, ohne wirkliche Schwierigkeiten zu machen, durch einen inkompetenten Emporkömmling zu ersetzen Nominierung, Shah Shuja.

Das Regiment von Leutnant James, die 21. bengalische Ureinwohner-Infanterie, gehörte zu den Auserwählten, sich der Expeditionstruppe anzuschließen, die dazu bestimmt war, „das Ansehen des britischen Raj aufrechtzuerhalten". und wie es damals Brauch war, begleitete Lola ihren Mann auf einem Elefanten (den sie mit der besseren Hälfte des Obersts teilte) und gefolgt von einem Zug Packkamele und einem Rudel Fuchshunden zur Grenze. Zu den anderen Damen gehörten Frau McNaghten und Frau Robert Sale sowie die beiden Töchter des Generalgouverneurs. Es ist durchaus möglich, dass Macaulay einen flüchtigen Blick auf Lola erhaschte, denn in einem zeitgenössischen Brief heißt es: „Er kam heraus, um der Party Lebewohl zu wünschen."

Die „Armee des Indus" erhielt einen guten Abschied von einem treuen einheimischen Prinzen, Ranjeet Singh (dem „Löwen des Punjaub"), der die Kolonne auf ihrem Marsch ins Landesinnere in einem Rastlager in Lahore unterhielt „auffällige Umzüge und fröhliche Taten", darunter Nacktтänze, Hahnenkämpfe und Theateraufführungen. Er meinte es zweifellos gut, aber es gelang ihm, einen Geistlichen zu verärgern, der sich schockiert zeigte, dass „eine Schar tanzender Prostituierter in Anwesenheit der Damen der Familie eines britischen Generalgouverneurs auftauchen sollte". Nach einem üppigen Bericht zu urteilen, den Lola über einen großen Durbar gibt, zu dem alle Offiziere und ihre Frauen eingeladen waren, waren diese Einschränkungen nicht ungerechtfertigt. So, nachdem Lord Auckland („in himmelblauen Unaussprechlichkeiten") und sein Gastgeber patriotische Reden gehalten hatten (mit flotten Anspielungen auf den „British Raj", den „Sahib Log", die „Great White Queen" und alles andere Das) Geschenke wurden an die versammelte Gesellschaft verteilt. Einige von ihnen hatten eine peinliche Beschreibung, da sie die Form „schöner tscherkessischer Sklavinnen, bedeckt mit sehr wenig außer kostbaren Edelsteinen" annahmen. Zum offensichtlichen Ärger einiger potenzieller Empfänger wurde der Rajah jedoch offiziell darüber informiert, dass die englischen Bräuche und militärischen Vorschriften es den Kriegern Ihrer Majestät nicht erlaubten, solche Zeichen des guten Willens anzunehmen.

Konnten sie diese jedoch nicht empfangen, mussten die Gäste ihrerseits Geschenke machen, und Ranjeet Singh seinerseits hatte keine Bedenken, sie anzunehmen. Mit echter orientalischer Höflichkeit und „ohne einen Muskel zu verziehen" zeigte er sich entzückt über eine „verschiedene Sammlung nachgeahmter Gold- und Silberschmuckstücke und rostiger alter Pistolen, die ihm im Namen der Ehrenwerten Ostindien-Kompanie angeboten wurden".

Ein Korrespondent des *Kalkutta-Engländers* war sehr beeindruckt. „Das besondere Geschenk", sagt er, „vor dem sich der Maharadscha mit der Hingabe eines *preux chevalier beugte* , war ein Porträt unserer gnädigen kleinen Königin in voller Länge, aus dem Pinsel der Hon. Miss Eden höchstpersönlich."

In einem Brief des Militärsekretärs von Lord Auckland, dem Hon. William Osborne, es gibt einen Bericht über diese Taten in Lahore:

Ranjeet hat uns alle sehr gut unterhalten. Niemand im Lager darf auch nur ein einziges Ding kaufen; und zweimal pro Woche wird eine Liste verschickt, in die Sie genau das eintragen, was Sie benötigen, und die Lieferung erfolgt auf seine Kosten. Es kostet ihn 25.000 Rupien pro Tag. Nichts konnte seine Großzügigkeit und Freundschaft während des gesamten Besuchs des Generalgouverneurs übertreffen.

Eine zweite Durbar, die in Simla stattfand, wurde von vielen üppigen Bildern begleitet, die alle zum Nutzen von Lord Auckland interpretiert werden mussten. „Es dauerte eine Viertelstunde", sagt seine Schwester, „um ihn über den Gesundheitszustand des Maharadschas zu überzeugen und festzustellen, dass die Rosen im Garten der Freundschaft geblüht hatten und die Nachtigallen in den Lauben der Zuneigung süßer als je zuvor gesungen hatten." seit sich die beiden Mächte einander angenähert hatten.

Der Afghanistan-Feldzug, so schlecht geplant wie schlecht durchgeführt, verlief wie vorgesehen. Das heißt, es kam zu „bedauerlichen Zwischenfällen" und Streitigkeiten unter den Generälen (von denen zwei, Sir Henry Fane und Sir John Keane, nicht miteinander sprachen); und da die Afghanen noch einen Tag später kämpfen würden, wurde ein „Erfolg der britischen Waffen" verkündet. Daraufhin kehrte die Kolonne nach Indien zurück, Musikkapellen spielten, Elefanten grüßten trompetenweise und feuerten zur Begrüßung donnernde Gewehre. „Der Krieg", erklärte Seine Exzellenz (die eine Grafschaft erhalten hatte) in einer offiziellen Depesche, „ist vorbei." Leider war es jedoch in ganz Afghanistan so, dass es im darauffolgenden Jahr zu einem weiteren Feldzug kommen musste. Dieses Mal konnte nicht einmal Lord Aucklands Vorstellungskraft es als „erfolgreich" bezeichnen.

„Es wird ein großes Preisgeld geben", fasste Miss Eden die Situation selbstgefällig zusammen. „Ein anderer Mann wurde auf den Khelat-Thron gesetzt, damit ist die Sache erledigt." Aber es war noch nicht fertig. Es fing gerade erst an. „Innerhalb von sechs Monaten", sagt Edward Thompson, „wurde Khelat von einem Sohn des getöteten Khan zurückerobert, Lord Aucklands Marionette vertrieben und der englische Garnisonskommandeur ermordet."

Obwohl der Oberbefehlshaber und die hohen Beamten im Hauptquartier die darauf folgende Expedition mit äußerst lobenden Worten begrüßten, wurden offiziell eine Reihe „bedauerlicher Vorfälle" zugegeben. Infolgedessen wurde ein Regiment leichter Kavallerie aufgelöst, „als Strafe für Poltroonismus in der Gerichtsstunde und die Streichung der Schurken von der Heeresliste".

Später, als Lord Ellenborough Generalgouverneur war, gab er ein bombastisches Memorandum heraus, das „an alle Prinzen, Häuptlinge und das Volk Indiens" gerichtet war:

„Unsere siegreiche Armee erobert im Triumph aus Afghanistan die Tore des Tempels von Somnauth, und das geplünderte Grab von Sultan Mahmood blickt auf die Ruinen von Ghuznee herab. Die Beleidigung von 800 Jahren ist endlich gerächt!"

„Dir werde ich diese glorreiche Trophäe eines erfolgreichen Krieges anvertrauen. Ihr werdet selbst mit aller Ehre die Tore aus Sandelholz dem wiederhergestellten Tempel von Somnauth übergeben."

„Möge die gute Vorsehung, die mich bisher so offensichtlich beschützt hat, mir weiterhin ihre Gunst erweisen, damit ich die mir anvertraute Macht so nutzen kann, um Ihren Wohlstand und Ihr Glück zu fördern, indem ich die Vereinigung unserer beiden Länder auf eine Grundlage stelle, die dies ermöglicht." mach es ewig."

Es gab noch viel mehr in einem ähnlichen Stil, denn seine Lordschaft liebte es, üppige Depeschen zu verfassen. Aber dieses Exemplar wurde schlecht aufgenommen, als es nach England geschickt wurde. „Bei dieser kindischen Angelegenheit", sagt der klare Stocqueler, „rebellierte der gesunde Menschenverstand der gesamten britischen Gemeinschaft. Die Religionsminister protestierten dagegen als eine höchst unverzeihliche Hommage an einen götzendienerischen Tempel. Von der indischen Presse lächerlich gemacht." In England ließ Lord Ellenborough, der von den Mitgliedern seiner eigenen Partei im Parlament ausgelacht wurde, die Tore von Agra verriegeln und die Vollendung der monströsen Torheit hinauszögern, die er mehr als nur begonnen hatte zu begehen.

So heftig diese Kritik auch war, sie war nicht unbegründet. Ellenboroughs theatralischer Bombast, wie der von Napoleon bei den Pyramiden, prallte auf ihn zurück, brachte ein Wespennest um seine eigenen Ohren und führte zu seiner Abberufung. Tatsächlich stellte sich heraus, dass die Tore, die er so verehrte, Nachbildungen des Paares waren, das Sultan Mahmood aus Somnauth gestohlen hatte; und waren überhaupt nicht aus Sandelholz, sondern aus gewöhnlichem Holz.

III

Während sie der Trommel von Lager zu Lager und von Station zu Station folgte, verbrachte Lola mehrere Monate in Bareilly, einer Stadt, die später eine wichtige Rolle in der Meuterei spielen sollte. Oberst Durand, ein Offizier, der bei der Eroberung der Stadt im Jahr 1858 anwesend war, sagt, dass der Bungalow, den sie dort bewohnte, zerstört wurde. Dennoch bemerkte er, dass die Meuterer das Badehaus, das für sie auf dem Gelände gebaut worden war, verschont hatten.

Während des heißen Wetters des Jahres 1839 reiste die junge Frau James in Begleitung ihres Mannes für einen Monat nach Simla, um ihre Mutter zu besuchen, die dem Druck nachgab und schließlich den Olivenzweig hinhielt. Die Begrüßung war jedoch – abgesehen von Kapitän Craigie, der immer noch ein warmes Plätzchen für sie übrig hatte – etwas kühl.

Es gibt einen Hinweis auf diesen Besuch in *Up the Country* , einem einst beliebten Buch von Lord Aucklands Schwester, dem Hon. Emily Eden. Der schüchternen Mode dieser Zeit folgend, verzichtete sie jedoch immer darauf, den vollständigen Namen zu nennen, sondern spielte lediglich auf die Personen als „Oberst A", „Herr B", „Frau C" und „Fräulein D" an. usw. Dennoch sind die Identitäten von „Frau J" und „Frau C" in diesem Auszug klar genug:

8. September 1839.

Simla ist gerade sehr bewegt über die Ankunft einer Frau J, die das ganze Jahr über als große Schönheit bezeichnet wurde und jede andere Frau ziemlich verwirrt. Frau J ist die Tochter einer Frau J. C, die selbst immer noch sehr gutaussehend ist und deren Ehemann stellvertretender Generaladjutant oder eine ähnliche militärische Autorität ist. Sie schickte dieses einzige Kind zur Erziehung nach Hause und ging vor zwei Jahren selbst nach Hause, um es zu sehen. Im selben Schiff befand sich Herr J, ein armer Fähnrich, der krankgeschrieben nach Hause ging. Er erzählte ihr, dass er verlobt sei , befragte sie zu seinen Aussichten und heiratete dieses Kind in der Zwischenzeit privat in der Schule. Es war genug, um jede Mutter zu provozieren; Aber da es jetzt nicht mehr zu ändern ist, haben wir alle das letzte Jahr lang versucht, sie davon zu überzeugen, es wieder gut zu machen.

Sie hat es bis jetzt ausgehalten, aber schließlich hat sie zugestimmt, sie einen Monat lang zu bitten, und sie sind vor drei Tagen angekommen.

Der Andrang auf der Straße war bemerkenswert. Aber nichts könnte zufriedenstellender sein als das Ergebnis, denn Frau J. sah bezaubernd aus, und Frau C. hat für sie einen sehr prächtigen Jonpaun aufgestellt, mit Trägern in schöner oranger und brauner Livree; und J ist eine Art elegant aussehender Mann mit hellen Westen und hellen Zähnen, mit einem auffälligen Pferd, und er ritt in einer Haltung respektvoller Aufmerksamkeit gegenüber *ma belle mère* . Alles in allem war es ein imposanter Anblick, und ich sehe keinen anderen Ausweg als großmütige Bewunderung.

Während dieses Besuchs in Simla wurde das Paar ordnungsgemäß zum Abendessen im Auckland House auf dem Elysium Hill eingeladen, wo sie Seine Exzellenz trafen.

„Wir haben gestern zu Abend gegessen", schrieb ihre Gastgeberin. „Mrs. J ist zweifellos sehr hübsch und so ein fröhliches, unberührtes Mädchen. Sie ist jetzt erst siebzehn und sieht nicht so alt aus; und wenn man bedenkt, dass sie mit einem Unterleutnant der indischen Armee verheiratet ist, der fünfzehn Jahre älter ist als selbst, und dass sie 160 Rupien im Monat haben und ihr ganzes Leben in Indien verbringen sollen, wundere ich mich nicht über den Groll von Frau C. darüber, dass sie von der Schule weggelaufen ist.

In einem Brief an Lady Teresa Lister in England gibt Miss Eden einen unterhaltsamen Bericht über Simla zu diesem Zeitpunkt:

Alle waren zufrieden und amüsiert, außer den beiden Geistlichen, die hier sind und eine Reihe von Predigten gegen das begonnen haben, was sie als zerstörerischen Strom weltlicher Fröhlichkeit bezeichnen. Sie sollten viel besser gegen den zerstörerischen Regenguss predigen, der jetzt für die nächsten drei Monate eingesetzt hat und nicht nur alle Fröhlichkeit wegspült, sondern im wahrsten Sinne des Wortes alle Wege, die dorthin führen ... Das tue ich Zähle Simla nicht als Ärgernis – schönes Klima, schöner Ort, ständig frische Luft, viele Flöhe, wenig Gesellschaft, alles, was wünschenswert ist.

In einem anderen Brief bemerkt dieser unermüdliche Korrespondent:

Hier macht die Gesellschaft nicht viel Ärger und auch sonst nichts. Wir veranstalten verschiedene Abendessen und gelegentlich Bälle und sind dabei auf ein beliebtes Mittel gestoßen. Unsere Band spielt zweimal pro Woche auf einem der Hügel hier, und wir schicken Eis und Erfrischungen an die Zuhörer, und es ist ein nettes kleines Wiedersehen ohne großen Aufwand.

Benjamin Lumley. Pächter des Theaters Ihrer Majestät

Ein weiterer Hinweis auf die Annehmlichkeiten des Government House in Simla während des Auckland-Regimes ist aufschlussreich, da er zeigt, dass es hier nicht nur um Arbeit und Spaß ging:

Es gibt hier ungefähr sechsundneunzig Damen, deren Ehemänner in den Krieg gezogen sind, und ungefähr sechsundzwanzig Herren – zumindest wird es mit etwas Glück ungefähr so viele sein. Wir haben gerade eine sehr tanzende Gruppe von Adjutanten, und sie sind völlig verzweifelt bei der Vorstellung, dass wir keinen Mumm haben. Ich nehme an, wir müssen alle zwei Wochen mit einem beginnen; Aber es wird schwierig sein, und es gibt hier mehrere junge Damen, in die einige unserer Herren sehr verliebt sind. Da sie hier keine Rivalen haben werden, habe ich schreckliche Angst, dass die Flirts ernst werden könnten, und dann werden wir einige aktive Adjutanten verlieren, und sie werden sich im Fähnrichssold wiederfinden und eine Frau behalten müssen. Allerdings *werden sie* diese Bälle haben, also ist es nicht meine Schuld.

Nachdem sie Simla und seine Fröhlichkeitsrunde verlassen hatte, sollte Lola ein weiteres Treffen mit den gastfreundlichen Aucklands haben. Dies geschah im Lager Kurnaul, „einem großen, hässlichen Lager, voller Kasernen und Staub und Waffen und Soldaten". Miss Eden, die ihren Bruder auf einer Tour durch das Viertel begleitete, schrieb an ihre Schwester in England:

13. November 1839.

Wir waren abends zu Hause und es war eine riesige Party; aber bis auf die hübsche Frau J, die in Simla war und unter den anderen wie ein Star aussah, waren die Frauen alle unscheinbar.

Ein paar Tage später fügte sie einige weitere Einzelheiten hinzu:

Wir haben Kurnaul gestern Morgen verlassen. Die kleine Frau J. war so unglücklich über unsere Abreise, dass wir sie baten, den Tag hier zu verbringen, und sie mitbrachten. Sie ging von Zelt zu Zelt, plauderte den ganzen Tag und besuchte ihre Freundin, Frau M., die im Lager ist. Ich schenkte ihr ein rosafarbenes Seidenkleid und es war offensichtlich insgesamt ein sehr glücklicher Tag für sie. Es endete damit, dass sie auf meinem Elefanten nach Kurnaul zurückkehrte, EN an ihrer Seite und Herr J., der dahinter saß. Sie war noch nie zuvor auf einem Elefanten gewesen und fand es entzückend.

Sie ist sehr hübsch und anscheinend ein gutes kleines Ding. Aber sie sind sehr arm, und sie ist sehr jung und lebhaft, und wenn sie in schlechte Hände gerät, würde sie sich in törichte Lächerlichkeiten versetzen. Gegenwärtig mögen Mann und Frau einander sehr, aber ein Mädchen, das mit fünfzehn heiratet, weiß kaum, was ihr gefällt.

Als sie diese Passage schrieb, hätte Miss Eden eine Sibylle sein können, denn ihre Worte sollten überaus wahr werden.

IV

Außer im aktiven Dienst waren die Offiziere der Kompaniearmee nicht überlastet. Alles wurde den Sergeanten und Korporalen überlassen; und während Thomas Atkins und Jack Sepoy in ihren absurden Reitstiefeln und engen Tuniken durch den Staub stapften und schwitzten und exerzierten, verbrachten die Rekruten, die in den Kasernen herumlungerten, die langen Stunden nach Lust und Laune.

Der Form folgend, übte Kapitän James (das afghanische Geschäft hatte ihm einen Rangaufstieg beschert) ein gewisses Maß an Tigerschießen und Schweinestechen sowie viel Brandytrinken aus, kombiniert mit Kartenspielen und Glücksspielen. Als Ehemann hatte er keinen großen Erfolg. „Er hat geschlafen", beklagte sich Lola, die sich vernachlässigt fühlte, „wie eine Boa constrictor", und in den Wachphasen „trank er zu viel Porter." Das Ergebnis war, dass es Streit statt Liebesspiel gab, denn beide hatten Temperament.

„Ausreißerkämpfe enden, wie Ausreißerpferde", hatte Lola einst geschrieben, „mit ziemlicher Sicherheit in einer Pleite." In diesem Fall kam es zu einem „Zusammenbruch", denn Tom James schlief und trank nicht immer. Er hatte andere Aktivitäten. Wenn er ein Glas liebte, liebte er auch ein Mädchen. Diejenige unter ihnen, für die er eine besondere Zuneigung zeigte, war Mrs. Lomer, die Frau eines Offiziersbruders, des Adjutanten seines Regiments. Seine Parteilichkeit wurde erwidert.

Eines Morgens, als sich Mrs. James und Adjutant Lomer, ohne zu ahnen, was ihnen bevorstand, zu ihrem *Chota-Hazree setzten* , fehlten zwei Mitglieder der gewohnten Frühstücksgesellschaft. Nachdem die Nachforschungen zu Fuß eingeleitet worden waren, stellte sich heraus, dass Kapitän James und Frau Lomer früh zu einem Ausritt aufgebrochen waren. Es muss lange gedauert haben, dachte das Lager, da sie an diesem Abend nicht zum Abendessen erschienen. Boten, die losgeschickt wurden, um nach ihnen zu suchen, kamen mit einem beunruhigenden Bericht zurück. Dies hatte zur Folge, dass das Paar sich in die Nilgiri-Hügel zurückgezogen hatte und beschlossen hatte, dort anzuhalten.

Am nächsten Morgen brachte ein keuchender Eingeborener einen Brief der verirrten Dame, adressiert an ihren wütenden Gatten. Dieses Schreiben wird (ohne zu erklären, wie er es erhalten hat) von einem amerikanischen Journalisten, T. Everett Harré, in einer Artikelserie, *The Heavenly Sinner* , *wiedergegeben* : „Ich schlage vor", heißt es in einem Auszug, „Sie kommen zur Besinnung und geben mir." meine Freiheit ... Ich gehe mit einem Mann mit viel Talent, der es versteht, einer Frau die Aufmerksamkeit zu schenken, nach der sie sich sehnt, und der selbst froh ist, ein junges Mädchen von seiner Frau loszuwerden, die zu hirnlos ist, um ihn zu schätzen."

Eine Sensation erster Güte. Im gesamten Kanton pulsierte und summte es vor Aufregung. Der Oberst kochte; der Adjutant fluchte; und es war die Rede davon, den Don Juan Captain James wegen „eines Offiziers und eines Gentlemans ungebührlichem Verhalten" vor ein Kriegsgericht zu stellen. Aber Lola nahm es, wie es ihre Gewohnheit war, philosophisch und dachte zweifellos darüber nach, dass sie ihren Ehepartner los war, der ihr nicht mehr am Herzen lag, und kehrte zu ihrer Mutter nach Kalkutta zurück.

Die unglückliche Lage ihrer Tochter hätte Mrs. Craigies mütterliches Herz erschüttern sollen. Sie wurden nicht ausgewrungen. Die heimliche Ehe, mit der ihre eigenen Pläne zunichte gemacht wurden, bereitete ihr noch immer Sorgen und blieb unverzeihlich und unvergessen. Als Lola um Obdach und Mitgefühl bat, wurde sie daher sehr eisig empfangen. Ihr Stiefvater folgte jedoch ihrem Standpunkt und erklärte, sein Bungalow stehe ihr offen, bis andere Regelungen für ihre Zukunft getroffen werden könnten. Da er nicht über viel Vorstellungskraft verfügte, hatte er die Idee, dass sie Indien vorübergehend verlassen und für ein paar Monate in Schottland bei seinem Bruder, Mr. David Craigie, einem vermögenden Mann und Provost von Perth, bleiben sollte. Nach einer Pause zum Nachdenken hatte er das Gefühl, dass sich die zwischen ihrem Mann und ihr entstandenen

Meinungsverschiedenheiten beilegen würden und das junge Paar die ehelichen Beziehungen wieder aufnehmen würde. Dementsprechend schrieb er an seinen Bruder und bat ihn, sie bei ihrer Ankunft in London zu treffen und sie nach Perth zu begleiten.

Lola gab zwar völlige Zustimmung zu, hatte aber andere Ansichten über ihre Zukunft. Sie wollte weder eine Versöhnung mit ihrem Mann noch eine zweite Lebenserfahrung bei der Familie Craigie in Schottland. Eine davon war mehr als ausreichend gewesen, aber sie achtete darauf, kein Wort zu diesem Thema zu verlieren. Sie behielt ihren eigenen Rat und entwickelte ihre eigenen Pläne.

KAPITEL III

Das Konsistoriumsgericht

ICH

Als Lola Ende 1840 mit einem Ostindienfahrer von Kalkutta nach London segelte, wurde sie von ihrem Stiefvater der „besonderen Obhut" einer Mrs. Sturgis übergeben, die sich unter den Passagieren befand. Er spürte offensichtlich den Abschied. „Große salzige Tränen", sagt Lola, „liefen ihm über die Wangen", als er ihr ein letztes Lebewohl wünschte. Er gab ihr auch seinen Segen; und, was verhandelbarer war, ein Scheck über 1000 Pfund. Die beiden trafen sich nie wieder.

Doch obwohl sie Indiens Korallenstrand verlassen hatte, blieb dort noch viele Jahre lang eine Erinnerung an sie bestehen. In diesem Zusammenhang sagt Sir Walter Lawrence, dass er sich einst in einem Quartier befand, das so lange verlassen war, dass es vom immer weiter vordringenden Dschungel verschluckt wurde. „Ein schrumpeliger Dorfbewohner", sagt er, „erinnerte sich an ein übermütiges und schönes Mädchen, die junge Frau eines Offiziers, die sich anschlich und ihn ins Wasser stieß. ‚Ah', sagte er mit einem liebevollen Lächeln. „Sie war ein *schlechter Kerl*, aber sie war immer sehr nett zu mir." Später war sie besser bekannt als Lola Montez.

In Madras schlossen sich mehrere Neuankömmlinge dem guten Schiff *Larkins an*, mit dem Lola nach England fuhr. Unter ihnen war ein gewisser Kapitän Lennox, Adjutant des Gouverneurs Lord Elphinstone. Ein angenehmer junger Mann und ganz anders als die Missionare und Beamten, die den Großteil der anderen männlichen Passagiere ausmachten. Lola und er verstanden sich bald gut. „Zu gut", war der scharfe Kommentar der Damen, an deren Gesellschaft Kapitän Lennox kein Interesse zeigte. Das Paar war unzertrennlich. Sie saßen am selben Tisch im Salon; In langen, heißen Nächten gingen sie Arm in Arm auf dem Deck auf und ab und bevorzugten dunkle und unbewohnte Ecken. ihre Stühle standen nebeneinander; ihre Hütten grenzten aneinander; und, so das schockierte Flüstern, verwechselten sie manchmal das eine mit dem anderen.

„Jeder kann im Dunkeln einen Fehler machen", sagte Lola, als Mrs. Sturgis, die sich an Kapitän Craigies Anweisungen erinnerte und beschloss, ihr Vertrauen um jeden Preis zu erfüllen, eine Einwendung wagte.

Vor neunzig Jahren mussten Reisende es „rau" machen; und die Bedingungen für eine Reise von Indien nach England unterschieden sich stark von denen, die heute gelten. Keine der modernen Annehmlichkeiten hatte einen Platz im Alltag. Daher kein Decksport; keine Jazzband; kein Schwimmbad; keine Cocktailbar; nicht einmal ein Gewinnspiel auf dem Lauf des Tages.

Aber die Zeit musste totgeschlagen werden; und als junge Graswitwe hatte Mrs. James das Gefühl, dass Flirten der beste Weg sei, durchzukommen. Kapitän Lennox war der einzige Mann an Bord des Schiffes, mit dem sie etwas gemeinsam hatte. Er war sympathisch, gutaussehend und aufmerksam. Außerdem schwor er, dass er „wahnsinnig in sie verliebt" sei. Die alte, alte Geschichte; aber es hat seinen Zweck erfüllt. Bevor das Schiff im Londoner Hafen anlegte, hatte Lola eine Entscheidung getroffen. Eine folgenschwere Entscheidung. Sie ließ David Craigie davonlaufen und schloss sich, nachdem sie seine Schmeicheleien angehört hatte, mit George Lennox zusammen.

„Ich werde auf dich aufpassen", sagte er beruhigend. „Vertrau mir, meine Liebe."

Lola vertraute ihm. Tatsächlich vertraute sie ihm so sehr, dass sie nach ihrer Ankunft in London bei ihm im Imperial Hotel in Covent Garden übernachtete; und dann, als die Geschäftsführerin dieses Etablissements es sich zur Aufgabe machte, in seinen Zimmern in der Pall Mall gezielte Kritik zu äußern.

Natürlich ließ sich so etwas nicht lange vertuschen. Bedeutungsvolles Nicken und Augenzwinkern begrüßte den schneidigen Lennox, als er in seinem Club erschien. Die Zungen wedelten lebhaft. Einige von ihnen wedelten sogar im fernen Kalkutta, wo sie von Lolas Ehemann gehört wurden. Er ignorierte seine eigene Liebesaffäre mit der Ehefrau eines Offiziersbruders und beschloss, sich verletzt zu fühlen. Entschlossen, sich durchzusetzen, nahm er Kontakt zu seinen Londoner Anwälten auf und beauftragte sie, die ersten Schritte zur Auflösung seiner Ehe einzuleiten. Die erste davon bestand darin, eine Klage wegen etwas zu erheben, das damals höflich als „krimineller Betrug" bezeichnet wurde. gegen den Mann, von dem er behauptete, er habe ihm „Unrecht getan".

Die Anwälte würden keine Eile haben; und die Dinge bewegten sich gemächlich. Dennoch bewegten sie sich zu ihrem festgelegten Ziel; und nachdem der notwendige bürokratische Aufwand abgebaut, Vernehmungen durchgeführt und die Beweise neugieriger Zimmermädchen und Hotelangestellter gesammelt und untersucht worden waren, kam der Fall James v. Lennox im Mai 1841 auf die Liste und wurde von Lord Denman und einem Sondervermittler verhandelt Jury im Court of Queen's Bench. Sir William Follett, der Generalstaatsanwalt, wurde im Namen des Klägers informiert, und Frederick Thesiger erschien für Captain Lennox.

In seiner Eröffnungsrede teilte Sir William Follett (der nicht allzu gut unterrichtet worden war) der Jury mit, dass der Kläger und seine Frau „sehr glücklich zusammen in Indien gelebt hatten und dass die Rückkehr von Mrs. James nach England auf einen Sturz zurückzuführen war." von ihrem Pferd in Kalkutta. Während er auf dem Weg nach Hause weiterfuhr und sein *Vox Humana* Stop herauszog , berührte das Schiff Madras, wo der Angeklagte an Bord kam; und „Während der langen Reise entstand eine innige Beziehung zwischen Mrs. James und ihm, die sich in einer Weise entwickelte, die dem empörten Ehemann keine andere Wahl ließ, als das vorliegende Verfahren einzuleiten, um Schadensersatz dafür zu erhalten, dass er mutwillig der Zuneigung und der Gesellschaft beraubt worden war." seine Gemahlin.

An diesem Punkt unterbrach der Anwalt von Kapitän Lennox (der kleinmütig die Frau, die er kompromittiert hatte, lieber geliebt und davongesegelt hatte, als anzuhalten und ihr zu helfen) der tränenreichen Beredsamkeit seines gelehrten Freundes ein Ende, indem er zugab, dass er bereit sei, ein Urteil zu akzeptieren. mit 1000 £ Schadensersatz. Wie der Richter zustimmte, wurde das Verfahren abrupt eingestellt.

Dies war jedoch nur die erste Runde. Im Dezember des folgenden Jahres wurde der nächste Schritt beschlossen und beim Konsistoriumsgericht eine Scheidungsklage eingereicht. Da weder Mrs. James noch der Lothario-ähnliche Kapitän Lennox auftauchten, erklärte Dr. Lushington, er sei überzeugt, dass ein Fehlverhalten begangen worden sei, und verkündete ein Dekret *a mensa et thoro* . Dies lief lediglich auf eine gerichtliche Trennung hinaus.

Der Bericht in *der Times* umfasste nur ein Dutzend Zeilen. Wenn man bedenkt, dass die Zeitung fünf Pence pro Exemplar kostete, war das kein sehr großzügiger Betrag. Dennoch hatten die Leser mehr Wert auf eine andere Aktion im „High Life", die am selben Tag gehört wurde, nämlich die von Lord und Lady Graves, der eine ganze Kolumne gewidmet war.

II

Das war alles, was die Öffentlichkeit über den Fall wusste. Es schien nicht viel zu sein, um den Ruf einer jungen Frau zu zerstören. Dr. Lushington, der Richter am Consistory Court, wusste jedoch viel mehr über das Geschäft als die breite Öffentlichkeit. Dies lag daran, dass während der vorläufigen Anhörung, die einige Monate zuvor stattfand und an der nur Anwälte und Anwälte teilnahmen, eine Reihe schädlicher Tatsachen ans Licht gekommen waren.

Frau James, sagte der erfahrene Anwalt des Klägers, habe sich „eines Verhaltens schuldig gemacht, bei dem ein Krokodil zittern und erröten würde". Eine schwere Anklage gegen eine junge Frau. Als Antwort an den

Richter erklärte er jedoch, dass er über zahlreiche Beweise zur Untermauerung seiner Aussage verfüge. Sein erster Zeuge war ein pensionierter Beamter, ein Herr Browne Roberts, der den Ehemann des Beklagten zunächst als Junggeselle in Indien und später als verheirateten Mann in Dublin gekannt hatte. Zu Beginn des Jahres 1841 habe er, wie er sagte, einen Anruf von einem Major McMullen erhalten, an den Captain Craigie geschrieben hatte, und ihn gebeten, sich bei ihrer Ankunft in London um seine Stieftochter zu kümmern und sie zu seinen Verwandten nach Schottland zu bringen . Als der Major jedoch diese Gastfreundschaft anbot, wurde sie abgelehnt. Daraufhin ließ sich Mr. Roberts im Imperial Hotel in Covent Garden vorsprechen und schlug ihr vor, bei seiner Frau vorbeizukommen. und auch diese Einladung wurde abgelehnt.

Darin vielleicht nicht viel, aber in dem, was folgte, eine ganze Menge. Frau Elizabeth Walters, die Managerin des Imperial Hotels, sagte, dass am 21. Februar 1841 „eine Dame und ein Herr in einem Miettaxi mit Gepäck mit der Aufschrift G. Lennox und Mrs. James ankamen und ein Doppelzimmer buchten." Sie gab zu, dass Mrs. Walters sie nicht „tatsächlich entdeckt hatte, als sie sich auszogen oder das Bett teilten", aber „sie wäre nicht überrascht gewesen, wenn sie das getan hätte." Als ihre Reisebegleiterin am nächsten Morgen abreiste, bezichtigte sie daher Mrs. James wegen Fehlverhaltens. Nachdem sie ihr gesagt hatte, sie solle sich „um ihre eigenen Angelegenheiten kümmern", hatte Mrs. James erklärt, dass sie und Captain Lennox kurz vor der Hochzeit stünden, und dann ihre Sachen gepackt und das Lokal verlassen.

„Was genau hat sie gesagt?" fragte der Richter.

„Sie sagte: ‚Was ich tue, ist meine eigene Angelegenheit und die von niemand anderem.'"

Nachdem sie die etwas dürre Gastfreundschaft des Covent Garden Hotels verlassen hatte, war Mrs. James in eine Pension in der Nähe von Pall Mall umgezogen, wo sie einen Monat lang blieb. Frau Martin, die Besitzerin, sagte dem Gericht, dass Kapitän Lennox in dieser Zeit die Rechnung beglichen habe und „jeden Tag dort angerufen und oft bis in die Nacht hinein geblieben sei".

Die Aussage von Mrs. Sarah Watson, der Schwester von Captain James, besagt, dass ihr Bruder ihr im Herbst 1840 geschrieben hatte, dass seine Frau von ihrem Pferd geworfen worden sei und zur medizinischen Behandlung nach England käme; und dass er seiner Tante, Mrs. Rae aus Edinburgh, geschrieben und vorgeschlagen hatte, dass seine Frau bei ihr bleiben sollte. Frau Watson besuchte daraufhin Frau James in Covent Garden, nachdem ihr „Dinge erzählt" worden waren. „Ich sprach mit ihr", sagte sie, „über das schockierende Gerücht, dass Kapitän Lennox eine Nacht mit ihr dort verbracht habe, und wies sie auf den unaussprechlichen Ruin hin, der aus einer Fortsetzung dieses beklagenswerten Verhaltens resultieren würde. Ich flehte sie an, sich dem anzuvertrauen." Die Fürsorge von Frau Rae. Meine Bitten waren wirkungslos. Sie erklärte ausdrücklich und bekräftigte mit einem Eid, dass sie nichts dergleichen tun würde.

Unter den Passagieren an Bord des Ostindiendampfers, mit dem Mrs. James nach England gereist war, befand sich auch Mrs. Ingram, die Frau des Kapitäns. „Das Verhalten von Frau James", sagte sie, „war äußerst unvorsichtig, und ihr allgemeines Verhalten war das, was man manchmal Flirten nennt." Kapitän Ingram, der ihm folgte, hatte eine noch beunruhigendere Geschichte zu erzählen. „Bei mehreren Gelegenheiten", sagte er, „hörte ich, wie Mrs. James den Herrn, der zu uns in Madras kam, mit ‚Lieber Lennox' anredete, und sie ließ ihn sogar in die Privatsphäre ihrer Kabine ein, während die anderen Passagiere am Gottesdienst teilnahmen." Deck. Als ich mit ihr darüber sprach, antwortete sie mir sehr cool.

Das alles war eindeutig schädlich. Für die eigentliche Sensation sorgte jedoch Caroline Marden, eine Stewardess.

„Während der Reise von Madras", sagte sie dem erstaunten Richter, „habe ich mehr als einmal gesehen, wie Kapitän Lennox Mrs. James' Leibchen schnürte."

„Hast du noch etwas gesehen?" stockender Rat.

„Ja, ich habe auch gesehen, wie sie tatsächlich ihre Strümpfe anzog, während Captain Lennox in ihrer Kabine war!"

Der Intimität zwischen den Geschlechtern waren Grenzen gesetzt. Dies war eindeutig einer von ihnen. Wenn ein Mann dabei half, die Korsetts einer Frau anzupassen und ihr dabei zuzusehen, wie sie ihre Strümpfe wechselte, konnte dies nach Ansicht des gelehrten und erfahrenen Dr. Lushington nur zu einem Ergebnis führen. Das schlechteste Ergebnis. Daher hatte er keine Schwierigkeiten, die Entscheidung zu verkünden, die der Ehemann beantragte.

III

Alles, was James für seine Tätigkeit bei der Klageerhebung erhalten hatte, war eine Scheidung *a mensa et thoro*, also „von Bett und Verpflegung". Aber obwohl es alles war, was er bekam, war dieses Maß an Erleichterung wahrscheinlich alles, was er wollte, da er nicht an ein zweites Eheexperiment dachte, weder mit Frau Lomer noch mit irgendjemand anderem. Was seine verlassene Frau betraf, musste sie sich selbst überlassen. Sie hatte keinen Rechtsanspruch mehr auf ihn; Sie konnte zu seinen Lebzeiten auch nicht noch einmal heiraten. Ihre Lage war etwas erbärmlich. Somit war sie allein und ohne Freunde; im Ruf besudelt; von ihrem Mann verlassen; und von ihrem Geliebten verlassen. Aber sie hatte immer noch ihre Jugend und ihren Mut.

Das London der 1840er Jahre, in dem Lola verloren war, war ein seltsamer Mikrokosmos voller Kontraste. Eine Mischung aus unverhohlener Schmähung und klösterlicher Prüderie; von Doppelbetten und Schlichtheit; von Humbug und Offenheit; von Freiheit und Zurückhaltung; von Lust und Zügellosigkeit; von brutalem Pferdespiel, das als „Witz" durchgeht, und von Offenheit, die mit Geschwätz marschiert. Die Arbeiterklasse nannte ihre Seele kaum ihre eigene; Frauen und Kinder werden von selbstgefälligen Profiteuren gnadenlos ausgebeutet; das „Lied vom Hemd"; Gradgrind und Boanerges veranstalten ein Hochfest; Tom und Jerry (in den letzten Zügen) und Corinthians reißen Türklopfer ab und verärgern Polizisten; und Exeter Hall und die Cider Cellars sind beide in vollem Gange. Alles in allem ein kranker Aufenthaltsort für eine schutzlose junge Frau.

Es ist nicht ganz klar, wie diese Frau in den nächsten Monaten ihren Lebensunterhalt bestritt, denn wenn sie ein Tagebuch führte, veröffentlichte sie es nie. Einem Sonntagsorgan zufolge verwickelte sie jedoch „den tugendhaften Grafen von Malmesbury in eine heikle Zeitungskorrespondenz, wobei öffentlich behauptet wurde, sie habe diesen frommen Adligen in seinem eigenen Haus besucht." Eine seltsame Geschichte (amerikanischer Herkunft und völlig unbegründet) besagt, dass sie etwa zu dieser Zeit Kontakt zu einem gewissen Jean François Montez aufnahm, „einer Person von immensem Reichtum, die ihr ein Vermögen überließ"; und Edward Blanchard, ein Pseudo-Dramatiker von Drury Lane, steuert die etwas wenig hilfreiche Bemerkung bei: „Sie wurde eine Bohemien." Vielleicht hat sie es getan. Doch sie musste einen zweiten Beruf finden, der etwas mehr Wasser auf die Mühlen bringen würde. Ein solcher Kurs war zwingend erforderlich, da der Restbetrag der 1000 Pfund, die ihr Stiefvater ihr gegeben hatte, nicht ewig reichen würde. Als sie sich umsah, hatte sie das Gefühl, dass die Bühne alles in allem die besten Aussichten bot, ihren Lebensunterhalt zu verdienen. Keine sehr neue Entscheidung. Heutzutage hätte sie als attraktive junge Frau mit etwas Kapital mehr Auswahl gehabt. So hätte sie vielleicht einen Hutladen eröffnen, Teestuben betreiben oder Hunde gezüchtet, Schaufensterpuppe oder Tanzclub-Wirtin werden können oder sogar „ins Kino gegangen". Doch in den 1840er-Jahren gab es keine dieser Möglichkeiten zur Beschäftigung von Frauen. Daher hieß es: Rampenlicht oder nichts.

Lola Montez, „Spanische Tänzerin". Debüt im Her Majesty's Theatre

Sie hatte den Verstand, sich in die Hände einer Lehrerin zu begeben. Diejenige, die sie auswählte, war Fanny Kelly („die einzige Frau, der Charles Lamb den Mut aufbrachte, einen Heiratsantrag zu machen"), die eine Schauspielschule leitete. Da Miss Kelly sowohl ehrlich als auch fähig war, erkannte sie die Möchtegern-Ophelia sehr schnell.

„Du wirst nie eine Schauspielerin sein", war ihre Entscheidung. „Du hast kein Talent dafür."

Aber wenn die Bewerberin kein Talent hatte, sah die andere, dass sie etwas anderes hatte. Es handelte sich um ein Paar wohlgeformter Beine, die als Balletttänzerin dennoch im Rampenlicht funkeln konnten.

Da die Empfängerin diese Meinung teilte, übernahm sie sie umgehend. Als Vorab ging sie nach Madrid. Dort lernte sie unter fachkundiger Anleitung das Rasseln der Kastagnetten und übte sich im Bolero und Cachucha sowie in den klassischen Arabesken und Entrechats und der dazugehörigen Technik. Über die einfachsten Schritte hinaus kam sie jedoch nicht weiter, denn die Zeit, die ihr zur Verfügung stand, war kurz und die Kunst der Ballerina kann nicht ohne jahrelanges unaufhörliches Lernen erworben werden.

Laut einem französischen Journalisten machte ein „englischer Milord" Lolas Bekanntschaft in Madrid. Dies war Lord Malmesbury, „der von der Reinheit ihres spanischen Akzents so beeindruckt war, dass er sie als Reisebegleiterin adoptierte *und* mit ihr die Schrecken schlechter Küche und die Freuden der Nächte in Granada teilte." Diese Tatsache ist jedoch, sofern sie tatsächlich vorliegt, in dem von ihm später veröffentlichten Band der „Memoiren" nicht zu finden.

Dennoch scheint es, dass Lord Malmesbury Lola getroffen hat. Sein eigener Bericht über den Vorfall besagt, dass er, als er im Frühjahr 1843 aus dem Ausland nach England zurückkehrte, vom spanischen Konsul in Southampton gebeten wurde, eine junge Frau, die gerade dort gelandet war, nach London zu eskortieren. Er fand sie, sagt er, „eine außergewöhnlich gutaussehende Person, die tief trauerte und in großer Not zu sein schien." Während sie allein im Eisenbahnwaggon waren, nutzte er die Gelegenheit und entlockte seiner Reisegefährtin die Geschichte ihres Lebens.

„Sie teilte mir", sagt er, „in schlechtem Englisch mit, dass sie die Witwe von Don Diego Leon sei, der kürzlich von den Carlisten erschossen worden sei, nachdem er gefangen genommen worden war, und dass sie nach London gehen würde, um dort spanisches Eigentum zu verkaufen." Sie besaß und gab Gesangsunterricht, da sie sehr arm war.

Trotz seiner diplomatischen Ausbildung schluckte Lord Malmesbury diese Geschichte und vieles andere, mit dem sie verziert war, schluckend. Eins führte zum anderen; und die so zufällig in einem Eisenbahnwaggon begonnene Bekanntschaft wurde in London fortgesetzt. Dort veranstaltete er zu ihren Gunsten ein Konzert in seinem Stadthaus, bei dem sein Schützling nicht nur kastilische Balladen sang, sondern auch Schleier und Fächer unter dem Publikum verkaufte; und er stellte ihr auch einen Theaterdirektor vor, mit Ergebnissen, die keiner von beiden vorhergesehen hatte.

KAPITEL IV

FLARE DER SCHEINWERFER

ICH

Zeiten ändern sich. Als Lola nach London zurückkehrte, galt ein Durchgang durch das Scheidungsgericht nicht als notwendige Qualifikation für Bühnenanwärter. Da man sich darüber im Klaren war, dass ein ausländisch klingender Name wünschenswert war, um einen guten Empfang zu gewährleisten, entschied man sich, den von Lola Montez anzunehmen. Sie hatte das Gefühl, dass dies neben anderen Vorteilen ihre Identität effektiv mit der von Mrs. Thomas James verschleiern würde, eine Identität, die sie unbedingt ablegen wollte.

Ihre Pläne waren bald geschmiedet. Am Morgen nach ihrer Ankunft überreichte sie dem Impressario des Her Majesty's Theatre im Haymarket ihr Empfehlungsschreiben. Diese Position hatte ein umgänglicher Hebräer inne, ein gewisser Benjamin Lumley, ein ehemaliger Anwalt, der seine Pergamente und Kostenrechnungen aufgegeben und einen Pachtvertrag von Ihrer Majestät erworben hatte. Lange galt das Haus als eine Art weißer Elefant im Theaterdschungel; Aber Lumley, der energisch und kenntnisreich war, baute bald eine wertvolle Anhängerschaft auf und brachte das Establishment auf die Beine.

Wie es der Zufall wollte, kam Lolas Interview mit ihm genau zum richtigen Zeitpunkt, denn er wechselte zwischen Ballett und Oper und brauchte eine neue Anziehungskraft. Überzeugt, dass er es in seinem Anrufer erkannte (oder vielleicht auch darauf bedacht, Lord Malmesbury zu gefallen), bot er ihr an Ort und Stelle eine Verpflichtung an, zwischen den Akten von *Il Barbiere di Seviglia einen Pas seul* zu tanzen .

„Wenn du einen Treffer schaffst", sagte er, „sollst du einen Vertrag für den Rest der Saison haben. Es hängt alles von dir selbst ab."

Lola, die nichts Besseres wollte, verließ das Büro der Geschäftsführung und betrat die Luft.

Wie es seine Gewohnheit war, pflegte Lumley die Kritiker und empfing sie in seinem Allerheiligsten, wann immer er eine neue Anziehungskraft zu präsentieren hatte.

„Ich habe in meiner nächsten Sendung eine Überraschung für Sie", sagte er, als über Champagner und Zigarren gesprochen worden war. „Das bedeutet, dass ich Donna Lola, eine spanische Tänzerin, direkt aus Sevilla gewonnen habe. Sie ist, das versichere ich Ihnen, überaus schön und außergewöhnlich talentiert. Ich verspreche Ihnen mein Wort, meine Herren, sie wird hier für Aufsehen sorgen . "

Im Jahr 1843 hatten Theaterkritiker das Privileg, den Proben beizuwohnen und hinter die Kulissen zu blicken. Einer von ihnen, der das Pseudonym „Q" annahm, hat einen Bericht über die Art und Weise hinterlassen, wie er Lola Montez zum ersten Mal traf. Er hatte Lumley wegen eines Klatsches aufgesucht und wurde von dieser Autorität eingeladen, auf die Bühne hinabzusteigen und seinem Neuzugang beim Üben eines Tanzes zuzusehen.

„Zu dieser Zeit", sagt er, „war ihre Figur sogar noch attraktiver als ihr Gesicht, so schön dieses auch war. Geschmeidig und anmutig wie ein junges Rehkitz, war jede Bewegung, die sie machte, instinktiv mit Melodie erfüllt. Ihre dunklen Augen leuchteten und blitzten." vor Aufregung, denn sie spürte, dass ich bereit war, sie zu bewundern ... Als sie über die Bühne schritt, wiegte sich ihre schlanke Taille im Takt der Musik, und ihr anmutiger Kopf und Hals beugten sich mit ihr wie eine Blume, die sich mit dem gegebenen Impuls beugt zu seinem Stamm durch die unruhige Stimmung des Windes.

Lumley war taktvoll genug, den Pressesprecher mit dem Star allein zu lassen. Als dieser versprach, „ihr einen ordentlichen Zug in seine Arbeit zu geben", machte sich Lola, die keine Gelegenheit auslie, ihm gegenüber besonders angenehm. Ihre strahlenden Augen taten ihr Werk. „Als wir uns trennten", sagt „Q" in seinen Erinnerungen, „stürzte ich mich über Kopf in die tiefen Tiefen dessen, was die Franzosen eine große *Leidenschaft nennen* ."

Lumleys nächster Schritt bestand darin, eine Ankündigung der versprochenen Neuheit zur Aufnahme in das Programm zu verfassen:

> **HER MAJESTY'S THEATRE**
> June 3, 1843
> **SPECIAL ATTRACTION !**
> Mr. Benjamin Lumley begs to announce that, between the acts of the Opera, DONNA LOLA MONTEZ, of the Teatro Real, Seville, will have the honour to make her first appearance in England in the Original Spanish dance El Oleano.

DAS THEATER IHRER MAJESTÄT

3. Juni 1843

BESONDERE ATTRAKTION!

DONNA LOLA MONTEZ vom Teatro Real in Sevilla zwischen den Opernakten die Ehre haben wird, ihren

ersten Auftritt in England im spanischen Originaltanz
El Oleano zu geben.

Nachdem die Besetzungsliste festgelegt war, wurde der restliche Lesestoff des Programms der Werbung überlassen. Einige von ihnen scheinen eher willkürlich ausgewählt worden zu sein. Ihre besondere Anziehungskraft auf Musikliebhaber war jedenfalls etwas schwer nachzuvollziehen. So handelte es sich bei einer um „Jacksons Patent-Einlaufmaschinen, wie sie der Adel (beiderlei Geschlechts) auf Reisen nutzte"; ein weiteres von „Mrs. Rodds anatomischen Damenstrümpfen (die der Trägerin eine Figur von erstaunlicher Symmetrie verleihen";) und ein weiteres von einer „brillanten Burlesque-Ballade „Get Along, Rosey", die jeden Abend von Madame Vestris mit größtem Triumph gesungen wird ."

Mit großer Genugtuung warf Manager Lumley einen ersten Blick auf das überfüllte Haus und stellte fest, dass sich in der Nacht des 3. Juni ein besonders „kluges" Publikum versammelt hatte. Die Liste der „Modischen", die er den Reportern überreichte, ähnelte einem Auszug aus den Seiten der Herren Burke und Debrett. So wurde die königliche Loge von der Königinwitwe beehrt, mit dem König von Hannover und Prinz Eduard von Sachsen-Weimar als ihren Gästen; und auf der unteren Ebene (damals der elegante Teil des Hauses) waren der Herzog und die Herzogin von Wellington, der Marquess und die Marchioness von Granby, Lord und Lady Brougham und die Baroness de Rothschild mit dem belgischen Minister Graf Esterhazy verstreut. und Baron Talleyrand. Sogar die Insassen der Grube mussten eine offizielle Anweisung hinnehmen, dass „nur schwarze Hosen erlaubt" seien. Ihre Majestät hatte eine Standarte und Lumley bestand auf deren Einhaltung.

Nachdem die seit langem bekannte „Fops' Alley" aus dem Auditorium verschwunden war, bestand die modische Sache für unabhängige Männer darin, eine Party zu veranstalten und eine Omnibusloge zu mieten; und von dieser Position aus ein Urteil über die Beine der Tänzer zu fällen, die in hauchdünner Gaze auf der Bühne Pirouetten drehen. Wenn dann der Vorhang fiel, hatten sie das Privileg, hinter die Kulissen zu blicken und mit den Coryphées zu plaudern.

Am Abend von Lolas Debüt war eine der Sammellogen von Lord Ranelagh besetzt, einem verruchten mittelviktorianischen Roué, der eine ausgewählte Gruppe „Corinthians" in Rüschenhemden und geblümten Westen mitgebracht hatte. Es wurde beobachtet, dass er der Oper nur träge Aufmerksamkeit schenkte. Sobald jedoch die versprochene Neuheit, *El Oleano*, erreicht war, zeigte er plötzlich Interesse und schob seinen Stuhl nach vorne.

„Wir werden gleich etwas Spaß erleben", flüsterte er. „Vorsicht, Leute, schweigt, bis ich das Wort gebe."

II

Ein wenig bedrohlich vielleicht, dass die Haymarket-Unternehmerin denselben Namen tragen sollte wie der Richter in Kalkutta, der sich erfolglos um ihre Hand bemüht hatte. Aber Lola hatte keine Bedenken. Als sie in einem schwarzen Satinmieder und einem üppigen rosa Seidenrock an den Flügeln stand und auf ihr Zeichen wartete, ging Lumley mit einem aufmunternden Nicken an ihr vorbei.

„Kapital", sagte er und rieb sich den Schnurrbart. „Sehr attraktiv. Du wirst ein großer Erfolg sein, meine Liebe."

Als er losging, läutete in der Ecke eine Glocke. Als Antwort hob der Dirigent seinen Taktstock; die schweren Vorhänge waren zur Seite gezogen; und unter dem Kreuzfeuer der Operngläser sprang Lola auf die Bühne und vollführte ihre erste Pirouette. Plötzlich herrschte Stille, als sie am Ende der Nummer ins Rampenlicht trat und auf das Urteil wartete. Hatte sie es gut gemacht oder nicht? Einen Moment später wusste sie jedoch, dass alles in Ordnung war, denn ein Sturm aus Applaus und Händeklatschen erfüllte die Luft. Lumley strahlte von seinem Platz in den Kulissen aus Zustimmung. Sein Unternehmungsgeist sollte belohnt werden. Die Debütantin war ein Erfolg. Daran besteht kein Zweifel. Sie sollte einen Vertrag von ihm haben, bevor irgendein anderer Manager einspringen und sie schnappen sollte.

Wir glauben nicht (kritzelte ein Kritiker und notierte hastig seine Eindrücke, um sie später in seinem Büro zu erweitern), dass Donna Lola während ihres Auftritts auch nur ein einziges Mal lächelte. Als sie sich zurückzog, fielen zahlreiche Blumensträuße auf die Bühne. Aber der Stolze von Sevilla ließ sich nicht herab, zurückzukehren, um sie abzuholen, und einer der Herren in Livree wurde zu diesem Zweck abgeordnet. Als ihr Maß jedoch zuerkannt wurde, stieg sie von ihrem Gipfel herunter und ließ sich tatsächlich dazu herab, einen weiteren Blumenstrauß anzunehmen, den eine Schöne aus einer Kiste geworfen hatte.

Man kann sagen, dass das Her Majesty's Theatre (fügte ein Kollege hinzu) jetzt seinen vollen Höhepunkt der Größe und Perfektion der Schönheit und Pracht sowie der Vielfalt und des Ruhms des Balletts erreicht hat. Eine neue spanische Donna wurde vorgestellt. Obwohl die Visitation nicht mit dem üblichen schwungvollen Trompetenspiel *auf Dits eingeläutet wurde* , war sie äußerst erfolgreich. Die junge Dame kam und sah und siegte. Als Kompliment wurden viele Blumengeschenke auf sie geschossen, und der nützliche Herr Coulos, der in einem solchen Notfall immer zur Hand war, half ihr sehr fleißig beim Aufsammeln. *El Oleano* ist eine Art Cachucha; und es gibt Donna Lola Montez sicherlich die Gelegenheit, sich der Öffentlichkeit unter einem sehr fesselnden Aspekt vorzustellen ... Ein schönes Bild, über das sie nachdenken sollte. Vor Ihnen liegt die Vollkommenheit spanischer Schönheit – die große, hübsche Figur, das volle, strahlende Auge, das fröhliche, lebhafte Gesicht und die dunklen, rabenschwarzen Locken. Du schaust voller Freude und Bewunderung auf die Donna.

Kurz nach dem dritten Punkt ihres Programms, als sie vor dem Vorhang stand, sich verneigte und anerkennend lächelte, kam es zu einer unerwarteten Unterbrechung. Plötzlich zerriss ein unheilvolles Zischen die Luft. Der Ton kam von den Bewohnern der Bühnenloge, in der sich Lord Ranelagh und seine Gruppe niedergelassen hatten. Wie auf ein vorher verabredetes Zeichen hin griffen die Bewohner der gegenüberliegenden Loge es auf und wiederholten es. Das Publikum keuchte vor Erstaunen und wandte sich an Lord Ranelagh, um eine Lösung zu finden. Er lieferte umgehend eines. „Egad!" rief er mit lauter Stimme: „Das ist überhaupt nicht Lola Montez . Es ist Betsy James, ein irisches Mädchen. Meine Damen und Herren, wir werden richtig betrogen!"

„Betrogen" war ein hässliches Wort. Die Grube und die Galerie hatten das Gefühl, dass sie auf mysteriöse Weise betrogen wurden, und folgten dem ihnen gegebenen Stichwort, und eine Menge Zischen und Pfiffe ertönten aus den Kehlen, die einen Moment zuvor lautstarken Jubel gebrüllt hatten. Der große Dirigent Michael Costa ließ vor Erstaunen seinen Taktstock fallen und verließ sein Pult, da er sich weigerte, ihn wieder aufzunehmen. Es gibt eine Theorie, dass es dieser unglückliche Vorfall war, der ihn dazu veranlasste, vom Haymarket nach Covent Garden zu ziehen. Gut möglich. Musiker sind temperamentvolle Leute.

Es blieb Lumley überlassen, mit der Situation umzugehen. Er tat dies, indem er den Vorhang öffnete, während Lola weinend und wütend in ihre Umkleidekabine eilte.

III

Vielleicht sind sie früher abgereist, aber keiner der Kritiker hat von dieser *Auflösung etwas mitbekommen* . Was sie jedoch sahen, beschrieben sie in enthusiastischen, um nicht zu sagen überschwänglichen Worten:

Wir sahen wie in einem Traum (erklärte einer von ihnen), wie ein Elssler oder ein Taglioni mit den Zügen einer neuen Tänzerin aus den Wolken herabstieg, deren glühende Bewunderer sie mit all der Begeisterung und dem

Beifall überhäuften, mit denen ihre seltene Perfektion verbunden war Vorgänger wurde belohnt.

Am letzten Samstag, zwischen den Akten der Oper, wurde bekannt gegeben, dass Donna Lola Montez auf dem Programm Ihrer Majestät stehen wird. Tausend begeisterte Zuschauer waren voller fieberhafter Spannung, sie zu sehen. Donna Lola hat alle verzaubert. Überall herrschte ein anmutiges Fließen der Arme – kein Winkel erkennbar –, eine unbeschreibliche Sanftheit in ihrer Haltung und Geschmeidigkeit in ihren Gliedern, die, in tausend Stellungen entwickelt (ohne gegen die Gesetze der Oper zu verstoßen), die berauschendste und weiblichste waren, die es gibt vorgestellt werden. Wir können uns nie erinnern, dass die *Stammgäste* – ob jung oder alt – eine angenehmere Überraschung erlebt hätten als die bezaubernde Dame, die aufgeregt war. Sie wurde begeistert gefeiert und die Bühne war mit Blumensträußen übersät.

Lord Ranelagh und seine Freunde müssen gegrinst haben, als sie diesen Schwall lasen.

„Ich habe Lumley unmittelbar nach dem Fall des Vorhangs gesehen“, sagt ein Reporter, der hinter den Kulissen eingelassen wurde. „Er war von den Moralprofessoren aus der Omnibusloge umgeben, die sagten, dass Donna Lola auf keinen Fall wieder auftauchen dürfe. Sie wiesen ihn darauf hin, dass es absolut notwendig sei, nur vorbildliche Charaktere im Ballett zu haben; aber das taten sie nicht Sagen Sie ihm, wo er Frauen finden würde, die nichts dagegen hätten, ihre Beine in rosa Seidenkleidern zur Schau zu stellen. Da Lumley es sich nicht leisten konnte, seine Gönner zu beleidigen, war er gezwungen, das *Mandat* dieser tugendhaften Sprösslinge einer moralischen und äußerst gewissenhaften Aristokratie anzunehmen . Carlotta Grisi hatte vielleicht eine Menge Liebhaber, aber sie hatte auch nie ihre bezaubernde kleine Nase gegenüber meinem Lord Ranelagh gerümpft.“

Es war eine Zeit, in der das Theater vor dem Gönner kapitulieren musste. Sofern My Lord nicht zustimmte, hatte Mr. Crummles keine andere Wahl, als den Vorhang zu schließen. Da die Ranelagh-Fraktion dies entschieden ablehnte, sah sich Lumley gezwungen, der Rekrutin ihren Marschbefehl zu erteilen.

Lolas *Premiere* war somit zu ihrem *Dernière geworden* .

Übrigens machte sich eine Sonntagszeitung, die einige Zeit später schrieb, in ihrem Bericht über den Vorfall einen schwerwiegenden Fehler schuldig und verwechselte Lord Ranelagh mit dem Herzog von Cambridge. „Der Neuankömmling“, sagt dieser Kritiker, „wurde von einem Prinzen des Blutes und seinen Gefährten in der Omnibusloge als Mrs. James erkannt. Ihre Schönheit konnte sie nicht vor Beleidigungen bewahren; und um sich an Mr.

Lumley zu rächen, Um etwas Ärger zu bekommen, riefen diese ritterlichen englischen Herren der Oberschicht eine Frau von der Bühne.

Was steckte hinter Lord Ranelaghs feigem Angriff auf die Debütantin? Es gab eine einfache Erklärung und keine, die ihm in irgendeiner Weise zugute kam. Es war so, dass er während ihrer „böhmischen" Zeit versucht hatte, die leere Nische in ihren Zuneigungen zu füllen, die durch den Weggang dieses Lichts der Liebe, Kapitän Lennox, entstanden war, und wegen seiner Mühen zurückgewiesen worden war. Ein schlechter Verlierer, mein Herr hegte Groll. Er würde einer einfachen Balletttänzerin beibringen, mit den Fingern nach ihm zu schnipsen. Seine Chance kam früher, als er gedacht hatte. Er hat das Beste daraus gemacht.

Obwohl Lord Ranelagh eine Vorliebe für das Beißen hatte, wurde er einige Jahre später selbst gebissen. Er war maßgeblich an einem unappetitlichen Skandal beteiligt, der die Taubenschläge der Mitte des viktorianischen Zeitalters erschütterte, als eine „Schönheitsspezialistin" aus der Bond Street, bekannt als Madame Rachel, wegen Betrugs an einer reichen und verliebten Witwe ins Gefängnis geworfen wurde. Es handelte sich um eine Frau Borrodaile, die „Madame" getäuscht hatte, indem sie erklärte, Lord Ranelaghs einziger Wunsch sei es, seine Krone mit ihr zu teilen. Obwohl der raffgierige Peer jegliche Mittäterschaft bestritt, kam er nicht allzu gut aus der Angelegenheit heraus.

„Die besondere Bedeutung, die er erlangt hat", bemerkte ein Nachrufer, „war nicht immer beneidenswert. Es gibt wahrscheinlich nur wenige Männer, gegen die so viele Anschuldigungen unterschiedlichster und unangenehmer Art erhoben wurden. Die daraus resultierende Schmähung Es ist großartig, dass er auf diese Weise entlarvt wurde, und es ist auch nicht, wie es eigentlich hätte sein sollen, mit den Anklagen selbst verschwunden."

Dies war jedoch vorausschauend. Die Kommentare von 1843 standen an erster Stelle. „In den Clubs an diesem Abend", lesen wir, „lachten die Böcke und das Blut herzlich, als sie über das Missgeschick der stolzen Schönheit diskutierten, die die Annäherungsversuche meines Herrn verachtet hatte ." Für Lola Montez war es jedoch kein Grund zum Lachen. Sie hatte vielleicht, wie sie prahlte, einen Schuss spanisches Blut in ihren Adern, aber sie hatte sicherlich nichts von George Washingtons, denn sie setzte sich sofort hin und schrieb einen Rundbrief an alle Londoner Zeitungen. Damit versuchte sie, das zu korrigieren, was sie als „falschen Eindruck" bezeichnete. Einige von ihnen betrachteten es als Evangelium und druckten es vollständig aus:

An den Herausgeber .

HERR :

Da ich die Ehre hatte, am Samstag, dem 3. Inst., im Theater Ihrer Majestät zu tanzen. (als ich von der englischen Öffentlichkeit auf so freundliche und schmeichelhafte Weise empfangen wurde) Ich habe mich grausam über Berichte geärgert, dass ich nicht wirklich die Person bin, die ich vorgebe, sondern dass ich in London seit langem als eine Frau von verrufenem Ruf bekannt bin Charakter. Ich bitte Sie, Herr, mir zu gestatten, Ihnen und der Öffentlichkeit durch Ihre angesehene Zeitschrift auf die positivste und uneingeschränktste Weise zu versichern, dass in einer solchen Aussage kein Wort der Wahrheit steckt.

Ich komme aus Sevilla; und im Jahr 1833, als ich zehn Jahre alt war, wurde ich zu einer Katholikin nach Bath geschickt, wo ich sieben Monate blieb, und wurde dann zu meinen Eltern nach Spanien zurückgebracht. Von dieser Zeit bis zum 14. April, als ich in England landete, *habe ich dieses Land noch nie betreten und London noch nie in meinem Leben gesehen* .

Wenn ich mich für den Gefallen entschuldige, um den ich Sie bitte, bin ich mir sicher, dass Sie freundlicherweise die Bemühungen von mir und meinen Freunden berücksichtigen werden, jeden für mich nachteiligen Eindruck aus der Öffentlichkeit zu entfernen. Mein Anwalt hat die Anweisung erhalten, gegen alle Parteien vorzugehen, die mich verleumdet haben.

> Glauben Sie, dass ich Ihr gehorsamer und demütiger Diener bin,

LOLA MONTEZ.
13. Juni 1843.

Von Balletttänzern kann nicht erwartet werden, dass sie sich bei ihren Debüts an alles erinnern; und diese hatte offensichtlich ihren Aufenthalt in Indien vergessen, genauso wie sie ihre Ehe mit Thomas James (und die anschließende Klage vor dem Konsistoriumsgericht) sowie ihr verliebtes Verhältnis mit Captain Lennox im vergangenen Jahr vergessen hatte.

„Trotz der ermutigenden Aufnahme, die Donna Lola Montez zuteil wurde, hat sie nicht wieder getanzt", bemerkte ein Kritiker im *Examiner* . "Was ist der Grund?"

Lumley hätte die Informationen liefern können. Dies tat er einige Jahre später in seinem Buch *Reminiscences of the Opera* :

Es ist nicht meine Absicht, die weltweiten Geschichten dieser seltsamen und faszinierenden Frau aufzuzählen. Vielleicht reicht es aus, offen zu sagen, dass ich in diesem Fall ziemlich „verarscht" war. Ein edler Lord (der später eng mit dem Auswärtigen Amt verbunden war) hatte mir die Dame als Tochter eines berühmten *spanischen* Patrioten und Märtyrers vorgestellt und ihre

Verdienste als Tänzerin so deutlich hervorgehoben, dass ihr „Auftritt"
gewährt wurde.

... Aber diese falsche Spanierin wusste nicht wirklich, was sie vorgab. Die
ganze Angelegenheit war eine Lüge; und noch in der Nacht ihres ersten
Auftritts explodierte die Wahrheit. Als ich die Wahrheit entdeckte, lehnte ich
es ab, der englischen Abenteurerin, denn eine solche war sie, noch einmal
auf meinen Tafeln erscheinen zu lassen. Trotz der Äußerungen der
„Freunde" der Dame – trotz der abfälligen Briefe, in denen sie ernsthaft ihre
englische Herkunft leugnete – trotz sogar des in hohen Positionen zum
Ausdruck gebrachten Wunsches, Zeuge ihres seltsamen Auftritts zu werden
– blieb ich unflexibel.

Der „Edle Lord", auf den sich dieser pompöse Haftungsausschluss bezieht,
war Lord Malmesbury.

Viscount Ranelagh, der eine Intrige gegen Lola Montez organisierte

IV

Lola Montez hatte zwar ein aufbrausendes Temperament, aber ein gutes
Herz und war immer bereit, anderen zu helfen. In diesem Zusammenhang
erzählt Edward Fitzball, ein talentierter Dramatiker, mit dem die Dinge nicht
gut liefen, wie sie sich freiwillig bereit erklärte, bei einer Benefizvorstellung
mitzuhelfen, die organisiert werden sollte, um ihn auf die Beine zu stellen.
Es war schwierig, Attraktionen zu sichern; und der Begünstigte fühlte sich
deprimiert, als er erkannte, dass er, wie es in solchen Fällen üblich war,
etwaige Defizite selbst ausgleichen musste.

„Dieser Vorteil", sagt er, „von dem ich völlig erwartet hatte, dass er sich als entschiedener Verlust erweisen würde, ärgerte mich zutiefst. Ich schlenderte die Regent Street entlang, als ich Stretton traf, den beliebten Sänger, dessen eigener Vorteil gerade erst zustande kam", sagte er dass er jede für die Öffentlichkeit würdige Attraktion gesichert hatte und dass es für mich keine Hoffnung gab, „es sei denn", fügte er hinzu, „Sie könnten sich Lola Montez sichern."

„‚Bitte, wer ist das?' Ich sagte in meiner Unwissenheit.

„‚Lola Montez ist eine Dame, die neulich Abend als Tänzerin im Her Majesty's Theatre auftrat, aber aufgrund einiger Unruhen in der Aristokratie das Theater voller Abscheu verlassen hat. Die Zeitungen waren voll davon. Ich bot ihr 50 Pfund an, damit sie für mich tanzen konnte. und stieß auf eine entschiedene Ablehnung. Daher sehe ich keine Hoffnung für dich.'"

Fitzball hielt es jedoch für lohnenswert, das Risiko einzugehen, eilte zu Lolas Unterkunft und flehte sie an, zu dem von ihm angebotenen Programm beizutragen. Er hatte nicht damit gerechnet, Erfolg zu haben, da er wusste, dass sie unter dem Gefühl einer Verletzung litt. Zu seiner Überraschung und Freude versprach sie jedoch ihre Dienste und weigerte sich, eine Zahlung anzunehmen.

Überglücklich über den Erfolg seiner Botschaft eilte Fitzball zu den Druckern und ließ die Werbetafeln mit Geldscheinen bekleben, wobei er der Neuheit besondere Aufmerksamkeit schenkte:

THEATRE ROYAL, COVENT GARDEN
Monday, July 10, 1843.

COLOSSAL ATTRACTION!
(For the Benefit of Mr. Fitzball)

EXTRAORDINARY COMBINATION OF TALENT!

During the evening the celebrated DONNA LOLA MONTEZ (whose recent performance created so pronounced a sensation at Her Majesty's Theatre) will execute, by special request, her remarkable dance, " El Oleano."

N.B.—This will positively be the Donna's only appearance in London, as she departs on Thursday next for St. Petersburg.

THEATRE ROYAL, COVENT GARDEN
Montag, 10. Juli 1843.

COLOSSALE ATTRAKTION! (Zu Gunsten von Herrn Fitzball)

AUSSERGEWÖHNLICHE KOMBINATION VON TALENTEN!

Im Laufe des Abends wird die gefeierte DONNA LOLA MONTEZ (deren jüngster Auftritt im Her Majesty's Theatre für großes Aufsehen sorgte) auf besonderen Wunsch ihren bemerkenswerten Tanz „El Oleano" aufführen.

NB: Dies wird definitiv der einzige Auftritt von Donna in London sein, da sie am nächsten Donnerstag nach St. Petersburg aufbricht.

„Das Theater", sagt Fitzball in seinem Bericht über den Abend, „war überfüllt. Lola Montez kam in einer prächtigen Kutsche an, begleitet von ihrer Zofe. Als sie angezogen war, erkundigte sie sich, ob ich glaube, dass ihr Kostüm genehmigt würde. Das habe ich In Balletten und Märchendramen habe ich Sylphen und weibliche Gestalten von der schillerndsten Schönheit gesehen, aber die schillerndste und vollkommenste Gestalt, die ich je gesehen habe, war die von Lola Montez in ihrem weiß-goldenen, mit Diamanten besetzten Gewand. Ihr Sprung vor der Öffentlichkeit war die Signal für allgemeinen Applaus und Bewunderung. Am Ende ihres Auftritts gab es einen begeisterten und universellen Aufruf zu ihrem Wiederauftauchen."

KAPITEL V

EINE LEIDENSCHAFTLICHE PILGERREISE

ICH

Die „Abreise nach St. Petersburg" entsprach Fitzballs Fantasie. Als Lola England verließ, ging sie nicht nach Russland, sondern nach Belgien. Der Besuch war kein Erfolg, da keines der Theater in Brüssel, an denen sie sich um ein Engagement bewarb, Interesse an Balletttänzern zeigte, egal ob diese aus Sevilla oder anderswo kamen. Es folgte eine Pechsträhne; und wenn man ihrem eigenen Bericht über diese Zeit Glauben schenken darf, wurde sie so weit gebracht, dass sie in der belgischen Hauptstadt mit dem Inneren von Pfandhäusern vertraut wurde und auf der Straße singen musste, um sich eine Unterkunft zu sichern. Aber dieses „Singen auf der Straße"-Geschäft war zwar malerisch, aber nicht besonders originell. Es wird immer noch aktiv genutzt, als fester Bestandteil der autobiografischen Ausrüstung jeder Bühnen- und Filmheldin, die „Werbung" will. Und wenn Lola Montez jemals etwas Derartiges getan hat, dann nur für kurze Zeit. Ein „reicher Mann" – sie hatte ein Talent, Kontakt zu ihnen herzustellen – kam sofort zur Rettung; und angeblich unterstützt von dem geheimnisvollen Jean Francois Montez, der ihr aus London gefolgt war, schüttelte sie den unwirtlichen Staub der Brüsseler Boulevards von ihren Füßen.

In Berlin erblickte sie im Herbst 1843 das lange verspätete Schicksal. Als eine Neuigkeit gesucht wurde, sicherte sie sich eine Verpflichtung, auf einem Fest zu tanzen, das Friedrich Wilhelm IV. zu Ehren seines Schwiegersohns, des Zaren Nikolaus, und einer Truppe von Großherzögen, die damals Potsdam besuchten, organisierte. Der Alleinherrscher Russlands äußerte sich höchst zufrieden mit den Bemühungen des Neuankömmlings. Die Berliner zogen nach. Lola wurde „gemacht"; und jeden Abend war sie einen Monat lang ausgebucht, um irgendwo zu tanzen.

Während ihres Aufenthalts in der deutschen Hauptstadt soll sie mit dem Arm des Gesetzes in Berührung gekommen sein. Die Geschichte besagt, dass sie auf einem Vollblutpferd einer Zeremonie zu Ehren des Königs und des Zaren beiwohnte; und ihr Ross, das einigermaßen tapfer war, trug sie in voller Fahrt über den Exerzierplatz und in die Mitte der königlichen Gruppe, die sich am Salutierungspunkt versammelt hatte.

Als ein empörter Polizist *„Verboten!" brüllte.* Mit lauter Stimme stürzte er herbei und klammerte sich an das Zaumzeug, als er für seine Schmerzen einen heftigen Hieb von ihrer Peitsche erhielt. Am nächsten Morgen wurde der mutigen Amazone eine Vorladung zugestellt, in der sie aufgefordert wurde, vor einem Richter zu erscheinen und sich wegen „Beleidigung der Uniform" zu verantworten. Daraufhin packte Lola ihre Koffer, da sie die allgemeine Atmosphäre als ungünstig empfand. Es gelang ihr gerade noch rechtzeitig zu entkommen, da gerade ein Haftbefehl gegen sie ausgestellt wurde. Aber auch wenn sie Berlin nicht mit allen Ehren des Krieges verließ, so ist doch jedenfalls überliefert, dass sie „diese Stadt der Schweine mit erhobenem Kopf und schnappendem Fächer" verließ.

Die Odyssee ging weiter. Der nächste Ort, an dem sie Halt machte, war Dresden. Dort schwamm der Pilger in die Umlaufbahn von Franz Liszt, der gerade eine Reihe von Liederabenden gab. Er wurde 1811 – dem „Jahr des Kometen" – geboren und war auf dem Höhepunkt seiner Kräfte, als Lola Montez ihm über den Weg lief. Während eines frühen Besuchs in England hatte er als „Wunderkind" beträchtliche Lorbeeren gesammelt. Schloss Windsor hatte ihm zugestimmt, und er hatte vor Georg IV. und Königin Victoria gespielt. Die zufällige Begegnung mit Lola war für beide schicksalhaft. Doch wie es der Zufall wollte, freute sich der Virtuose gerade über die Aussicht auf eine neue Intrige. Er war der Romantik der Phalanx weiblicher Verehrer überdrüssig, die sich wie Bienen um ihn drängten, und fand, dass diese mit ihrer Schönheit und ihrem lebhaften Charme eine besondere Anziehungskraft auf ihn ausübte. Er reagierte eifrig darauf. Die beiden wurden unzertrennlich.

Eines Abends, während *Rienzi* aufgeführt wurde, begleitete sein neuester Charmeur Liszt ins Opernhaus und begleitete ihn während einer Pause in der Garderobe des Tenors Josef Tichatschek. Als er hörte, dass er dort war, kam Wagner zu ihm, um mit ihm zu sprechen, „als er sah, dass seine Begleiterin eine bemalte und juwelengeschmückte Frau mit unverschämten Augen war." Daraufhin, wenn man seinem Biographen vertrauen darf, „drehte sich der Komponist um und floh." Lola hatte „Rienzi" in die Flucht geschlagen.

Musiker werden Musiker sein; und Liszt war keine Ausnahme. Mit seinen Liebesbeziehungen und seiner langen Liste von „Eroberungen" in der Hälfte der Hauptstädte Europas galt er allgemein als Don Juan der Klaviermusik. James Huneker sagt, dass Lola sich ihm nach Konstantinopel anschloss, als er Dresden verließ. In ihren Memoiren erwähnt sie nichts davon, mit ihm am Ufer des Bosporus entlangzuwandern. Dennoch erzählt sie viel über Sir Stratford Canning, den britischen Botschafter, von dem sie, wie sie erklärt, einen Brief an den Obereunuchen erhalten habe, in dem sie in den Harem des Sultans aufgenommen wurde. Aber diese, wie viele ihrer anderen Aussagen, ist mit Vorsicht zu genießen.

In diesem denkwürdigen Sommer wurde Liszt eigens nach Bonn eingeladen, um das dort errichtete Beethoven-Denkmal zu enthüllen. Die Zeremonie zog eine hochkarätige Versammlung an und wurde vom König und der Königin von Russland zusammen mit Königin Victoria und Prinz Albert besucht. Auch Lola Montez, die Liszt begleitete, war dabei. Sie wurde sofort von Ignatz Moscheles erkannt; und als sie ihre Anwesenheit entdeckten, war das Empfangskomitee so verärgert, dass es ihr den Zutritt zum Hotel verweigerte, in dem Zimmer für den Ehrengast reserviert worden waren. Aber es brauchte mehr als das, um sie im Hintergrund zu halten. Während die Reden in vollem Gange waren, drang sie in den Festsaal ein und eroberte die prüden Bürger, indem sie auf den Tisch sprang und zu ihnen tanzte.

Der Prinzgemahl war schockiert über die „Freiheit". Friedrich Wilhelm jedoch, der aufgeschlossener war, machte einen teutonischen Scherz.

„Lola ist eine Lorelei!" erklärte er mit einem anerkennenden Grinsen, als ihm der Vorfall gemeldet wurde. „Was wird sie als nächstes vorhaben?"

Eine unvermeidliche Folge von Liszts Affäre mit seinem neuen Calypso in den verschiedenen Hauptstädten, die sie in den folgenden Monaten gemeinsam besuchten, war die Zerstörung der jahrelangen Beziehungen zwischen ihm und Madame d'Agoult. Der Virtuose ging schlecht aus dem Geschäft hervor, denn die Frau, die er kurzerhand zugunsten einer jüngeren und attraktiveren verworfen hatte, hatte für ihn ihren Namen und ihren Ruf geopfert und ihm außerdem drei Versprechen gegenseitiger Zuneigung gegeben. Wütend über seine Gefühllosigkeit linderte sie anschließend als „Daniel Stern" ihre empörten Gefühle in einem Roman („geschrieben, um ihre aufgeregte Seele zu beruhigen"), *Nélida* , in dem Liszt unter einer durchsichtigen Verkleidung als „Guermann Regnier" auftrat.

Aber das Tempo war zu heiß, um durchzuhalten. Dennoch war es Liszt und nicht Lola, der sich zuerst abkühlte. „Bei Lola, wie auch bei anderen, bekannten und unbekannten, war es", bemerkt William Wallace, „ *Da capo al Segno* ". Die von Guy de Pourtales erzählte Geschichte vom endgültigen Bruch zwischen ihnen hat etwas von einer Farce:

Liszt erlaubte ihr, mit ihm zu schlafen und vergnügte sich mit dieser gefährlichen Geliebten. Aber ohne jegliche Überzeugung, ohne wirkliche Neugier. Sie nervte, sie irritierte ihn während seiner Arbeitszeit. Es dauerte nicht lange, und er plante zu fliehen, und nachdem er alles mit dem Hotelportier geklärt hatte, reiste er ab, ohne eine Adresse zu hinterlassen, aber nicht ohne zuvor diese lästigste aller Liebhaberinnen in ihrem Zimmer eingesperrt zu haben. Zwölf Stunden lang erhob Lola einen fürchterlichen Aufruhr und zerbrach alles, was ihr in die Hände fiel.

Liszt jedoch, der diese Möglichkeit witterte, hatte die Rechnung im Voraus beglichen.

Aber der Vorfall trägt nicht gerade zu seinem Ruhm bei, denn das Spektakel eines angesehenen Künstlers, der einen Lakaien besticht, um ihn aus einem

Hotel zu schmuggeln und die Frau, mit der er zusammengelebt hatte, in ihrem Schlafzimmer einzusperren, ist traurig.

II

Nachdem Lola vorerst genug von Deutschland hatte, beschloss sie, nachzuschauen, was Frankreich zu bieten hatte. „Der einzige Ort für eine Frau mit Geist", sagte sie einmal, „ist Paris." Dementsprechend begab sie sich dorthin. Gleich nach ihrer Ankunft sicherte sie sich eine Unterkunft in einem bescheidenen Hotel in der Nähe des Palais Royal; Und da sie sich ihrer Grenzen bewusst war, nahm sie Tanzunterricht bei einem Ballettmeister in der Rue Lepelletier. Als sie das, was sie für ausreichend hielt, eingenommen hatte, besuchte sie Léon Pillet, den Direktor der *Académie* .

„Sie haben natürlich schon von meinem großen Erfolg in London gehört", verkündete sie mit sicherer Miene.

Herr Pillet hatte noch nie davon gehört. Aber das spielte keine Rolle. Wie schon bei Lumley vor ihm entzündete Lolas hinreißendes Lächeln sein empfängliches Herz; und er engagierte sie umgehend, um in dem Ballett zu tanzen, das auf Halévys *Il Lazzarone* folgen sollte , damals in der aktiven Probe.

Lolas Debüt als *Première Danseuse* fand am 30. März 1844 statt. Es war kein Erfolg. Weit davon entfernt. Tatsache war, dass die Pariser, die an die verträumten und sylphenartigen Pirouetten von Cerito, Elssler und Taglioni und ihrer eigenen Adèle Dumilâtre gewöhnt waren, die kräftigen *Cachuchas* und *Boleros* , die ihnen jetzt angeboten wurden, nicht zu schätzen wussten. Als sie ihre Missbilligung zum Ausdruck brachten, verlor Lola das Einzige, was sie nie bewahren konnte: ihre Beherrschung. Sie grinste *das* Publikum an; und wenn man de Mirecourt trauen kann, zog sie ihre Strumpfbänder aus (eine zweite Autorität spricht von einem intimeren Kleidungsstück) und warf sie mit einer Geste der Verachtung in die johlende Menge in der ersten Reihe der Stände.

Wie man sich vorstellen kann, zeigte die Presse kein Verständnis für diese „Demonstration".

„Wir werden mit unseren Einschränkungen keinen Schaden anrichten", bemerkte *Le Constitutionnel* in der nächsten Ausgabe, „eine hübsche junge Frau, die vor ihrem Debüt offensichtlich keine Zeit hatte, sich mit unseren Vorlieben auseinanderzusetzen."

Eine weitaus vernichtendere Kritik wurde im *Le Journal des Débats* von Jules Janin veröffentlicht. Er gab sich tatsächlich alle Mühe, geradezu beleidigend zu sein. Auch Théophile Gautier, der an diesem ereignisreichen Abend in seiner berühmten Weste aus purpurnem Samt anwesend war, hielt nicht viel von den Bemühungen der angehenden Ballerina, Paris zu erobern.

Abgesehen von einem Paar prächtiger dunkler Augen, schrieb er, hat Mademoiselle Lola Montez nichts Andalusisches in ihrem Aussehen. Sie spricht schlecht Spanisch, kaum Französisch und nur erträgliches Englisch. Die Frage ist: Zu welchem Land gehört sie wirklich? Wir können bestätigen, dass sie kleine Füße und wohlgeformte Beine hat. Inwieweit diese Gaben ihr jedoch nützen, ist eine ganz andere Geschichte.

Es muss zugegeben werden, dass die Neugier der Öffentlichkeit, die ihre Auseinandersetzungen mit der Polizei des Nordens und ihre peitschenknallenden Heldentaten unter den preußischen Gendarmen geweckt hatten, nicht befriedigt wurde. Wir stellen uns vor, dass Mademoiselle Lola auf dem Pferd besser abschneiden würde als auf der Bühne.

Ein merkwürdiger Bericht mit der Überschrift „Einzigartiges Debüt von Lola Montez in Paris" wurde von einem amerikanischen Journalisten nach New York geschickt:

„Als vor ein paar Tagen bekannt gegeben wurde, dass zwei ausländische Tänzerinnen, Mlle Cerito und Mlle Lola Montez, gerade die Mauern von Paris betreten hatten, konnten die Triumphe der italienischen Ballerina die Pferdepeitschen-Heldentaten von Mlle Lola nicht übertreffen. „Lasst uns Lola Montez haben!" riefen das Parkett und die Grube. „Wir wollen sehen, ob ihr Fuß so leicht ist wie ihre Hand!" Noch nie waren sie Zeuge eines verblüffenderen *Entrée* . Nach ihrem ersten Sprung blieb sie auf den Zehenspitzen stehen und löste mit einer erstaunlich schnellen Bewegung eines ihrer Strumpfbänder von einem geschmeidigen Glied neben ihrem zitternden Oberschenkel (unschuldig). *Dessous*) und warf es den Insassen der ersten Reihe des Orchesters zu.... Ungeachtet der Wirkung, die diese pikante Exzentrizität hervorrief, stieß Mile Lola nicht auf den erwarteten Empfang; und das Management hielt es für angebracht, darauf zu verzichten mit ihrem Wiederauftauchen.

durch Mundpropaganda ihr *Congé* zu geben, war eine Aufgabe, die Herr Pillet nicht übernehmen wollte. „Die Reitpeitsche der hochmütigen Amazone war so sehr gefürchtet, dass klugerweise ein Entlassungsbrief zugestellt wurde. Dadurch wurde Blutvergießen vermieden; und Mlle Lola hat sich mit dem Gedanken getröstet, dass sie das Opfer der machiavellistischen Kabale Russlands geworden ist. immer noch wütend darüber, dass sie die Moskauer Gendarmen in Warschau in die Flucht geschlagen hat.

In Bezug auf die Warschauer Episode sagt die schlampige de Mirecourt, dass sie 1839 dort getanzt habe. Zu diesem Zeitpunkt war sie jedoch nicht näher an Warschau als an Kalkutta. Dennoch ging sie dorthin, allerdings erst, nachdem sie Paris nach ihrem Misserfolg an der Académie Royale verlassen hatte. Nach eigenen Angaben lud Zar Nikolaus, der in Berlin an sie erinnerte, sie zu einem Besuch in St. Petersburg ein, und da sie einen Monat Zeit hatte, nahm sie ein vorläufiges Engagement in der polnischen Hauptstadt an.

Das begann ganz gut, denn auch wenn ihre Terpsichore-Fähigkeiten noch zu wünschen übrig ließen, schwärmten die Warschauer Kritiker, die immer für weibliche Reize empfänglich waren, geradezu ins Schwärmen von ihren persönlichen Reizen. Einer von ihnen wurde in der Tat fast lyrisch zu diesem Thema:

„Ihr weiches, seidenes Haar", so die Meinung dieser Autorität, „fällt in üppiger Fülle über ihren Rücken, sein glitzernder Farbton konkurriert mit dem des Rabenflügels; auf einem schlanken und zarten Hals – dessen Weiß den Schwanenflaum in den Schatten stellt – thront ein schönes Gesicht." ... Was die Proportionen betrifft, liegen Lolas kleine Füße irgendwo zwischen denen einer chinesischen Jungfrau und denen der zierlichsten Pariserin, die man sich vorstellen kann. Ihre bezaubernden Waden erinnern an die Stufen einer Jakobsleiter, die einen in den Himmel befördert; und Ihre hinreißende Gestalt ähnelt der Venus von Knidos, diesem unsterblichen Meisterwerk, das der Meißel von Praxiteles in der 104. Olympiade geschaffen hat. Was ihre Augen betrifft, so ist ihre Seele in ihren blauen Tiefen verankert."

Es gab noch viel mehr – mehrere Kolumnen mehr – in einer ähnlichen Sorte.

Wie zu erwarten war, erregte eine solche Ehrung die Aufmerksamkeit von Fürst Iwan Paskijewitsch, dem Vizekönig von Polen. Er hatte eine Schwäche für hübsche Frauen; und nach der langen Reihe pummeliger und schwerfüßiger Ballerinas, die die Warschauer Bühne besetzten, klang dieser Neuzugang vielversprechend. Als ein vertrauenswürdiger Abgesandter berichtete, dass die Kritiker „nicht die Hälfte gesagt hatten, was sie sagen sollten", beschloss er, sie kennenzulernen. Sein erster Schritt bestand darin, ihr über Frau Steinkeller, die Frau eines Bankiers, eine Einladung zu einem Abendessen mit ihm in seinem Privathaus zu schicken.

Lola fühlte sich durch die Einladung geschmeichelt und war weniger klar im Kopf als sonst. Sie war so selbstbewusst, dass sie sie annahm. Sie stellte jedoch bald fest, dass die Absichten Seiner Exzellenz absolut unehrenhaft waren, denn er machte ihr, wie sie später sagte, „einen äußerst unfeinen Vorschlag". Ihre Antwort war, ihm ins Gesicht zu lachen und ihm zu sagen, dass „sie nicht den Wunsch hatte, sein Spielzeug zu werden." Daraufhin entließ Paskievich sie, wütend über eine solche Abstoßung (und nicht daran gewöhnt, von irgendjemandem ausgebremst zu werden, schon gar nicht von einem Balletttänzer), unter Androhung von Repressalien. Die erste davon fand in Form eines Besuchs von Oberst Abrahamowicz statt, dem Beamten, der mit der „Wahrung der Moral in den Warschauer Theatern" beauftragt war. Offenbar interpretierte er seine verantwortungsvollen Aufgaben in einer Weise, die zu wünschen übrig ließ, denn Lola beklagte sich darüber, dass „sein Verhalten so freizügig war, dass ich ernsthafte Bedenken daran hatte."

Dann teilte Paskievich seine nächste Karte aus. Damit wollte er seine Understramplerin anweisen, den Saal mit einem Pöbel zu füllen und sie von der Bühne zischen zu lassen. Lola war jedoch der Situation gewachsen. Bevor der entsetzte Manager sie aufhalten konnte, trat sie ins Rampenlicht, zeigte auf Oberst Abrahamowicz, der in einer Loge saß, und rief: „Meine Damen und Herren, da ist der Mistkerl, der versucht, sich an einer reinen Frau zu rächen, die sie verachtet hat." seine berüchtigten Vorschläge! Ich bitte um Ihren Schutz!"

In Begleitung von M. Lesniowski, dem Herausgeber der *Warschauer Zeitung*, kehrte sie in ihre Unterkunft zurück und fragte sich, was als nächstes passieren würde. Sie sollte es bald herausfinden, denn der wütende Colonel und eine Polizeieinheit trafen mit einem Haftbefehl gegen sie als „unerwünscht" ein. Als sie jedoch ihr Ziel verkündeten, hielt sie ihnen eine Pistole ins Gesicht und erklärte, dass sie den ersten von ihnen, der ihr näher kam, mit einer Kugel durchbohren würde. Als Oberst Abrahamowicz erkannte, dass sie meinte, was sie sagte, und nicht darauf bedacht war, sich für ein billiges Märtyrertum zu qualifizieren, war er taktisch genug, sich zurückzuziehen. In der Zwischenzeit stellte sich die Öffentlichkeit, als sie erfuhr, was geschehen war, auf Lola und rief laut: „Nieder mit dem Vizekönig! Es lebe der Montez!"

Paskijewitsch, der den Aufstand von 1831 mit eiserner Hand niedergeschlagen hatte, hatte einen kurzen und scharfen Umgang mit beginnenden Revolutionären; und indem er die Truppen aufrief, räumte er mit der Spitze des Bajonetts die Straßen. Während sie so beschäftigt waren, schlich sich Lola zum französischen Konsul und schlug ihm vor, ihr seinen Schutz als Staatsangehörige zu gewähren. Mit der für ihn typischen Galanterie kam er ihren Wünschen entgegen. Dennoch musste sie Warschau am nächsten Morgen unter Begleitung zur Grenze verlassen.

Es gab Repressalien gegen einige derjenigen, die sich ihr angeschlossen hatten. So wurden der Theaterdirektor und der Herausgeber der *Warschauer Zeitung* entlassen; M. Steinkeller wurde inhaftiert; und ein Dutzend Studenten wurden öffentlich ausgepeitscht.

„Die Ruhe ist wiederhergestellt", hieß es offiziell.

Laut Lola selbst (übrigens keine sehr fundierte Autorität) ging sie direkt von Warschau und den Fängen des lüsternen Paskievich nach St. Petersburg. Wenn man jedoch bedenkt, dass Polen zu dieser Zeit unter der Herrschaft des Zaren stand, ist es höchst unwahrscheinlich, dass es nach seiner Vertreibung ohne Pass einen Fuß nach Russland hätte setzen können. Hätte sie den Mut gehabt, das Experiment durchzuführen, wäre sie sicherlich in Fesseln gelegt und nach Sibirien verschleppt worden.

Abbé Liszt: Musiker und Liebhaber

Lolas Motto war „Mut und mische die Karten." Unbeeindruckt von ihrem früheren Scheitern dort kehrte sie nach Paris zurück, um ihr Glück ein zweites Mal zu versuchen.

Das Glück kam ihr sehr bald, denn kaum war sie in der Hauptstadt angekommen, traf sie auf einen jungen Engländer, Mr. Francis Leigh, einen ehemaligen Offizier der 10. Husaren. Innerhalb einer Woche hatten sich die beiden so gut verstanden, dass sie gemeinsam den Haushalt führten. Doch die Harmonie wurde jäh durch Lola zerstört, die eines Tages in einem Anfall von Eifersucht eine Pistole auf ihren „Beschützer" abfeuerte. Da dies mehr war, als man von ihm erwarten konnte, brach Herr Leigh die Beziehung ab, da er entschied, dass sie nicht weiter unter einem Dach leben könnten.

III

Im Jahr 1845 war das Paris von Louis-Philippe, als Lola ihre Bekanntschaft damit wieder aufnahm, eine angenehme Stadt zum Leben. Der Stern des Baron Haussmann war noch nicht aufgegangen; und die Vulgarisierung der Hauptstadt unter dem Zweiten Kaiserreich hatte damals noch nicht begonnen. John Bull machte trotzdem einen großen Bogen darum; Abgesehen von ein paar streunenden Exemplaren gab es auch keine Horden von Touristen, die die „Frösche" bestaunen konnten. Alles war billig; und die meisten Dinge waren schön. Paris war wirklich *La ville lumière* . Dumpfe

Fürsorge hatte ihren Marschbefehl erhalten. Von einem Mann wurde lediglich verlangt, dass er witzig war, und von einer Frau, dass sie unterhaltsam war. Die Welt der Boulevards – mit ihren Cafés, Restaurants und Theatern – war der akzeptierte Sammelpunkt der Autoren und Dichter, der Maler und Musiker und der Lichter, die an den theatralischen und journalistischen Firmamenten funkelten, der Männer in Samtjacken und Jacken Hosen, die Frauen in Volantröcken und Schals und Gummistiefeln. Der Modus des Augenblicks.

Lola ließ sich unter ihnen nieder und wurde herzlich willkommen geheißen. Zu den anderen, mit denen sie bald freundschaftliche Beziehungen pflegte, gehörte die berühmte (oder besser gesagt: berüchtigte) Alphonsine Plessis. Die Kameliendame hatte ein großes Herz und einen weiten Kreis; und Liszt, die ebenfalls wieder in Paris war, war unter den Gästen, die ihren „Empfängen" in ihrem Haus am Boulevard de la Madeleine beiwohnten. Lola, die Groll nie hegte, war bereit, die Vergangenheit hinter sich zu lassen und nahm die Beziehungen zu ihm wieder auf. Aber dieses Mal waren sie nur von kurzer Dauer, denn der Maestro war bereits einem anderen Charmeur auf den Fersen und reiste, wie es seine Gewohnheit war, ohne sich zu verabschieden nach Weimar. Lola nahm seinen Abfall philosophisch auf. Tatsächlich begrüßte sie es eher, denn es löste eine Situation, die schnell drohte, unangenehm zu werden. Das lag daran, dass sie selbst inzwischen eine innige Beziehung zu jemand anderem aufgebaut hatte.

Ihr neuer Bekannter war Charles Dujarier, ein junger Mann von fünfundzwanzig Jahren und ein angesehener Journalist, Teilhaber und Feuilleton-Herausgeber von *La Presse* . Lola traf ihn in der freundlichen Atmosphäre eines böhmischen Cafés, in dem es nicht auf formelle Vorstellungen ankam. Wie es in einer solchen Atmosphäre üblich war, reifte die Freundschaft schnell. Innerhalb einer Woche nach ihrem ersten Treffen richteten die beiden gemeinsam einen Haushalt in der Rue Lafitte ein. Es dauerte nicht lange, bis von einer Heirat die Rede war. Aber es kam nicht über die Rede hinaus, denn Lola hatte einmal – ihrer Meinung nach einmal zu oft – den Kopf in die Eheschlinge gesteckt und hatte keine Lust, es ein zweites Mal zu tun. Abgesehen von dieser Überlegung war ihr wohl bewusst, dass ihre Scheidung von dem Schürzenjäger Thomas James nie vollzogen worden war.

Als anerkannte Geliebte von Dujarier wurde Lola vom literarischen und künstlerischen „Set", das sich in den Cafés und Salons, die sie besuchten, drängte, ohne Bedenken als eine von ihnen akzeptiert. Gautier und Sue waren zusammen mit Claudin, Méry und Dumas die Stammgäste, die sie am häufigsten sah; und Ferdinand Bac (aber sonst niemand) sagt, dass sie mit dem strengen Herrn Guizot in engem Verhältnis stand.

Gustave Claudin erklärte, er habe Lola Montez im Frühjahr 1841 in Paris getroffen. Dass sie einen Eindruck auf ihn gemacht habe, geht aus einer Passage in seinen *Souvenirs hervor*:

Lola Montez war eine Charmeurin. Irgendetwas – ich weiß nicht genau was – hatte ihr Aussehen, das provozierend und üppig war und einen anzog. Sie hatte eine weiße Haut, Haare, die an Geißblattranken erinnerten, und einen Mund, der mit einem Granatapfel verglichen werden konnte. Dazu kamen eine hinreißende Figur, bezaubernde Füße und perfekte Anmut. Leider hatte sie als Tänzerin sehr wenig Talent.

Gegen das Jahr 1845 sah der Autor dieser Notizen viel von ihr. Sie wollte, dass er ihre Memoiren schrieb, und gab ihm Material dafür ... Sie wurde 1823 in Sevilla geboren, mit einem französischen Offizier als Pate und (wie es in Spanien üblich ist) der Stadt Sevilla als Patin . Die Abenteuer ihres Lebens hat sie in einem Schulheft niedergeschrieben. Sie erzählte mir, dass sie sich einmal auf einem Ball in Kalkutta geweigert hatte, mit einem wohlhabenden Herrn Walzer zu tanzen, der so mit Diamanten besetzt war, dass er einer Schnupftabakdose ähnelte. Als er sie nach dem Grund für ihre Tanzverweigerung fragte, antwortete sie: „Sir, ich kann nicht mit Ihnen tanzen, weil Sie meinen Fuß verletzt haben." Der angehende Walzer war Fußpfleger!

Als er das schrieb, fast fünfzig Jahre nach der Episode, auf die er sich bezieht, war Claudins Erinnerung ein wenig wackelig. So wurde Lola Montez 1818 in Limerick geboren und nicht, wie er sagt, 1823 in Sevilla; Claudin konnte sie auch nicht im Frühjahr 1841 in Paris getroffen haben, da sie Indien damals noch nicht verlassen hatte.

Laut Lola war Dujarier von ihrem politischen Scharfsinn sehr beeindruckt und stellte sie als „Geheimdienst" für die Regierung ein, indem er ihr zunächst eine „Mission nach St. Petersburg" anvertraute. Die Geschichte ist eine offensichtliche Erfindung, schon allein deshalb, weil Dujarier, der kaum mehr als ein Penny-a-Liner-Hack war, nicht die Macht hatte, jemanden für eine solche Aufgabe zu engagieren. Trotzdem blieb Lola immer dabei. Dennoch ist es durchaus möglich, dass sie zu dieser Zeit nach Russland ging, denn Nikolaus interessierte sich für die Kunst des Balletts und begrüßte ausländische Vertreter des Terpsichore, wo immer sie herkamen. Er war eine vertraute Figur in den grünen Räumen seiner Hauptstadt. Er war ein Gönner von Taglioni und Elssler und war stets bereit, etwaige Defizite bei den Kasseneinnahmen auszugleichen. Es bedeutete nur, mehr aus seiner Armee von Leibeigenen herauszuholen.

Wenn sie tatsächlich von Paris nach Russland ging, verschwendete Lola dort keine Zeit, denn sie sagt, sie hätte „fast Prinz Schulkoski geheiratet", den sie bereits in Berlin kennengelernt hatte. Sie fügt hinzu, dass dies „eine der

Romanzen ihres Lebens" war. Doch dabei ging etwas schief, denn der fürstliche Werber genoss die Gesellschaft eines anderen Charmeurs, „während er dreimal am Tag wütend Küsse telegrafierte". Lola könnte sich viel gefallen lassen. Es gab jedoch Grenzen für ihre Toleranz, und dies war eine davon. Erstens Tom James; dann George Lennox; und jetzt Prinz Schulkoski. Männliche Versprechen waren nicht gehaltvoller als Kuchenboden. Die arme Lola erlebte ein trauriges Erwachen. Es ist nicht bemerkenswert, dass sie zu dem Schluss kam, dass Männer „jemals Betrüger" seien. Nach solch einem Erlebnis war nichts anderes mehr möglich.

Unter anderem in ihrem Repertoire an angeblichen Ereignissen in Russland zu dieser Zeit befand sich eines, das sicherlich einiges an Aufmerksamkeit erfordert. Dabei wurde während einer „Privataudienz" mit dem Zaren selbst und Graf Benkendorf (dem Chef der Geheimpolizei) ein wichtiger Besucher angekündigt. Daraufhin und um zu verhindern, dass der Neuankömmling ihre Anwesenheit bemerkte, wurde sie in einen Schrank gesperrt und dort mehrere Stunden lang zurückgelassen. Als der Zar zurückkam, war er „voller Entschuldigungen und bestand darauf, dass sie von ihm ein Geschenk von tausend Rubel annehmen sollte."

Weitere Details folgen:

„Ein großer Magnat erobert sie in St. Petersburg; Großfürsten führen ihre Streiche vor; und tscherkessische Fürsten sterben für sie. Aber bald hat sie genug von Kaviar und Wodka. Was, fragt sie sich, ist der Sinn darin, sich mit Trunkenbolden herumzuschlagen und Wertgegenstände zu verschwenden." Zeit für halbzivilisierte Asiaten?"

Gar nichts Gutes, war Lolas Entscheidung. Dementsprechend verabschiedete sie sich von der russischen Gastfreundschaft und kehrte nach Paris und Dujarier zurück, nachdem sie alle Aussichten aufgegeben hatte, das Moskauer Diadem zu tragen. Der Einfluss ihres Liebhabers sicherte ihr ein Engagement in *La Biche au Bois* am Porte St. Martin Theatre; aber wie schon an der Académie Royale war sie ein „Flop". Die Kritiker sagten dies ohne Zweifel; und der Manager gab bekannt, dass er ihnen zustimmte. Offensichtlich war das Ballett nicht ihr *Metier*.

„Tja, Tanzen ist nicht alles", sagte Lola, die in philosophischer Hinsicht immer eine Kehrtwende machte.

KAPITEL VI

EINE „EHRENANGELEGENHEIT"

ICH

Der Abend des 7. März 1845 war für Dujarier ein Schicksalsabend. Er hatte eine Einladung zu einem Abendessen im Restaurant Frères-Provençaux von Mlle Anais Liévenne, einer jungen Schauspielerin der Vaudeville-Kompanie, erhalten und angenommen. Unter den anderen *Gästen,* die sich um die festliche Tafel versammelten, befanden sich ein Quartett attraktiver Mädchen, Atala Beauchene, Victorine Capon, Cecile John und Alice Ozy, und um ihnen Gesellschaft zu leisten, ein Trio typischer Flaneure in Rosemond de Beauvallon (ein dunkelhäutiges Kreol aus ...) . Guadaloupe, der Ambitionen hatte, als Romanschriftsteller zu gelten), Roger de Beauvoir (ein Freund von Alphonse Karr, dessen anderer Anspruch auf Auszeichnung darin bestand, dass er einst Balzac herausgefordert hatte) und Saint-Agnan (eine Person, die von Journalisten als „Mann" bezeichnet wurde). about-town"). Insgesamt eine Versammlung, die das Theater, die Presse, die Welt und die Halbwelt durch und durch repräsentiert.

Lola wurde eingeladen, an der Party teilzunehmen; aber auf Dujariers besonderen Wunsch hin entschuldigte sie sich. Wäre sie jedoch mit ihm gegangen, wäre die Tragödie, für die dieser Abend verantwortlich sein sollte, möglicherweise abgewendet worden. Dennoch kann niemand nach vorne schauen.

Eine Zeit lang läuteten alle fröhlich wie die sprichwörtlichen Hochzeitsglocken. Die Damen waren nicht zu streng; langweilige Fürsorge wurde verbannt. Essen und Trinken ohne Geiz; Musik und Lichter und Gelächter; strahlende Augen und hübsche Gesichter. Champagnerkorken knallten; Es wurden Toasts angeboten; Scherze wurden gebrochen; und die Zungen wedelten.

Aber es hielt nicht an. Die Wolken zogen auf; und plötzlich wurde die Harmonie unterbrochen. Dujarier war schuld. Er war nicht in der Lage, seinen Alkohol gut zu vertragen, da er sonst unter dem Bann ihrer strahlenden Augen stand und zu seiner Gastgeberin sagte: „Meine liebe Anais, stellen Sie sich vor, in sechs Monaten werden Sie und ich zusammen schlafen." ." Der anerkannte Kavalier des Mädchens, de Beauvallon, ein Verfechter des Anstands, nahm dies übel und erklärte die Behauptung für ungerechtfertigt. Es folgten Worte. Warme Worte. Frau Liévenne war jedoch gut gelaunt und lachte nur, und der Frieden wurde wiederhergestellt.

Doch der geflickte Waffenstillstand war nur vorübergehend. Das Gefühl war immer noch hoch. Wenige Minuten später fing de Beauvallon einen weiteren Streit mit Dujarier an und beschwerte sich dieses Mal darüber, dass er es versäumt hatte, ein von ihm angenommenes Feuilleton von ihm, *Mémoires de M. Montholon , zu veröffentlichen.* Wie zu erwarten war, führte die Belästigung des Redakteurs in einem solchen Moment dazu, dass er die scharfe Antwort erhielt, dass er „warten müsse, bis er an der Reihe sei, und dass in der Zwischenzeit wichtigere Autoren als er selbst in Betracht gezogen werden müssten." "

Mit der Idee, die strapazierten Nerven zu beruhigen, schlug jemand vor, dass sie sich alle vertagen sollten, um Landsknecht zu spielen und dann Ecarté zu verdrängen. Der Vorschlag wurde angenommen; und nachdem sich die Nachtschwärmer niedergelassen hatten, nahm Saint-Agnan, der die bestgefütterte Brieftasche besaß, die Bank.

Das Glück lächelte Dujarier nicht. Das Glück schien gegen ihn zu sein; und als sich die Party in den frühen Morgenstunden auflöste, war er um ein paar tausend Francs im Minus. Schlimmer noch: Er war nicht in der Lage, seine Verluste zu begleichen, bis er sich vom Oberkellner die nötigen Unterkünfte geliehen hatte. Die Folge war, dass sein Temperament getrübt und seine Nerven angespannt waren. Als de Beauvallon taktlos genug war, ihn erneut zu verärgern, antwortete er dementsprechend „etwas abrupt".

Das war jedoch noch nicht alles. Der „Wein war drin, der Witz war draußen." Der Name einer Frau tauchte auf, der einer gewissen Madame Albert, einer jungen Schauspielerin, in deren Zuneigung Dujarier, bevor Lola Montez auf der Bildfläche erschien, von de Beauvallon verdrängt worden war. Die Erinnerung störte ihn, und er erwähnte das Thema höhnisch. Mit offensichtlicher Anstrengung behielt der andere seine Beherrschung und verließ das Restaurant mit der knappen Bemerkung: „Morgen hören Sie von mir, Monsieur."

II

„Man hätte denken können", so der Kommentar von Larousse, „dass diese Ereignisse und die Erinnerung an die unanständigen Worte, die sie begleiteten, mit dem Abklingen des Weinfiebers am nächsten Morgen vergessen wären."

Aber sie wurden nicht vergessen. Man erinnerte sich an sie. Am folgenden Nachmittag, als Dujarier in seinem Büro saß und sich darüber beklagte, dass er sich so lächerlich gemacht hatte, und sich fragte, wie er Lola die Sache erklären sollte, wurden zwei Besucher angekündigt. Einer von ihnen war der Comte de Flers und der andere war der Vicomte d'Ecquevillez. Mit feierlichen Verbeugungen erklärten sie den Sinn ihres Anrufs. Sie vertraten nämlich de Beauvallon, der „eine Genugtuung für die Beleidigungen verlangte, die er von Herrn Dujarier erhalten hatte".

In Wirklichkeit handelte es sich jedoch um einen Streit zwischen zwei rivalisierenden Zeitungen, *La Presse* und *Le Globe* , die seit langem zerstritten waren. Granier de Cassagnac, der Herausgeber von *Le Globe* , war der Schwager von de Beauvallon, und Emile de Girardin, der Inhaber von *La Presse* , hatte ihn in seinen Kolumnen systematisch lächerlich gemacht. Als daher unter den Café-Klatschfreudigen die Nachricht über den Restaurant-Streit durchsickerte, sagten alle: „Il n'y eut qu'une voix pour dire 'c'est le *Globe* qui veut se battre avec la *Presse* ...' "

Dujarier, der keine Lust zum Kämpfen hatte – außer mit der Feder –, hätte einen Rückzieher gemacht, wenn er gekonnt hätte. Aber er konnte nicht. Die Dinge waren bereits zu weit gegangen. Dementsprechend verwies er die Besucher an seine Freunde Arthur Bertrand (einen Patensohn des Kaisers) und Charles de Boignes und eilte dann los, um sie selbst zu konsultieren.

„Pistolen für zwei und Kaffee für einen", war ihre Entscheidung, als sie hörten, was er ihnen zu sagen hatte. Es gebe, betonten sie, keine andere Möglichkeit, wie er seiner „Ehre" genügen könne. Der Kodex verlangte es.

Dujarier klammerte sich an einen Strohhalm und suchte als Nächstes Rat bei Alexandre Dumas.

„Ich weiß nicht, warum ich kämpfe", sagte er.

Wenn es dazu kam, teilte Dumas seine Unwissenheit. Dennoch bestand er darauf, dass ein „Treffen" unvermeidlich sei.

Dies war der Fall. Wenn sich ein Franzose weigern würde, „auszugehen" – egal aus welchem Grund –, käme es einer gesellschaftlichen Schande gleich. Man würde ihn als Paria betrachten; ihm wurde keine Hand angeboten; und seine früheren Bekannten ließen ihn mit Bündeln weißer Federn überschütten.

Es war alles sehr lächerlich. Dennoch muss man sich daran erinnern, dass „die Zeit eine Zeit war, in der Journalisten gute Herren nachahmten und sich umsonst umbrachten." Ferdinand Bac erklärt, dass diese Praxis „größtenteils die Schuld von Dumas war, der in seinen Romanzen schildert, wie hübsche Frauen sich zwischen die Kämpfer stürzten, um ihre Versöhnung herbeizuführen."

Da ein Treffen eine ernste Angelegenheit sein konnte, waren die Sekundanten natürlich darauf bedacht, sich zu schützen. Dementsprechend setzten die vier ihre Köpfe zusammen und verfassten ein Dokument, das sie im Falle ungünstiger Konsequenzen ihrer Meinung nach von der Verantwortung entbinden würde:

„Wir, die Unterzeichner, erklären, dass Herr de Beauvallon aufgrund einer Meinungsverschiedenheit Herrn Dujarier in einer Weise provoziert hat, die es ihm unmöglich macht, eine Begegnung abzulehnen. Wir selbst haben alles getan, was wir konnten, um diese Herren zu versöhnen ; und nur auf die dringende Aufforderung von Herrn de Beauvallon schreiten wir in dieser Angelegenheit fort.“

Als herausgeforderte Partei hatte Dujarier die Wahl der Waffen. Das Privileg war ihm jedoch nicht viel wert. Er hatte noch nie mit kaltem Stahl hantiert, während sein Gegner ein erfahrener Fechter war und außerdem ein so schlechter Schütze, dass er nicht sicher sein konnte, einen Heuhaufen aus zwanzig Metern Entfernung zu treffen. Dennoch überlegte er, dass de Beauvallon ihn zwar wahrscheinlich nicht mit einem Rapier verfehlen würde, wohl aber mit einer Kugel. Dementsprechend entschied er sich für Pistolen.

Als Dujarier an diesem Abend zu ihr zurückkam, erkannte Lola mit weiblicher Intuition, dass ihm etwas Schlimmes widerfahren war. Unter Druck gab er zu, dass ihm ein Duell bevorstand, für das er keine Lust hatte. Gleichzeitig ließ er sie jedoch glauben, dass sein Gegner de Beauvoir und nicht de Beauvallon sei.

Nachdem er ihre Ängste auf diese Weise besänftigt hatte, denn sie wusste, dass de Beauvoir genauso wenig ein Feuerschlucker war wie er selbst, machte er sich auf den Weg, um sich noch einmal mit seinen Sekundanten zu beraten.

„Ich werde erst spät zurück sein“, sagte er, „da ich mit Dumas esse. Du darfst nicht für mich stehen bleiben.“

Anstatt jedoch in dieser Nacht zurückzukehren, hielt Dujarier mit einem seiner Sekundanten inne, weil er das Gefühl hatte, dass er Lola nicht gegenübertreten und ihr die Wahrheit sagen konnte. Dort schrieb und versiegelte er ein paar Briefe und forderte de Boignes auf, sie „zuzustellen, wenn es die Umstände erfordern“. Der erste richtete sich an seine Mutter:

Wenn dieser Brief Sie erreicht, dann deshalb, weil ich entweder tot oder gefährlich verwundet bin. Morgen früh werde ich mit Pistolen kämpfen. Meine Position erfordert es; und als Ehrenmann nehme ich die Herausforderung an. Wenn Sie, meine gute Mutter, Grund zum Weinen haben sollten, ist es besser, dass Sie Tränen für einen Sohn vergießen, der Ihrer selbst würdig ist, als sie für einen Feigling zu vergießen. Ich gehe im Geiste eines ruhigen und selbstsicheren Mannes in den Kampf. Die Gerechtigkeit ist auf meiner Seite.

Der zweite Brief war schwieriger, wenn auch weniger extravagant zu schreiben, denn seine Empfängerin würde die Frau sein, die ihm ihr Herz geschenkt hatte und schon damals sehnsüchtig auf seine Rückkehr wartete:

Ich möchte erklären, warum ich alleine geschlafen habe und heute Morgen nicht zu Ihnen gekommen bin. Das liegt daran, dass ich ein Duell ausfechten muss. Meine ganze Ruhe ist gefragt, und dich zu sehen, hätte mich verärgert. Heute Nachmittag um zwei Uhr wird alles vorbei sein.

Tausend herzliche Abschiede von dem lieben kleinen Mädchen, das ich so sehr liebe und dessen Gedanken für immer bei mir sein werden.

Nachdem er seine Briefe geschrieben hatte, begann er mit der Ausarbeitung seines Testaments. Dieses Dokument hinterließ neben bestimmten Vermächtnissen an seine Mutter und seine Schwester auch bestimmte Anteile, die er am Palais Royal hielt, an Lola Montez.

III

Das Treffen fand am 11. März statt und das Treffen fand an einem abgelegenen Ort im Bois de Boulogne statt. Ein bitterkalter Morgen, mit Schnee auf dem Boden und schweren Wolken am bleiernen Himmel. Als die Uhr die festgesetzte Stunde schlug, fuhren Dujarier, begleitet von seinem Sekundanten, und M. de Guise, ein Arzt, in einem Taxi vor. Sie waren die ersten, die ankamen.

Nachdem Dujarier mehr als eine Stunde gewartet hatte, war er so nervös, dass seine Sekundanten erklärten, er sei berechtigt, das Feld zu verlassen, da sein Gegner die Verabredung nicht eingehalten habe. Anstatt jedoch die Chance zu nutzen, nahm er einen Schluck aus einer Flasche Cognac. Der mächtige Geist verlieh ihm ein gewisses Maß an niederländischem Mut und seine Zähne hörten auf zu klappern.

„Ich werde kämpfen", verkündete er großspurig. „Ich bin Franzose und meine Ehre liegt mir sehr am Herzen."

Es sollte auf die Probe gestellt werden, denn ein paar Minuten später trafen de Beauvallon und seine Sekundanten mit einer verspäteten Entschuldigung ein.

Im Namen ihres Schulleiters appellierten die Stellvertreter von Dujarier ein letztes Mal an eine gütliche Einigung. Es wurde kalt aufgenommen; und ihnen wurde gesagt, dass „die angebotene Beleidigung zu schwerwiegend war, als dass sie durch Worte ausgelöscht werden könnte". Da nichts anderes übrig blieb, wurden die Vorbereitungen besprochen. Die Bedingungen des Kampfes bestanden darin, dass die Gegner dreißig Schritte voneinander entfernt stehen, sechs Schritte vorrücken und dann schießen sollten.

Die Pistolen wurden von d'Ecquevillez zur Verfügung gestellt, und es war ausdrücklich vereinbart worden, dass sein Direktor sie bis zu diesem

Zeitpunkt nicht hätte anfassen dürfen. Als Bertrand das Paar jedoch untersuchte, bemerkte er, dass es offensichtlich war, dass jemand bereits damit geübt hatte, da die Läufe geschwärzt waren und sich noch warm anfühlten. Da d'Ecquevillez jedoch schwor, dass sie nicht von de Beauvallon vor Gericht gestellt worden seien, wurde der Protest zurückgezogen.

Nachdem die Entfernung gemessen und die Gegner in Position gebracht worden waren, traten die Sekunden beiseite. Dann wurde auf ein Zeichen hin das Wort gegeben. Der erste, der feuerte, war Dujarier. Er war jedoch so aufgeregt, dass er eine Kugel daneben schoss. De Beauvallon hingegen war vollkommen cool und gefasst. Er hob seine Waffe und zielte mit solcher Bedacht, dass de Boignes, der sich nicht zurückhalten konnte, aufgeregt rief: „ *Mais, Tirez Donc, Monsieur!* " Mit einem Nicken drückte de Beauvallon den Abzug. Es gab einen Antwortblitz und einen Bericht; und als der Rauch verzog, taumelte Dujarier und fiel, Blut strömte aus seinem Mund und seinen Nasenlöchern.

Als Dr. de Guise ihn untersuchte, sah er ernst aus. Er erkannte sofort, dass die Verletzung ernst war. Tatsächlich war Dujarier bereits tot, bevor sie nach Paris zurückkehrten.

Als das Taxi das Haus in der Rue Lafitte erreichte, hörte Lola, die dort voller Spannung wartete, das Rattern von Rädern. Als sie die Treppe hinunterstürmte, wich sie mit einem Schreckensschrei zurück, denn drei Männer trugen eine schwere Last in den Flur. Instinktiv wurde ihr klar, dass das Schlimmste passiert war und dass ihre Spannung ein Ende hatte.

„Mademoiselle, wir haben schlechte Nachrichten für Sie", sagte de Boignes.

„Ich weiß es", sagte Lola. „Dujarier wird getötet. Ich war mir sicher, dass das passieren würde. Du hättest ihn nicht kämpfen lassen sollen."

Die Beerdigung von Dujarier, die einige Tage später auf dem Friedhof von Montmartre stattfand, war von charakteristischem Pomp begleitet. Das Samttuch über seinem Sarg wurde von Balzac, Dumas und Joseph Méry gehalten, und am Grab hielt Emile de Girardin eine blumige „Rede":

„Ob es nur einen einzigen Tag andauert oder tief und langanhaltend ist, das Leid des Menschen ist immer unfruchtbar und nutzlos. Es kann einer trostlosen Mutter, die ihren vorzeitigen Verlust beklagt, den Sohn, um den sie weint, nicht zurückgeben oder ihn seinen Freunden zurückgeben." .... Lassen Sie die von Dujarier geschriebenen Worte: „Ich bin im Begriff, ein Duell aus den absurdesten und vergeblichsten Gründen zu kämpfen" niemals aus unserer Erinnerung verschwinden. Lebe wohl, Dujarier! Ruhe in Frieden! Lass uns davontragen Am Grab steht die Hoffnung, dass die Erinnerung an ein so beklagenswertes Ende lange genug anhalten wird, um andere vor einem ähnlichen Ende zu schützen. Mögen alle Mütter – immer noch erstaunt und zitternd – ein gewisses Maß an Zuversicht aus dieser Hoffnung schöpfen und mit allen zu Gott für den armen Dujarier beten der Eifer ihrer Seelen!"

Wie man sich vorstellen kann, folgte ein Gespräch. Eine Menge Gerede, in den Zeitungen und anderswo. „Das Thema wurde", heißt es, „am königlichen Tisch selbst von der Familie von Louis-Philippe diskutiert; und Königin Amelie und Tante Adelaide stigmatisierten das Verhalten dieser bösen Hure Lola Montez aufs Schärfste."

IV

Nach einem solchen Erlebnis hatte Lola das Gefühl, dass sie eine Zeit lang genug von Frankreich hatte. Dementsprechend ging sie zurück nach Deutschland. Dort nahm sie die Beziehungen zu Liszt wieder auf, der sie zu einem zweiten Beethoven-Festival nach Bonn mitnahm. Dem künstlerischen Temperament konnte zwar Rechnung getragen werden, es galt jedoch als überfordernd, und in der Presse erschienen ätzende Bemerkungen zu diesem Thema.

Während der Abwesenheit von Lola aus Paris waren die Verwandten von Dujarier nicht untätig gewesen. Unangenehmes Flüstern war zu hören, dass der Tote nicht in einem fairen Kampf gefallen sei; und dass die tödliche Kugel von einer Waffe stammte, mit der sein Gegner bereits geübt hatte. Da dies im Widerspruch zu den Bedingungen der Begegnung stand, streckte das Gesetz die Hand aus und de Beauvallon und seine Stellvertreter wurden um eine Erklärung gebeten. Das, was sie ihnen zur Verfügung stellten, wurde von den Behörden als angemessen erachtet. Doch wenn „die Ehre befriedigt wurde", waren es die Freunde von de Beauvallons Opfer nicht. Dementsprechend machten sie sich an die Arbeit und schafften es mit neuen Mitteln, die offizielle Entscheidung zu Fall zu bringen.

Fanny Elßler. Vorgängerin von Lola Montez in Paris

Ein Artikel zu diesem Thema, der in *Le Droit erschien*, schlug einen strengen Ton an:

„Die Begründung, die für dieses bedauerliche Geschäft verantwortlich sein soll", hieß es in einem Leitartikel, „war völlig unseriös. Die Staatsanwaltschaft hat daraufhin einen Untersuchungsrichter beauftragt, alle Umstände zu klären, und es wird eine Obduktion durchgeführt." Es ist möglich, dass andere Maßnahmen ergriffen werden."

Weitere Maßnahmen *wurden* ergriffen.

„Alle Duelle", so der strenge Kommentar des Untersuchungsrichters, „sind von Torheit und manche von bewusster Niedrigkeit geprägt." Was dieses betraf, deutete er etwas Unheimliches an und stellte gezielte Fragen zu den Pistolen, die d'Ecquevillez so zuvorkommend zur Verfügung gestellt hatte. Die Antwort war, dass sie Herrn de Cassignac gehörten, der seinerseits erklärte, dass sie bis zum eigentlichen Tag des Treffens in der Obhut des Büchsenmachers gewesen seien, von dem er sie gekauft hatte. Der Büchsenmacher, M. Devismes, sagte jedoch, dass dies nicht der Fall sei; und ein anderer Zeuge erklärte, er habe gesehen, wie de Beauvallon mit ihnen im Garten eine kleine Heimübung machte.

Das nächste, was geschah, war, dass de Beauvallon und d'Ecquevillez Paris eilig verließen, bevor die richterliche Untersuchung abgeschlossen war. Während ihrer Abwesenheit wurde beschlossen, das weitere Verfahren mangels Beweisen einzustellen. Da er sich in Sicherheit glaubte, kehrte de Beauvallon zurück. Aber er war nicht sicher. Der Oberste Gerichtshof hob die Entscheidung des Unterlegenen auf und kündigte an, dass er sich wegen Mordes vor Gericht stellen müsse.

Da die Stimmung in der Öffentlichkeit hoch war und man der Meinung war, dass es in Paris nicht möglich gewesen wäre, eine unparteiische Jury zu finden, fand der Prozess in Rouen statt. Das Datum war der 26. März 1846. Aufgrund der besonderen Umstände des Falles war der Gerichtssaal überfüllt.

„Fast alle Anwesenden", sagt Claudin, „gehörten der Welt der Boulevards an." Albert Vandam war unter den Zuschauern; und mit ihm als Begleiter war eine viel angesehenere Person, Gustave Flaubert.

V

Nachdem alles bereit war und die Bühne für das Drama bereitet war, das sich bald entfalten sollte, nahmen die Richter in den traditionellen roten Gewändern ihre Plätze ein, mit M. Letendre de Tourville als Präsident des Gerichts. M. Salveton, der Staatsanwalt, und M. Rieff, der Generalanwalt, vertraten die Regierung; und Mâitre Berryer und M. Léon Duval erschienen im Namen des Angeklagten bzw. der Mutter und Schwester des Toten.

Da vermutet wurde, dass de Beauvallon absichtlich zu spät am Boden eingetroffen war, um ein paar vorbereitende Übungen zu machen, wurde ihm gesagt, er solle einen Bericht über seine Bewegungen am Morgen des Duells abgeben.

„Ich stand um sieben Uhr auf", sagte er, „und ging mit den Pistolen, die am Abend zuvor beim Concierge auf mich gewartet hatten, die Treppe hinunter, als ich nach Hause kam."

„Der Concierge erinnert sich an nichts davon", unterbrach M. Duval. „Das ist eine neue Tatsache. Wir müssen darüber unbedingt nachdenken. Was geschah als nächstes?"

„Ich fuhr mit einem Taxi zu Herrn d'Ecquevillez und gab ihm die Pistolen. Um halb elf kehrte ich nach Hause zurück, um auf meine Sekundanten zu warten. Wir kamen um halb elf am Boden an. M. de Boignes empfing uns kühl, die Hände in den Taschen, und sagte: „Sie tun gut daran, uns so auf Sie warten zu lassen. Name Gottes! Dies ist kein Sommermorgen. Wir glauben, dass es nicht genügend Motive gibt, um zu kämpfen." Duell.' Ich antwortete kühl, aber höflich, dass ich nicht seiner Meinung sei und dass ich in den Händen meiner Sekundanten sei.

„Aber einer von ihnen, Herr de Flers", bemerkte der Präsident, „halte den Streit für unbedeutend und sagte es auch. Noch etwas anderes. Warum hat uns Herr d'Ecquevillez erzählt, dass die Pistolen ihm gehörten? Denken Sie daran, er hat uns gegeben. " Einzelheiten darüber, woher er sie hat.

„Ich ignoriere Details", war die hochtrabende Antwort.

„Wenn Sie es tun, tun wir es nicht", entgegnete der Richter.

De Beauvallon dementierte energisch die Behauptung, er sei mit den im Duell verwendeten Pistolen vertraut gewesen. Um die Geschworenen davon zu überzeugen, dass ihm nicht zu glauben sei, erzählte ihnen der gegnerische Anwalt, dass er einmal eine Uhr verpfändet habe, die jemand anderem gehörte. Als der Richter sich schockiert über diese Verderbtheit äußerte, ließ de Beauvallon laut einem Bericht „den Kopf hängen und weinte".

Auch d'Ecquevillez, der andere Angeklagte, machte keine besonders gute Figur. Sein richtiger Name soll Vincent gewesen sein, und sein Recht, sich „Graf" zu nennen, wurde infrage gestellt. Er schwor, er hätte nie zugegeben, dass die Pistolen ihm gehörten und dass de Beauvallon sie vom Büchsenmacher Desvismes geliehen hatte. Letzterer bat jedoch den Himmel um Unterstützung und erklärte die Aussage für eine „böse Erfindung".

Die Staatsanwaltschaft war davon überzeugt, dass die Zahl der Angeklagten bei der Durchsetzung ihres Falles von Nutzen sein würde, und versammelte 46 Zeugen. Mlle Lièvenne, die erste von ihnen, die untersucht wurde, brachte die Atmosphäre eines Theaters mit, „in der sie ein auffälliges Kostüm annahm, das bedauerlicherweise von schlechtem Geschmack war." „Dies", sagt ein Chronist, „hat die Form eines blauen Samtkleides, eines scharlachroten Schals und eines perlgrauen Mantels." Insgesamt ein auffälliges Farbschema. Aber es hat ihr nicht geholfen. Zur Empörung des Untersuchungsberaters gab sie vor, sich an nichts zu erinnern, und erklärte, sie sei „am Abendbrottisch zu sehr damit beschäftigt gewesen, sich um die Gesellschaft zu kümmern".

Die anderen jungen Frauen, die ebenfalls anwesend waren und als „mehr oder weniger Schauspielerinnen" beschrieben wurden, schienen unter einem ähnlichen Gedächtnisverlust zu leiden. Ihre Gedanken, so protestierten sie, seien völlig leer, was im Restaurant geschehen sei, und man könne ihnen nur sehr wenig entnehmen. Nachdem sie ihre Aussage gemacht hatten, suchten sie nach Sitzen im Gerichtssaal. Die Rouener Damen jedoch, die etwas starre Maßstäbe hatten, ließen es nicht zu, zwischen dem Wind und ihrem Anstand herumzusitzen.

„Die Dinge nehmen ihren Lauf“, erklärten sie, „wenn Schauspielerinnen sich einbilden, sie könnten neben respektablen Frauen wie uns sitzen.“

Daraufhin zogen sich die verunsicherten Mädchen auf die harten Bänke der öffentlichen Galerie zurück.

Dumas, der als Zeuge vorgeladen wurde, fuhr den ganzen Weg von Paris in einer vierspännigen Kutsche, mit Méry als Reisegefährte. Als er seinen Platz im Zeugenstand einnahm, erkundigte sich Herr de Tourville in vorgetäuschter Unwissenheit nach seinem Beruf.

„Wenn ich mich nicht zufällig im Land des berühmten Corneille befände“, entgegnete der andere und nahm eine Haltung an, „würde ich mich einen Dramatiker nennen.“

„Genau so“, war die bissige Antwort, „aber es gibt Abschlüsse unter Dramatikern.“

Dumas nahm dies als Ermutigung und begann eine Abhandlung über die Geschichte des Duells im Laufe der Jahrhunderte, die fast so lang war wie eine seiner eigenen Serien. Mittendrin stellte ihm ein Mitglied der Jury, das unbedingt im Rampenlicht stehen wollte, eine Frage.

„Wie kommt es“, fragte er, „dass Dujarier, der der Meinung war, dass ein Mann von Mode mindestens ein Duell bestreiten muss, sich nie durch das Erlernen des Schießens und Fechtens darauf vorbereitet hatte?“

„Das kann ich dir nicht sagen“, war die Antwort. „Mein Sohn erzählte mir jedoch, dass er ihn einmal zu einem Schießstand begleitete. Von zwanzig Schüssen traf er nur zweimal das Ziel.“

Der Abgang von Dumas war ebenso dramatisch wie sein Einstieg.

„Ich bitte“, sagte er, „dass der ehrenwerte Hof mir erlaubt, nach Paris zurückzukehren, wo heute Abend eine neue Tragödie in fünf Akten aufgeführt wird.“

Lola Montez, in schwere Trauer gekleidet, wurde als nächste zur Aussage geladen.

„Als“, sagt jemand, der dort war, „sie ihren Schleier hob und ihren Handschuh auszog, um den vorgeschriebenen Eid zu leisten, ging ein Murmeln der Bewunderung durch die Versammlung.“ Dazu fügt ein beeindruckter Reporter hinzu: „Ihre schönen Augen erschienen den Juroren in einem tieferen Schwarz als ihre Spitzenrüschen.“

Der Vorsitzende Richter hatte keine Hemmungen, sich nach ihrem Alter zu erkundigen; Und sie hatte kein Problem damit, fünf Jahre abzubrechen und zu erklären, dass sie erst einundzwanzig sei. Sie hatte auch keine Einwände dagegen, mit gallischer Offenheit als „Herrin von Dujarier" beschrieben zu werden.

Während ihrer Aussage tat Lola Montez, wahrscheinlich von Dumas trainiert, genau das, was von ihr erwartet wurde. So vergoss sie reichlich Tränen, nahm erbärmliche Haltungen ein und sah mehrmals kurz vor dem Zusammenbruch aus. Aber was sie zu sagen hatte, war sehr wenig. Tatsächlich handelte es sich lediglich um die Behauptung, zwischen Dujarier und de Cassagnac, dem Schwager von de Beauvallon, bestehe ein Unmut, und der Streit stehe im Zusammenhang mit einer angeblichen Schuld.

Dujarier, sagte sie, habe ihr verboten, de Beauvallons Bekanntschaft zu machen oder dem Abendessen im Restaurant beizuwohnen. Er war am nächsten Morgen um 6 Uhr aufgeregt von dort zurückgekehrt und hatte ihr gesagt, dass er eine Herausforderung annehmen müsse.

„Ich habe mir darüber den ganzen Tag Sorgen gemacht", sagte sie. „Ohne M. Bertrands Zusicherung, dass die Begegnung mit M. de Beauvoir stattfinden würde, wäre ich zur Polizei gegangen. Sehen Sie, de Beauvoir war ein High Er war ein aufrichtiger Gentleman und hätte sich nicht dazu herabgelassen, von der mangelnden Geschicklichkeit des armen Dujarier zu profitieren.

„Haben Sie nicht gesagt", fragte der Anwalt, „ich bin eine mutige Frau, und wenn das Treffen in Ordnung ist, werde ich es nicht stoppen?"

„Ja, aber das lag daran, dass ich wusste, dass es um de Beauvoir ging und er Dujarier nicht freiwillig verletzt hätte. Als ich hörte, dass es um de Beauvallon gehen sollte, rief ich: ‚Mein Gott! Dujarier ist so gut wie tot!' "'

„Ich selbst", fügte sie hinzu, „konnte eine Pistole genauer handhaben als der arme Dujarier; und wenn er Genugtuung gewollt hätte, wäre ich durchaus bereit gewesen, selbst mit Herrn de Beauvallon auszugehen."

Diese Zusicherung wurde von lautem Applaus begleitet. Lolas Haltung gefiel den Zuschauern. Sie war eindeutig eine Frau mit Geist.

Während des anschließenden Verfahrens wurden einige scharfe Dinge über M. Granier de Cassagnac, den Schwager des Angeklagten, gesagt. Einige von ihnen waren so verbittert, dass er schließlich protestierte.

„Monsieur le President", rief er hitzig. „Ich kann diese abscheulichen Angriffe auf mich selbst nicht länger ertragen."

„Wenn du sie nicht ertragen kannst, kannst du jederzeit das Gericht verlassen", lautete die Antwort.

„Die Empörung dieses Herrn beunruhigt mich überhaupt nicht", sagte der Staatsanwalt. „Ich habe das schon erlebt und halte es für künstlich."

VI

Nachdem alle Zeugen verhört und ins Kreuzverhör genommen und in der bewährten Weise schikaniert und bedroht worden waren, wandte sich Mâitre Duval im Namen der Angehörigen des Toten an die Jury. Dabei hielt er eine kraftvolle Rede voller Leidenschaft und Schmähungen, in der er eine Parallele zwischen dieser *Ehrenaffäre* und der historischen zwischen Alceste und Oronte in Molières Drama zog. Ihm zufolge war Dujarier ein leuchtendes Vorbild, während de Beauvallon ein absoluter Schurke war, mit einer „Vergangenheit" der schlimmsten Art, die man sich vorstellen kann. Nachdem er Jahre zuvor einmal eine Uhr verpfändet hatte, die ihm nicht gehörte, hatte er „kein Recht, irgendjemanden herauszufordern, geschweige denn einen angesehenen Literaten wie den edlen Dujarier." Als nächstes wurden die verschiedenen Ursachen des Streits besprochen. Der Anwalt hielt sehr wenig von ihnen.

De Beauvallon hatte sich darüber beschwert, dass Dujarier ihn „geschnitten" habe. „Ist es eine Straftat", fragte Herr Duval, „wenn ein Mann einem anderen aus dem Weg geht? Auf mein Wort, Herr de Beauvallon wird eine Reihe von Menschen töten müssen, wenn er alle töten will, die die Ehre seiner Kameradschaft missachten." ." Der Glücksspielstreit war nicht ernst. Was jedoch schwerwiegend war, war, dass de Beauvallon am Morgen der Begegnung zu einem Schießstand gegangen war und privat mit den Pistolen geübt hatte, die später verwendet wurden. Dies verschaffte ihm einen unfairen Vorteil. „Wenn", lautete der letzte Versuch des Anwalts, ein Urteil zu erwirken, „M. de Beauvallon freigesprochen wird, wird das Ergebnis nicht nur ein Sieg für ein unrechtmäßig geführtes Duell sein, sondern auch der Brauch des Duells selbst wird dadurch entehrt." Entscheidung."

Nachdem Léon Duval Platz genommen hatte, wandte sich der Präsident an den Anwalt des Angeklagten.

„Das Wort liegt bei Ihnen, M. Berryer", sagte er.

Mâitre Berryer, ein Meister der forensischen Redekunst, begann seine Ansprache mit der Behauptung, dass Duelle nach französischem Recht nicht verboten seien. Zur Untermauerung zitierte er Guizots Diktum: „Wo der Barbar mordet, sucht der Franzose den ehrenhaften Kampf; die Gesetzgebung zu diesem Thema ist nutzlos; und das muss der Fall sein, da das Duell die Ergänzung der modernen Zivilisation ist."

Die Richter waren nicht darauf vorbereitet, diese Ansicht ohne weiteres zu akzeptieren; und nach Rücksprache mit den Gutachtern bestand der Präsident darauf, dass Duelle in Frankreich illegal seien, was auch immer Herr Berryer sagen mochte. Auch wenn er es ihm nicht sagte, war es auch in England genauso illegal, wo Lord Cardigan sich kurz zuvor gerade erst aus einer Verurteilung herausgekämpft hatte, weil er an einem solchen Ereignis teilgenommen hatte, und zwar durch eine Kombination aus falschen Flüchen und der Unterwürfigkeit seines Bruders Gleichaltrige.

Nicht im Geringsten verärgert brachte M. Berryer noch einen weiteren Punkt vor. Wie man es von einem so versierten Anwalt erwarten konnte, hatte er keine Schwierigkeiten, die ausgefeilte, aber fadenscheinige und nicht unterstützte Hypothese der Gegenseite zu widerlegen. Harte Fakten haben bei der spießigen und einfallslosen Rouen-Jury mehr bewirkt als malerische Stickereien.

„Ist die Anschuldigung wahr?" forderte der Präsident.

„Bei meiner Ehre und meinem Gewissen, vor Gott und vor den Menschen", verkündete der Vorarbeiter, „ist die Erklärung der Jury, dass sie nicht wahr ist."

Aufgrund dieser Feststellung wurde de Beauvallon vom Vorwurf des Mordes freigesprochen. Er kam jedoch nicht ohne Strafe davon, denn er wurde zur Zahlung einer „Entschädigung" in Höhe von 20.000 Francs an die Mutter und Dujariers Verwandte verurteilt.

„Er war der einzige Sohn seiner Mutter, und sie war eine Witwe." Überzeugt davon, dass es sich um einen Justizirrtum und zahlreiche falsche Flüche gehandelt hatte, machten sich die Freunde des Toten daran, weitere Beweise zu sammeln. Durch einen Glücksfall kamen sie mit einem Gärtner in Kontakt, der sagte, er habe gesehen, wie de Beauvallon in Begleitung von d'Ecquevillez am Morgen des Duells heimlich Pistolenübungen machte. Daraufhin wurden die beiden erneut festgenommen und wegen Meineids angeklagt. Bei der Verurteilung wurde d'Ecquevillez zu zehn Jahren Haft und de Beauvallon zu acht Jahren Haft verurteilt. Aber keines der beiden Paare hielt lange durch. Die Revolution von 1848 öffnete die Türen der Conciergerie und sie konnten fliehen, der eine nach Spanien, der andere zu seinen kreolischen Verwandten in Guadeloupe.

Kapitel VII

„Einen Prinzen einhaken"

ICH

Unmittelbar nach dem Prozess in Rouen verließ Lola Frankreich und kehrte erneut nach Deutschland zurück. Vielleicht machte sie die irische Abstammung in ihrem Blut ein wenig abergläubisch. Jedenfalls konsultierte sie kurz vor Beginn einen Hellseher. Sie hatte das Gefühl, ihr Geld wert zu sein, denn die Sibylle erklärte, dass sie „großen Einfluss auf einen Monarchen und das Schicksal eines Königreichs" ausüben würde. Ein weit hergeholter Versuch, und übrigens auch ein ziemlich guter.

Ihre Absicht war es, wie sie Dumas offen mitgeteilt hatte, „einen Prinzen zu fangen", sie studierte den *Almanach de Gotha* und machte sich mit den Positionen und Einkünften der verschiedenen „Notabeln" vertraut, denen darin Nischen zugeteilt wurden.

Deutschland war offensichtlich das am besten auszubeutende Feld, denn dieses Land war damals voller Fürsten. Tatsächlich warteten nicht weniger als sechsunddreißig von ihnen darauf, „süchtig" zu werden. Der erste Ort, den sie für diesen Auftrag bereiste, war Baden, wo sie, laut Ferdinand Bac, „den zukünftigen Kaiser Wilhelm I. verhexte. Der Prinz jedoch, als er vor ihrem Syrenzauber gewarnt wurde, lächelte sofort und ging weiter."

hochgeborenen Familie , Heinrich LXXII., herzustellen . Sein Fürstentum Reuß-Lobenstein-Ebersdorf (später eingemeindet mit Thüringen) hatte den längsten Namen, aber auch die kleinste Fläche im gesamten Königreich, denn es war nur etwa so groß wie ein Taschentuch. Aber für Lola hatte das keine große Bedeutung. Von Bedeutung war jedoch, dass er Millionär (in Talern) war und ein entflammbares Herz besaß.

Als großer Verfechter der Etikette veröffentlichte er einmal die folgende Mitteilung in seinem *Gerichtsanzeiger* :

„Seit zwanzig Jahren ist es meine ausdrückliche Anweisung, dass jeder Beamte immer mit seinem korrekten Titel angeführt werden soll. Dieser Anweisung ist jedoch nicht immer Folge geleistet worden. Daher werde ich in Zukunft jedem Mitglied eine Geldstrafe von einem Taler auferlegen." eines meiner Mitarbeiter, der es versäumt, einen anderen mit seinem richtigen Titel oder seiner richtigen Beschreibung zu bezeichnen."

Dass der Prinz aber gelegentlich nachgeben konnte, zeigt eine weitere Mitteilung an seine Untertanen:

„Seine Allerhöchste Hoheit und Allerhöchstes Selbst hat sich gnädig herabgelassen, das Verhalten jener sechs Mitglieder der Reuss- Miliz zu billigen, die kürzlich beim Löschen eines Feuers geholfen haben. Mit seiner Allerhöchsten Hand ist er (bei Vorlage einer zufriedenstellenden Geburt) Zertifikat) war sogar bereit, das des Ältesten unter ihnen zu erschüttern.

Ein örtlicher Preisträger riskierte eine Strafverfolgung wegen *Majestätsbeleidigung und beschrieb den Vorfall in bewegenden Versen.* Ein Auszug aus dieser Arbeit, übersetzt von Professor JG Legge in seinem Werk „ *Reim und Revolution in Deutschland"*, lautet wie folgt:

Ehre, wem Ehre gebührt

Kürzlich hat
die Miliz in Reuss bei einem Brand
(ich bin sicher, es wird Sie freuen)
große Anerkennung erlangt.

Als dies durch ein Denkmal
Ihr gnädiger Fürst von Rechts wegen
erfahren hatte; Diese Territorien
hat Er zu sich eingeladen.

Und als die guten Männer schüchtern vor ihm aufstanden, lobte
Seine gnädige Hoheit
jeden
in einer gnädigen Rede.

Eine feierliche eidesstattliche Erklärung
(mit Namen und Datum der Eltern).
Anschließend legte jeder sie vor und überreichte sie –
seine Geburtsurkunde.

Dann forderte Seine Hoheit
den Ältesten der Schar
und ergriff diesen
mit seiner Allerhöchsten Hand.

Nun ist diese große Tat aufgezeichnet:
Wer würde nicht dort wohnen,
wo Helden belohnt werden
, wie im Land Reuss?

Was Lola betraf, legte sie sehr bald ein Streichholz an das entzündliche, wenn auch arrogante Herz von Prinz Heinrich und erhielt daraufhin den „Befehl", ihn zu seinem Miniaturhof in Ebersdorf zu begleiten. Allerdings beließ sie es nicht lange dabei, denn durch ihre herrische Haltung und ihre Missachtung der Etikette beunruhigte sie die kleinen Beamten und bürgerlichen Bürger um sie herum so sehr, dass sie formelle Beschwerden bei Seiner Hohen und Mächtigen einreichten. Zunächst wollte er kein Wort zu diesem Thema hören. Die Position seiner Favoritin war so groß, dass Kritik an ihren Handlungen gefährlich nahe an *Majestätsbeleidigung grenzte* und Repressalien nach sich zog. Als der verliebte Prinz jedoch feststellte, dass sein Bankguthaben erheblich über den von ihm veranschlagten Betrag hinaus aufgebraucht wurde, verspürte er einen plötzlichen Tugendkrampf und erteilte dem „Schönen Unreinen" Marschbefehle, als sein schockierter und Engstirnige Ebersdorfianer nannten den Eindringling unter ihnen. Es gab auch die von einem Gärtner vorgebrachte Vermutung, dass sie die Angewohnheit hatte, einen kurzen Weg über die fürstlichen Blumenbeete zu nehmen, wenn sie es eilig hatte. Das war der letzte Tropfen, der das Fass zum Überlaufen brachte.

„Verlasse sofort mein Königreich", rief der wütende Heinrich. „Du bist nichts als ein weiblicher Teufel!"

Lola war von dieser Meinungsänderung nicht im Geringsten beunruhigt und entgegnete, indem sie einen langen und detaillierten Bericht über die „erbrachten Dienste" vorlegte; und als sie getroffen war (und nicht vorher), schüttelte sie den Staub von Reuß-Lobenstein-Ebersdorf von ihren hübschen Füßen.

„Du kannst dein Thüringen behalten", lautete ihr Abschiedsspruch. „Ich würde es nicht als Geschenk haben."

Die nächsten Orte, an denen sie Halt machte, waren Homburg und Carlsbad, zwei Ferienorte, die damals immer beliebter wurden und eine wohlhabende Menschenmenge anzogen, die auf der Suche nach einer versprochenen „Heilung" für ihre verschiedenen Krankheiten war. Da Lola jedoch feststellte, dass die Barone eher geizig waren und die klugen jungen Leutnants keinen *Pfennig* in der Tasche hatten, den sie an den anderen reiben konnten, setzte sie ihre Reise bald fort.

Im September 1846 befand sie sich in Württemberg, wo sie zu ihrem großen Ärger herausfand, dass eine gewisse Amalia Stubenrauch, ein bezauberndes Mädchen, das man nun eine Goldgräberin nennen würde, die kargen Zuneigungen von König Wilhelm erobert hatte den Lola selbst entworfen hatte. Aber dieser großherzige Monarch hatte gerade zu diesem Zeitpunkt kaum Zuneigung für irgendjemanden übrig, denn als sie ihn in Stuttgart traf, stand er kurz davor, mit Prinzessin Olga von Russland verheiratet zu werden.

Ein Korrespondent des *Athenæum* , der dort war, um für seine Zeitung über die Hochzeitsfeierlichkeiten zu berichten, äußerte Missbilligung über ihre Anwesenheit im Bezirk. „Von der württembergischen Landeshauptstadt", verkündete er säuerlich, „flog Lola Montez mit der *Schnellpost* nach München, ohne jegliches Gepäck." Jemand anderes (vielleicht ein aufmerksamerer Beobachter) betont jedoch, dass sie „mit drei Karren voller Koffer losgezogen ist". Da sie schon immer über eine umfangreiche Garderobe verfügte, ist dies durchaus möglich.

II

Als Lola auf Anregung von Baron Maltitz (einem Homburger Bekannten, der ihr vorgeschlagen hatte, „ihr Glück in München zu versuchen") aufbrach, nach Bayern aufbrach, wurde dieses Land von Ludwig I. regiert. Ein Patenkind von Marie-Antoinette, Als Sohn des Fürsten Max Joseph von Zweibrücken und der Prinzessin Augusta von Hessen-Darmstadt wurde er 1786 in Salzburg geboren und war 1825 die Nachfolge seines Vaters angetreten. Als junger Mann hatte er bei den bayerischen Truppen unter Napoleon gedient und dies verabscheut Erfahrung hatte einen Hass auf alles Militärische entwickelt. Dieser Hass war so stark ausgeprägt, dass er seinen Söhnen nicht erlaubte, Uniform zu tragen. Unter seinem Regime wurden die militärischen Schätzungen bis auf die Knochen reduziert. Die Armee sei eine „Geldverschwendung", und jeden *Cent,* den sie gekostet habe, sei ihm im Jahreshaushalt zuwider. Er tat sein Bestes, um die Wehrpflicht abzuschaffen, musste die Bemühungen jedoch aufgeben. Auch wenn er ein Patensohn von Marie-Antoinette war, hegte er keine Liebe für Frankreich.

Porte St. Martin Theater, Paris, wo Lola ein „Flop" war

Ludwigs Schwester Louisa, die ihre Religion gegen die Krone einer Gemahlin eintauschte, war die Frau des Zaren Alexander I.; und er selbst war mit der Prinzessin Theresa von Sachsen-Hildburghausen verheiratet, einer Dame, die als „einfach, aber vorbildlich" beschrieben wurde. Dennoch war Ludwig selbst, was sein persönliches Erscheinungsbild angeht, kein Adonis. Nestitz hat ihn tatsächlich als „mit zahnlosem Kiefer und ausdruckslosem Gesichtsausdruck" dargestellt. Aber seine Gemahlin tat ihre Pflicht; und überreichte ihm in regelmäßigen Abständen einen Köcher voll mit vier Söhnen und drei Töchtern. Einer seiner Söhne, Otto, wurde als sechzehnjähriger Junge vom Londoner Kongress zum König von Griechenland gewählt, sehr zum Zorn des Zaren Nikolaus, der dies für eine listige, wenn auch diplomatische Entscheidung hielt. Versuch, unter den Hellenen ein byzantinisches Reich zu errichten. „Wenn ich", sagte er in einer Depesche zu diesem Thema, „diesem Schritt zustimmen würde, würde ich mich in den Augen meiner Kirche zunichte machen." Nesselrode war jedoch anderer Meinung. „Es ist unziemlich", sagte er mutig genug, seinem Herrn mitzuteilen, „dass der Kaiser von Russland einen Schritt in Frage stellt, mit dem die Griechen selbst nicht völlig einverstanden sind." Eine bemerkenswerte Äußerung. Politiker waren für weniger Geld nach Sibirien gegangen. Auch Palmerston setzte sich durch, und Otto verließ, begleitet von einem Kriegsschiff, sein Vaterland. Bei der Ankunft in Athen läuteten die Freudenglocken und die Säulen des Parthenon wurden mit Flutlicht beleuchtet. Aber die Wahl entsprach nicht dem allgemeinen Geschmack; und es dauerte nicht lange, bis Otto und die Lichter erloschen waren. Durch die Ironie des Schicksals kehrte er genau an dem Tag nach München zurück, an dem Ludwig einen dorischen Bogen zum Gedenken an die Aktivitäten des Hauses Wittelsbach bei der Befreiung Griechenlands errichtet hatte.

Trotz dieses ungünstigen Ereignisses blieb Ludwig ein leidenschaftlicher Phil-Hellene; und so kam er auf die Idee, seine Hauptstadt in eine Mischung aus Athen und Florenz und eine Metropole aller Künste umzuwandeln. Unter seiner Fürsorge wurde München zu einer Reihe von Tempeln und Säulen, und in alle Richtungen sprossen Säulen und Säulenhallen hervor. Die Slums, Gassen und Häuserhaufen in der alten Stadtmauer wurden weggefegt und durch breite Boulevards ersetzt, gesäumt von Museen, Kirchen und Gemäldegalerien. Für viele der wichtigsten öffentlichen Gebäude griff er auf gute Modelle zurück. So wurde einer von ihnen, der Königsbau, vom Pitti-Palast kopiert; ein zweiter von der Loggia de' Lanzi; und ein dritter aus St. Paul in Rom. Er baute auch eine Walhalla in Regensburg, um die Bildnisse seiner angeseheneren Landsleute aufzubewahren. Doch obwohl es umfangreich war, gab es darin keine Nische für Luther.

Als Mäzenat der schönen Künste trat Ludwig in die Fußstapfen der Medici. Während seiner Herrschaft trug er viel dazu bei, den Geschmack seiner Untertanen zu heben. Martin Wagner und von Hallerstein wurden von ihm beauftragt, Griechenland und Italien zu bereisen und ausgewählte Skulpturen und Bilder für seine Galerien und Museen zu besorgen. Die besten von ihnen fanden ein Zuhause in der Glyptothek und der Pinakothek, zwei riesigen Gebäuden im dorischen Stil, deren Kosten er aus seiner Privatbörse bestritt. Ein weiteres seiner Hobbys war das Spielen der Maecenas; und jeder angehende Autor oder Künstler, der mit einem Manuskript in der Tasche oder einer Leinwand unter dem Arm zu ihm kam, war mit Sicherheit willkommen.

Wir alle haben unsere kleinen Schwächen. Das von Ludwig dem Bayern war, dass er ein Dichter war. Er war sich dessen so sicher, dass er nicht nur mehrere Meter praller Verse produzierte, die sich über jedes Konstruktions- und Metrumgesetz hinwegsetzten, sondern dass er sogar einen Teil davon drucken ließ. Ein Band mit Auszügen aus seiner Muse mit dem Titel „*Walhalla's Genossen*" wurde für ihn von Baron Cotta veröffentlicht und diente wie die indischen Schals von Königin Victoria regelmäßig als Hochzeitsgeschenk. Ein Werk war „Mir selbst als König" und ein anderes „Meiner Schwester, der Kaiserin von Österreich" gewidmet; und eine Reihe ausgewählter Auszüge wurden übersetzt und in einem englischen Reiseführer veröffentlicht.

Heine ignorierte die Göttlichkeit, die ihren Autor hätte abschirmen sollen, und äußerte sich sehr bissig zu diesem königlichen Angriff auf Parnass. Ludwig konterte, indem er ihn aus der Hauptstadt verbannte. Wenn ihm dies jedoch missfiel, fügte er seiner Bibliothek die Werke anderer Barden hinzu, die nicht unbedingt deutsch waren. Aber während Browning dort war, hatte Tennyson keinen Platz in seinen Regalen. Einer wurde jedoch für Martin Tupper gefunden.

Ludwig pflegte freundschaftliche Beziehungen zu England und tat alles, was er konnte (in Grenzen), um eine *Entente zu fördern* . So sandte er anlässlich eines zufälligen Besuchs von Lord Combermere in München „dem angesehenen Reisenden eine Nachricht, dass ein Pferd und Sattlerwaren mit komplettem Adjutanten zu seinen Diensten stünden." Seinem Begleiter jedoch, einem Mitarbeiter des Auswärtigen Amtes, der vergessen hatte, seine Uniform einzupacken – oder es in John-Bull-Manier abgelehnt hatte – ging es nicht so gut, da sein Name von der Liste der „Berechtigten" gestrichen wurde. um an den Palastveranstaltungen teilzunehmen. Daraufhin, sagt Lord Combermere, habe er „einen wütenden Brief an den Kammerherrn geschrieben, in dem er die Absurdität der Einschränkung kommentierte."

Aber Ludwigs Meinung über Diplomaten war auch etwas wenig schmeichelhaft, denn über eine bestimmte Botschaft, die er auf seinen Reisen besuchte, schrieb er:

„Einst ein Theater – und jetzt die Wohnung eines Botschafters. Dennoch bist du, was du warst – der Aufenthaltsort der Täuschung."

Ludwig von Bayern, eine seltsame Mischung aus Heinrich IV. und Haroun-al-Raschid, war ein Mann der Widersprüche. In einem Moment war er überaus großzügig; zum anderen unglaublich gemein. Er könnte bis in seine Fingerspitzen ein Autokrat sein und auf der Einhaltung der kleinsten Punkte der Etikette bestehen; und er könnte auch so demokratisch sein wie jeder, der jemals eine rote Fahne geschwenkt hat. So ging er oft als Privatmann und ohne Begleitung durch die Straßen. Doch als er dies tat, bestand er darauf, anerkannt zu werden und Komplimente zu erhalten. Bei seiner Annäherung musste der Verkehr aufgehalten und die Hüte abgenommen werden.

Heutzutage wäre er wahrscheinlich als Kuriosität in ein Museum gesteckt worden.

Dies war also die Monarchin, deren Weg von Lola Montez gekreuzt werden sollte, mit historischen und unerwarteten Konsequenzen für jeden von ihnen.

III

Als Lola in München ankam, besuchte sie den Intendanten des Hoftheaters. Da diese Person bereits von ihrem Pariser Fiasko wusste, erhielt sie statt einer Verlobung von ihm eine Abfuhr. Doch völlig unbeeindruckt von diesem Erlebnis eilte sie zum Palast und befahl dem erstaunten Türhüter, sie direkt zum König zu bringen.

Der Lakai verwies sie an Graf Rechberg, den diensthabenden Adjutanten. Mit ihm hatte Lola mehr Erfolg. Die Kühnheit siegte dort, wo die Schüchternheit versagt hätte. Nach einem einzigen kurzen Blick entschied Graf Rechberg, dass der Bewerber für die Aufnahme in die „Präsenz" in Frage kam, und meldete dies seinem Herrn.

Aber Ludwig wusste bereits etwas über den Kandidaten für terpsichoreische Ehrentitel. Zufällig hatte er noch am selben Morgen von Herrn Frays, dem Intendanten des Hoftheaters, einen Brief erhalten, in dem ihm mitgeteilt wurde, dass er sich auf Anraten seiner Premierentanzerin, *Fräulein* Frenzal, geweigert habe, ihr ein Engagement zu geben. Graf Rechbergs üppige Beschreibung ihrer Reize veranlasste Seine Majestät jedoch, sein eigenes Urteilsvermögen anzuwenden. Aber er gab nicht so leicht nach.

„Ist es naheliegend", fragte er säuerlich, „dass ich all diese Möchtegern-Ballerinas in Empfang nehmen und auf Herz und Nieren testen soll? Sie kommen hier im Dutzend. Warum stört mich so ein Unsinn?"

„Sire", erwiderte Rechberg sehr mutig, aber Lolas Anziehungskraft war immer noch auf ihn gerichtet, „Sie werden es nicht bereuen. Ich versichere Ihnen, dass dies eine Ausnahme ist. Sie ist entzückend. Das ist das einzige Wort dafür. Ich habe es noch nie gesehen." irgendjemand, der ihr ebenbürtig ist. Solch eine Anmut, so ein Charme, so —"

„Puh!" unterbrach Ludwig und unterbrach die drohenden Rhapsodien. „Dein Schwan ist wahrscheinlich eine Gans. Die meisten von ihnen sind es. Aber jetzt, wo sie hier ist, lass sie rein. Wenn es ihr nicht gut geht, werde ich sie bald umbringen." Geschäft."

Mutige Worte, aber sie nützten ihm nichts. Ludwig warf einen Blick auf die Frau, die vor ihm stand, und kapitulierte völlig.

Ein plötzlicher Schauer durchfuhr ihn. Seine sechzig Jahre vergingen wie im Flug. Ein Blutstrom floss durch seine sechsundsechzigjährigen Arterien. Seine Prahlerei fiel auf ihn selbst zurück. Rechberg hatte ihn nicht getäuscht.

„Was ist mit mir passiert?" er murmelte schwach. „Ich bin verhext." Dann, als der Neuankömmling dastand und ihn in all ihrer warmen Lieblichkeit anlächelte, fand er seine Zunge wieder.

„Mademoiselle, Sie sagen, Sie können tanzen. Nun, lassen Sie mich sehen, was Sie können. Graf Rechberg, Sie können uns verlassen."

„Tanze ich hier, in diesem Raum, Eure Majestät?"

"Sicherlich."

Lola wollte nichts Besseres. Die Gelegenheit, die sie seit ihrer Abreise aus Paris geplant und geplant hatte, war endlich gekommen. Nun, sie würde das Beste daraus machen. Sie war nicht im Geringsten beunruhigt darüber, dass außer Seiner Majestät keine Begleitung und kein Publikum da war, und vollführte auf der Stelle ein *Pas seul*. Es war ein „königlicher Auftritt" und überaus erfolgreich. Ihre Füße stolperten leicht über den polierten Boden und tanzten direkt in Ludwigs Herz.

„Ihr sollt vor der Öffentlichkeit tanzen", verkündete er. „Ich selbst werde dem Intendanten des Hoftheaters Befehle erteilen."

Luise von Kobell begegnete ihr als Schülerin zufällig kurz nach ihrer Ankunft und schildert den Eindruck, den sie dabei hatte:

Als ich unweit des Bayersdorfer Schlosses durch die Briennerstraße ging, sah ich eine verschleierte Dame in einem schwarzen Kleid und mit einem Fächer in der Hand auf mich zukommen. Etwas blitzte vor meinem Blickfeld auf, und ich blieb plötzlich stehen, völlig geblendet von den Augen, in die ich starrte und die aus einem blassen Gesicht leuchteten, das über meine Verwirrung mit einem lachenden Ausdruck aufleuchtete. Dann rauschte sie an mir vorbei; und ich vergaß, was meine Gouvernante gesagt hatte, als ich mich umsah, und starrte ihr nach, bis sie verschwand ... „Das", sagte mein Vater, als ich nach Hause kam und von meinem Abenteuer erzählte, „muss Lola Montez gewesen sein, die spanische Tänzerin." ."

Am nächsten Abend sah sie das kleine Fräulein von Kobell im Hoftheater wieder, wo sie am 10. Oktober 1846 zum ersten Mal vor dem Münchner Publikum auftrat.

Lola Montez übernahm den Mittelpunkt der Bühne. Sie trug nicht die üblichen Strumpfhosen und kurzen Röcke einer Ballerina, sondern ein spanisches Kostüm aus Seide und Spitze, in dem von Zeit zu Zeit ein Diamant glänzte. Es schien, als würde Feuer aus ihren wundervollen blauen Augen schießen, und sie verneigte sich wie eine der Grazien vor dem König in der königlichen Loge. Sie tanzte nach der Sitte ihres Landes, indem sie sich in die Hüften beugte und eine Haltung mit der anderen wechselte, wobei jede der ersteren an Schönheit konkurrierte.

Während sie tanzte, erregte sie die Aufmerksamkeit aller; Jedermanns Augen folgten ihren geschwungenen Bewegungen, die mal glühende Leidenschaft, mal Ausgelassenheit verrieten. Erst als sie mit dem rhythmischen Schwanken aufhörte, wurde der Zauber unterbrochen. Das Publikum war außer sich vor Begeisterung und der gesamte Tanz musste immer wieder wiederholt werden.

Ludwig, der in der königlichen Loge saß, konnte seinen Blick nicht von ihr lassen. Während eines *Zwischenakts* kritzelte er einen Vers:

Fröhliche Bewegungen, klar und nah,
sind in deiner lebendigen Gnade.
Geschmeidig und zart wie ein Hirsch
bist du andalusischer Abstammung!

„ *Wunderschön!* " erklärte ein bewundernder Adjutant, dem er es zeigte.

„ *Kolossal!* ", wiederholte eine Sekunde, die bei der Anerkennung der Preisträgerschaft nicht zu übertreffen war.

Da sich jedoch in den Jubel einiges Fauchen mischte („aufgrund der Meldung, der Neuankömmling sei ein englischer Freimaurer und wolle die katholische Religion zerstören"), ergriff die Direktion am nächsten Abend die Vorsichtsmaßnahme, die Grube mit einem zu füllen *Claque* mit ledernem Ausfallschritt und geilen Händen . Diesmal bestand das Programm aus einer Komödie, „ *Der Weiberseind von Benedix* ", gefolgt von einer Cachucha und einem Fandango mit Herrn Opsermann als Tanzpartner.

Lolas Erfolg war gesichert; und Herr Frays, der sich zunächst geweigert hatte, sie erscheinen zu lassen, war nun voller unterwürfiger Entschuldigungen. Er bot ihr einen Vertrag an. Doch Lola, die andere Vorstellungen davon hatte, wie sie ihre Zeit in München nutzen sollte, wollte das nicht akzeptieren.

„Danke für nichts", sagte sie. „Als ich Sie um ein Engagement bat, sagten Sie mir, ich sei nicht gut genug, um in Ihrem Theater zu tanzen. Nun, das habe ich sowohl Fräulein Frenzal als auch Ihnen bewiesen. Das ist alles, was mich interessiert, und das werde ich auch nicht tun." tanze wieder, entweder für dich oder für irgendjemanden anderen.

Hätte sie ausreichend Deutsch gekonnt, hätte sie wahrscheinlich hinzugefügt: „Steck das in deine Pfeife und rauche es!"

München muss sich damals für Menschen mit geringem Einkommen als attraktiv erwiesen haben. So sagt Edward Wilberforce, der einige Jahre dort verbrachte, dass Fleisch fünf Pence pro Pfund, Bier zwei Pence-Halbpenny pro Quart und der Dienstbotenlohn acht Shilling pro Monat kostete. Aber es gab Nachteile.

„Die Stadt", heißt es in einem englischen Reiseführer aus dieser Zeit, „hat den Ruf, eine sehr ausschweifende Hauptstadt zu sein." Dennoch wimmelte es von Kirchen. Auch die Polizei überwachte die Hotelregister streng; und als Ergebnis ihrer Aktivitäten wurde ein „französischer Besucher aus Gründen der öffentlichen Moral von seiner weiblichen Begleiterin getrennt."

„Nichts von Ihrer Pariser Lockerheit für uns!" sagten die Stadtväter.

Aber Lola scheint eine solch strenge Zensur vermieden zu haben. Jedenfalls war ein gewisser Auguste Papon (eine Mischung aus Zuhälter und *Souteneur*), den sie in Paris kennengelernt hatte, zufällig zur gleichen Zeit wie sie in München. Die Intimität wurde wiederbelebt; und da er nicht über den Zutritt zum Hof verfügte, lebten sie einige Wochen zusammen im Hotel Maulich. Im Frühjahr 1847 befand sich ein junger Gardist auf dem Rückweg von Kissengen nach England in der Stadt. Er berichtet, dass er eines Abends beim Abendessen neben Lola Montez saß, ohne zu wissen, wer sie war, und gibt ein Beispiel für ihr hitziges Temperament. „Auf dem Boden zwischen uns", sagt er, „stand ein Eiskübel mit einer Flasche Champagner. Es kam plötzlich zu einem Streit mit ihrem Nachbarn, einem bayerischen Leutnant, und sie setzte ihren Fuß auf den Eimer und ließ ihn durch die Luft fliegen." Länge des Raumes."

Lola hat es auf jeden Fall geschafft. Fünf Tage, nachdem sie ihn zum ersten Mal getroffen hatte, rief Ludwig alle Beamten des Hofes zusammen und überraschte (und schockierte) sie, indem er sie mit der Bemerkung vorstellte: „Meine Herren, ich habe die Ehre, Ihnen meinen besten Freund vorzustellen. Sorgen Sie dafür." Du zollst ihr jeden erdenklichen Respekt." Er zwang auch seine lang leidende Ehefrau, sie in den Orden der Chanoines von St. Thérèse aufzunehmen, eine Auszeichnung, für die diese neue Empfängerin angesichts ihrer etwas grellen „Vergangenheit" kaum in Frage kam.

Als er hörte, dass es Anweisungen gegeben hatte, ihr besondere Komplimente zu machen, äußerte Mr. *Punch* heftige Missbilligung.

„Es ist ein guter Witz", bemerkte er, „andere aufzufordern, die Würde von jemandem zu wahren, der immer aus irgendeinem Grund herabwürdigt."

Als sie zum ersten Mal auf dramatische Weise in die Umlaufbahn des bayerischen Herrschers segelte, war Lola Montez erst siebenundzwanzig Jahre alt. Im vollen Glanz ihrer Schönheit und Anziehungskraft war sie gut ausgestattet mit dem, was der moderne Jargon Sexappeal nennt. Mit ihrem großen Busen und den großzügig geschwungenen Rundungen war „ihre Figur", sagt Eduard Fuchs, „die Inkarnation der Provokation." Fuchs, ein Experte auf dem Gebiet der weiblichen Anziehungskraft, wusste, wovon er sprach. „Schamlos und unverschämt", fügt Heinrich von Treitschke hinzu, „und ebenso unersättlich in ihren üppigen Gelüsten wie Sempronia, konnte sie sich mit Charme unter Freunden unterhalten, tapfere Pferde führen, mitreißend singen und Liebesgedichte auf Spanisch aufsagen." Der König, ein Als Bewunderin weiblicher Schönheit gab sie sich ihrem Zauber hin. Es war, als hätte sie ihm einen Liebestrank geschenkt. Für sie vergaß er sich selbst, er vergaß die Welt und er vergaß sogar seine königliche Würde."

Die Tatsache, dass Lola immer ein Byronisches Halsband trug, unterstützte die von vielen vertretene Theorie, dass sie eine Tochter des Dichters war. Aber ihr eigentlicher Grund für die Übernahme dieses Stils war, dass sie einen schönen Hals hatte, was ihn optimal zur Geltung brachte. Sie studierte die Kleidungskunst und schenkte ihr große Sorgfalt. Wenn es um diese Angelegenheit ging, war kein Ärger und keine Sorge zu groß. Ihr Lieblingsmaterial war Samt, von dem sie zu Recht annahm, dass er auf Männer ab einem bestimmten Alter eine erotische Wirkung ausübte. Sie bestand auch darauf, dass die Konturen ihrer Figur („ihre zitternden Schenkel und alle angrenzenden Grundstücke") deutlich und auf deutlich provokante Weise sichtbar gemacht werden sollten. Das war natürlich nicht weit vom Exhibitionismus entfernt. Infolgedessen war die bürgerliche

Meinung empört. Die Frauen der kleinen Beamten, die auf dem Marienplatz einkauften, schauderten und klammerten sich an ihre weiten Röcke, als sie sie sahen; besorgte Mütter wiesen pummeligen Fräuleins an, „nicht wie die Ausländerin auszusehen". Es gibt keine verlässlichen Aufzeichnungen darüber, dass einer von ihnen dies getan hat.

KAPITEL VIII

LUDWIG DER LIEBHABER

ICH

Lola Montez hatte es besser gemacht, als „einen Prinzen zu fesseln". Viel besser. Sie hatte nun einen Souverän „gehakt". Ihre reife, warme Schönheit ließ das dünne Blut erneut durch Ludwigs träge Adern fließen. Dort bewirkte es ein Wunder. Er war sechzig geworden, aber er fühlte sich wie sechzehn.

Das Gespräch von Robert Burns soll „eine Herzogin umgehauen" haben. Vielleicht war es so. Aber das von Lola Montez hatte eine ähnliche Wirkung auf einen Monarchen. Durch die Magie ihres Zaubers wurde diese verjüngt. Die Jahre wurden ihm genommen; er war wieder ein Junge. Mit seinem Charmeur an seiner Seite wanderte er durch den Nymphenburger Wald und unter den Ulmen im Englischen Garten und erzählte ihr von seinen Träumen und Fantasien. Seine Leidenschaft für Griechenland war vergessen. Perikles war jetzt Romeo.

In dem Suden ist die Liebe,
Da ist Licht und da ist Glut!

das ist,

Im Süden gibt es Liebe,
es gibt Licht und es gibt Wärme,

sang Ludwig.

Doch Lola Montez war keineswegs die erste, die in das empfängliche Herz Ludwigs I. eindrang. Sie hatte dort viele Vorgängerinnen. Eine davon war eine italienische Sirene. Aber dass Lola sie bald verdrängte, geht aus einer poetischen Leistung hervor, die dem königlichen Troubadour überliefert war. Dies beginnt:

Tropfen der Seligkeit und ein Meer von bitteren Leiden
Die Italienerin gab – Seligkeit, Seligkeit nur
Lässt Du mich entzündend, begeistert, befändig gefühlt,
In der Spanierin fand Liebe und Leben ich nur!

Eine freie Wiedergabe dieses leidenschaftlichen Herzklopfens würde ungefähr wie folgt lauten:

Tropfen der Glückseligkeit und ein Meer bitterer Trauer, die
mir die Italienerin geschenkt hat. Glückseligkeit, nur Glückseligkeit,
Du hast mein entzücktes Herz, meine Seele und meinen Geist geschenkt.
Allein in der Spanierin habe ich Liebe und Leben gefunden!

Ludwig hatte einen hübscheren Namen für seine Geliebte als den
„weiblichen Teufel" Heinrichs LXXII. von Reuß. Er nannte sie die „schöne
Andalusierin" und die „Frau Spaniens". Sie inspirierte ihn auch zu neuen
poetischen Höhenflügen. Einer davon lautete:

Deine Augen sind blau wie himmlische Gewölbe,
berührt von der milden Luft;
Und wie das Gefieder des Raben ist
Dein dunkles und glitzerndes Haar!

Es gab mehrere weitere Verse.

Ein Merkmal der Residenz war eine Sammlung alter Meister. Ludwig wollte
eine junge Geliebte hinzufügen und räumte einem Porträt von Lola Montez
aus der Hand von Josef Stieler einen Ehrenplatz ein. Die Arbeit war gut
gemacht, denn der Künstler war von seinem Thema inspiriert; und er malte
sie in einem Kostüm aus schwarzem Samt, mit einem Hauch von Farbe, der
durch rote Nelken in ihrem Kopfschmuck hinzugefügt wurde.

Da Ludwigs Herz groß war, füllte *Die Schönheitengalerie* (wie die „Galerie der
Schönheiten" genannt wurde) zwei separate Räume. Die einzige
Voraussetzung für die Sicherung einer Nische an den Wänden war ein
hübsches Gesicht. Die Sammlung umfasste Prinzessin Alexandra von Bayern
(Tochter des Königs von Griechenland), die Erzherzogin Sophie von
Österreich und die Baronin de Krüdener (katalogisiert als „geistliche
Schwester") " des Zaren Alexander I.), eine beliebte Schauspielerin, Charlotte
Hagen, eine Balletttänzerin, Antoinette Wallinger, und die Töchter des
Hofmetzgers und des Stadtausrufers. Dazu kam ein Quartett englischer
Frauen, nämlich Lady Milbanke (die Frau des britischen Ministers), Lady
Ellenborough, Lady Jane Erskine und Lady Teresa Spence. In diese Galerie
zog sich Ludwig jeden Abend für ein paar Stunden zurück, um über den
Charme seiner Bewohner zu „meditieren". Da er jedoch über großzügige
Instinkte verfügte und immer (in Grenzen) bereit war, seine guten Dinge mit
anderen zu teilen, wurde das Publikum sonntagnachmittags zugelassen.

Abendessen-Party im Les Frères Provençaux. Erster Akt einer Tragödie

Aber Ludwig konnte sowohl kratzen als auch schnurren. Bei einer Gelegenheit traf er zufällig eine Dame, die zu den Bewohnern der *Schönheiten* gehörte . Sie hatte den ersten Anflug von Jugend längst hinter sich gelassen, und Ludwig, der sein Vorrecht ausübte, tat so, als würde er sich nicht an sie erinnern.

„Aber, Sire", protestierte sie, „ich war früher in Ihrer Galerie."

„Das, Madame", war die Antwort, „muss sehr lange her sein. Sie wären jetzt sicher nicht mehr dort."

II

Von ihrem bescheidenen Hotel aus, in dem sie Auguste Papon, bald müde von seiner Gesellschaft, allein ließ, bezog Lola ein neues Quartier in einer kleinen Villa, die der König ihr in der Theresienstraße zur Verfügung gestellt hatte, einem Boulevard in günstiger Nähe zum Hofgarten und der Palast. Es war zwar bequem genug, galt aber lediglich als vorübergehende Vereinbarung. Darin war nicht genug Platz für Lola, um ihre Flügel auszubreiten. Sie wollte einen *Salon* eröffnen und Empfänge veranstalten. Dementsprechend verlangte sie etwas Passenderes. Es bedeutete, Geld auszugeben, und Ludwig hatte, so überlegte er, bereits viel für ihre Launen und Fantasien ausgegeben. Dennoch kam er unter Druck zu sich, und da er zustimmte, dass es ein passendes Nest für seinen Turteltauben geben musste (mit einer Sitzstange für ihn selbst), rief er seinen Architekten Metzger herbei und beauftragte ihn, eins zu bauen modische Barerstraße.

„Es dürfen keine Kosten gescheut werden", sagte er.

Keiner wurde verschont.

Die neue Wohnung, die an den Karolinenplatz angrenzte, war eigentlich ein Juwelenpalast nach italienischem Vorbild. Alles darin war vom Besten, denn Ludwig hatte Geld und Lola hatte Geschmack. So bestand ihre Toilettengarnitur aus Silber; ihr Porzellan und ihr Glas kamen aus Dresden: Die Räume waren voller kostbarer Nippes; Spiegel und Schränke sowie Vasen und Bronzen; reich gebundene Bücher in den Regalen; und wertvolle Wandteppiche und Bilder an den Wänden. Französische Eleganz, ergänzt durch Münchner Kunst, mit einem Hauch solidem englischen Komfort in Form von Sesseln und Sofas.

Um die spielerische Angewohnheit des Münchner Pöbels, Ziegelsteine durch die Fenster zu werfen, wenn er mehr Bier getrunken hatte, als er tragen konnte, zu unterbinden, wurden die Fenster mit Eisengittern versehen. Als weitere Vorsichtsmaßnahme begleitete die Barerstrasser Châtelaine stets einen berittenen Offizier, wenn sie in der Öffentlichkeit fuhr, und Wachen standen an der Tür, um die Neugierigen auf respektvolle Distanz zu halten.

Eine Beschreibung des Nestes in der Barerstraße wurde von einem privilegierten Journalisten, der es inspiziert hatte, nach London geschickt:

„Der Stil des Luxus, in dem Lola Montez hier lebt, sprengt alle Grenzen. In München hat man nichts Vergleichbares gefunden. Es könnte fast ein Aladdin-Palast sein! Die Wände ihres Schlafzimmers sind mit Guipure und kostbarem Satin behängt. Die Die Möbel stammen aus der Zeit Louis

„Die Königin selbst könnte nicht besser untergebracht sein", sagte Lola erfreut, als sie all den Luxus sah, dessen Herrin sie nun war.

„Du bist meine Königin", erklärte Ludwig liebevoll.

Während Lola sich, um ihrem Gönner zu gefallen, mit den Feinheiten der deutschen Sprache auseinandersetzte, nahm Ludwig, um seinem Charmeur zu gefallen, Spanischunterricht bei ihr. Sie hielt immer noch an ihrer andalusischen Erziehung fest und soll ihn mit à Kempis bekannt gemacht haben (aber dem Bericht fehlt eine Bestätigung). Dies ist jedoch wahrscheinlich ein Druckfehler für Don Quijote. Dennoch war ihre Inspiration so groß, dass ihre Schülerin schreiben konnte:

Du verletzst deinen Geliebten nicht mit herzlosen List;
Du spielst auch nicht leichtfertig mit ihm.
Du bist nicht für dich selbst; Deine Natur ist großzügig und freundlich.
Meine geliebte! Du bist großzügig und unveränderlich.

„Gib mir Glück!" Ich bettelte mit heftiger Sehnsucht.
Und Glück habe ich von dir empfangen, du Frau aus Spanien!

Ungeachtet der Andeutung, die diese Zusicherung implizierte, bestand Lola
stets darauf, dass ihre Beziehungen zum König rein platonischer Natur seien.
Obwohl diese Ansicht etwas schwer zu akzeptieren ist, ist es bezeichnend,
dass Ludwigs rechtmäßiger Ehepartner nie Einwände gegen ihre
„Freundschaft" erhoben hat. Ihre Majestät war jedoch von ruhigem
Temperament. Vielleicht dachte sie auch, dass die Fantasie nicht von Dauer
sein würde. Wenn dem so war, hatte sie Unrecht, denn im Laufe der Zeit
festigte die Neuankömmling offensichtlich ihre Position. „Lola Montez, die
als Pferdepeitscher bekannt ist", bemerkte ein Journalist, „scheint am
bayerischen Hof immer beliebter zu werden. Die Königin nennt sie ‚Meine
Liebe', und die Damen betrachten es als ihre Pflicht, denjenigen zu streicheln,
der es getan hat." die ganze Münchner Welt liegt ihr zu Füßen."

Während des Sommers zog sich Ludwig von den Staatssorgen zurück und
zog sich auf sein Schloss in Brückenau zurück, das malerisch im Fuldaer
Wald liegt. und Lola, begleitet von einem Geschwader Kürassiere, begleitete
ihn zu diesem Rückzug. Dort, wie auch im Nymphenburger Park, träumte
Ludwig, während Lola sich mit den Offizieren der Eskorte vergnügte.
Halcyon-Tage – und -Nächte. Sie inspirierten Seine Majestät mit einem
weiteren „Gedicht":

LIED VON WALHALLA

Durch die heilige Kuppel, oh kommt,
Brüder, lasst uns entlangwandern;
Lass aus tausend Kehlen das Summen
aufsteigen, wie Flüsse, schnell und stark!

Wenn die Töne verklungen sind,
lasst uns einander die Hand reichen;
Und zum Himmel, lasst uns
für unser liebstes Vaterland beten!

Während sie ihr den vollen Wert beimaß, verließ sich Lola Montez für ihre Macht nicht auf bloße Schönheit. Ihre Kompositionen hatten eine ausgesprochen sadistische Ader; und wenn sie genervt war, scheute sie sich nicht, rechts und links mit einer Hundepeitsche herumzuliegen, die sie immer bei sich trug. Ein frecher Lakai wurde zur Unterwerfung geprügelt oder von einer wilden Dogge angegriffen, die sie auf den Fersen hielt. Auch ein hohes Amt bedeutete ihr nichts. Sie gab Baron Pechman eine Ohrfeige; und weil er sie zufällig verärgerte, ermutigte sie ihren Begleiter im Vierrock, die besten Hosen von Professor Lasaulx, dem Neffen von Görrez, einem Kabinettsminister, zu zerreißen.

Ihre englische Bulldogge (die offenbar presbyterianisches Blut in sich trug) hatte einen untrüglichen Geruch für Jesuiten. Er schien ihre Prinzipien genauso zu missbilligen wie seine Geliebte und würde sie sofort angreifen. Auch dieses Tier scheint so etwas wie ein Prohibitionist gewesen zu sein. Jedenfalls hat er einmal einen Kutscher einer Brauerei gebissen, der gerade Waren an einen *Bierkeller lieferte* . Als das Opfer protestierte, schlug Lola mit der Peitsche auf ihn ein. Dies erzürnte die Menge so sehr, dass sie sich in ein Geschäft flüchten musste. Dort stieß sie zufällig einen Leutnant an, der sie nicht erkannte und einen Protest wagte. Am nächsten Morgen erhielt er eine Herausforderung von einem feuerspeienden Kameraden mit der Behauptung, er habe „eine Dame beleidigt". Da die Anfechtung abgelehnt wurde, entzog ihm ein „Ehrengericht" seine Provision.

III

Was ein verzweifelter Kommentator die „zweideutige Position" von Lola Montez in München nannte, blieb auch im Kabinett hängen, und man schüttelte die Köpfe. Öffentliche Beleidigungen wurden ihr angeboten. Als sie das Odéon-Theater besuchte, wurden die Sitzplätze neben dem von ihr besetzten sofort geleert. „Anständige Frauen zogen sich zurück und zeigten auf ihren Gesichtern Ekel und Entsetzen." Aber die männlichen Zuschauer waren weniger exklusiv oder vielleicht aus strengerem Material gefertigt, denn sie zeigten den Eifer, die leeren Stände zu füllen. „Eine neue Ritterlichkeit war geboren", sagt ein Chronist des Stadtklatsches, „und Paladine waren bestrebt, als Schilddiebe aufzutreten."

Im Laufe der Zeit wurde die Verliebtheit der Wittelsbacher Lovelace so ausgeprägt, dass sie auch an Orten außerhalb Münchens nicht ignoriert werden konnte. Die Gräfin Bernstorff war ernsthaft beunruhigt. „Es gibt schon lange Gespräche darüber", vertraute sie einem Freund an, „ob König Ludwig sich überhaupt auf die Freundlichkeit und Nachsicht der Königin von Preußen verlassen würde, um Lola Montez während des bevorstehenden Aufenthalts Ihrer Majestät in München an den Hof zu bringen." Das

Problem wurde jedoch durch das taktvolle Handeln von Lola selbst gelöst, die einen weiten Bogen um den Palast machte, bis der Besuch zu Ende war.

In seinen „*Memoirs of Madam Jenny Lind-Goldschmidt*" drückt Kanoniker Scott Holland in ähnlicher Weise sein schockiertes Entsetzen über die Möglichkeit aus, dass die schwedische Nachtigall, die dort ein Konzert geben wollte, Lola in ihrem Publikum begegnete:

Der für diesen Besuch in München festgelegte Zeitpunkt war in einer Hinsicht äußerst ungünstig; und für einen jungen Künstler ohne starken moralischen Schutz hätte sich der Besuch selbst durchaus als äußerst unangenehm erweisen können. Es war unmöglich, bei Hofe zu singen, denn der herrschende Geist im Haushalt von König Ludwig I. war die berüchtigte Lola Montez, die sich damals auf dem Höhepunkt ihrer unrechtmäßig erworbenen Macht befand. Mit einer solchen Person in Kontakt zu kommen, wäre unerträglich gewesen. Eine Einladung vor Gericht hätte einen solchen Kontakt unvermeidlich gemacht.

Aber wenn Jenny Lind eine überhebliche Haltung einnahm und sich weigerte, einer Verlobung in der bayerischen Hauptstadt nachzukommen, um nicht zufällig Ludwigs Geliebte zu begegnen, teilten andere Besucher diese Bedenken nicht. Sie kamen in Bataillonen an und zeigten keine Abneigung, ihre Bekanntschaft zu machen. „Zur Schande der Aristokratie und der Künste", sagt ein starrer Kommentator, „trafen jeden Tag zu Füßen dieses zyprischen Eindringlings eine Schar von Fürsten und Philosophen, Autoren und Malern sowie Bildhauern und Musikern."

Dann wurden neue Taktiken angewendet, um sie aus München herauszuholen. Als jedoch jemand bemerkte, dass Ludwig alt genug sei, um ihr Großvater zu sein, schickte sie ihn mit einem Floh im Ohr weg.

„Es ist lächerlich, so zu reden", sagte sie. „Das Herz meines Ludwig ist jung. Wenn Sie die Stärke seiner Leidenschaft wüssten, würden Sie ihm nicht zutrauen, dass er älter als zwanzig ist!"

Ludwig selbst wurde mit anonymen Briefen und Warnungen bombardiert, in denen er Lola mit jedem bösen Namen beschimpfte, der den Autoren einfiel. Sie war La Pompadour und die Sempronia von Sallust in einem, eine „wollüstige Frau" und eine „Flamme der Begierde". Es gab auch tränenreiche Proteste seitens des höheren Klerus, der unter der Führung von Erzbischof Diepenbrock davon überzeugt war, dass die „tanzende Frau" ein Abgesandter Satans (manchmal hieß es von Lord Palmerston) sei, der aus England geschickt worden sei, um die katholische Religion in Bayern zu zerstören.

Ludwig war knapp mit Seiner Gnaden. „Du bleibst bei deiner *Stola* ", sagte er, „und lass mich bei meiner Lola bleiben."

Eine sanfte Antwort vielleicht; aber nicht sehr zufriedenstellend.

„Für Könige ist es schön und gut, Mätressen zu haben", war die Meinung der Aufgeschlosseneren, „aber sie sollten sie aus ihren eigenen Landsfrauen auswählen. Diese hier ist eine Ausländerin. Warum sollte unser hart verdientes Geld verschwendet werden?" ihr?" Die Beschwerde war übrigens berechtigt, denn Lola bezog jährlich 20.000 Mark aus den Taschen der Steuerzahler.

Baron Pechman, der Polizeichef, wurde schlecht aufgenommen, als er andeutete, dass die Bevölkerung außer Kontrolle geraten könnte.

„Wenn du mit der Menge nicht zurechtkommst", sagte Ludwig und drehte sich wütend zu ihm um, „werde ich jemanden finden, der es kann. Ein Luftwechsel könnte dir gut tun."

Am nächsten Morgen wurde der verunsicherte Baron Pechman *degommiert* und ein Nachfolger für sein Amt ernannt.

Die Intrige wurde zu offen geführt, um „vertuscht" zu werden. Die Nachricht von den Geschehnissen in München drang bald nach Wien. Königin Caroline-Augusta, Ludwigs Schwester, schüttelte den Kopf. „Leider", seufzte sie, „mein elender Bruder bringt immer neue Schande über mich." Sie schrieb ihm unter Tränen protestierende Briefe. Sie wurden ignoriert. Sie protestierte mündlich. Ludwig sagte ihr unbrüderlich, sie solle sich „um ihre eigenen Angelegenheiten kümmern". Carolines nächster Schritt bestand darin, sich von einem Geistlichen beraten zu lassen. „Diese Kreaturen sind immer korrupt", sagten die Jesuiten. „Sie interessieren sich nur für Bargeld." Daraufhin wurde ein Abgesandter in das Herrenhaus in der Barerstraße entsandt, um ein Angebot zu überbringen. Unglücklicherweise war er jedoch noch nicht über „ *Gnädige Frau, erlauben* " hinausgekommen, als er selbst vor Lolas Reizen kapitulierte und in die Hofburg zurückkehrte, ohne seine Aufgabe erfüllt zu haben. Dennoch muss er sich irgendeine Geschichte ausgedacht haben, um sein Gesicht zu wahren, denn die Prinzessin Mélanie schrieb: „Unser guter Senfft ist zurückgekommen. Er konnte nicht mit Lola Montez sprechen. Das arme Land Bayern ist in einem traurigen Zustand, was jeden Tag schlimmer wird.

Die am wenigsten gestörte Person schien Königin Thérèse zu sein. Ihre Haltung war von Gelassenheit geprägt. Aber vielleicht war sie inzwischen an die Tändeleien ihres Ludwig auf dem Primelpfad gewöhnt. Außerdem wusste sie wahrscheinlich aus Erfahrung, dass es nicht den geringsten Zweck hatte, Aufsehen zu erregen. Die Milch wurde verschüttet. Jetzt darüber zu weinen wäre vergebliche Mühe.

Der Favorit des Königs war eine gute „Kopie" für die bayerische Presse; und die Münchner Tagebücher waren voller Berichte über ihre Aktivitäten. Nicht im Geringsten verärgert über ihre unhöflichen Verweise auf sich selbst, beauftragte Ludwig seinen Bibliothekar, Herrn Lichenthaler, alle Pasquinaden, Schmähschriften, Spottschriften und Karikaturen (von denen viele alles andere als schmeichelhaft und andere an der Grenze der Unanständigkeit waren) zu sammeln, die erschienen waren lass sie prächtig binden. Es dauerte nicht lange, bis genug zusammengekommen war, um ein halbes Dutzend Bände zu füllen. Seine Idee war es, „diesen ganzen Schlammberg als Zeuge der Schande Bayerns der Nachwelt zu bewahren." Dass jemand anderes für die „Schande" verantwortlich war, kam ihm nicht in den Sinn.

Ein ausgewähltes Exemplar der Sammlung war eines mit dem Titel *Lola Montez, oder Des Mench gehört dem Könige* („Lola Montez, oder die Frau, die dem König gehört"). Es gab auch ein skurriles und eindeutig blasphemeres Flugblatt, das angeblich Lolas private Version des Vaterunsers war:

„Vater unser, an den ich in meinem ganzen Leben noch nie viel geglaubt habe, mir geht es gut. Geheiligt werde Dein Name – soweit es mich betrifft. Dein Königreich komme, das heißt meine Säcke voll Gold, meine geschliffenen Diamanten." , und mein ungeschliffenes Alemannia. Dein Wille geschehe, wenn du meine Feinde vernichten willst. Gib mir heute Champagner und Trüffel und Fasan und alles andere, was köstlich ist, denn ich habe einen sehr guten Appetit ... Führe mich nicht hinein Versuchung, in dieses Land zurückzukehren, denn selbst wenn ich kugelsicher wäre, könnte ich verhaftet, in einen Käfig gesperrt und sechs Francs für einen Blick auf mich verlangt werden. Amen!"

IV

Das waren noch Zeiten, in denen Herren (zumindest Bayern) nicht unbedingt Blondinen bevorzugten. Lolas Rabenlocken entsprachen viel mehr ihrem Geschmack. Wenn sie im Ballett keinen Erfolg hatte, war sie im Boudoir sicherlich einer. Sie war gastfreundlich und gesellig und veranstaltete in ihrer Villa in der Barerstraße einen Tag der offenen Tür. Jeden Morgen hielt sie dort ein informelles Levée ab, bei dem jeder Fremde, der seine Karte einschickte, herzlich willkommen war, vorbeizukommen und ihm seine Aufwartung zu machen; und abends, wenn sie nicht gerade Ludwig im Schloss tanzte, folgte auf den Empfang in der Barerstraße eine Soirée. Zu diesen Zusammenkünften kamen – neben einer Schar von Künstlern, Autoren und Musikern – auch Professoren und Gelehrte aus ganz Europa; und wie Gertrude Aretz in ihrer bewundernswerten Studie „*Die elegante Frau*" (mit erheblichem Bezug auf diese) bemerkt: „Die besten Intellektuellen ihres Jahrhunderts halfen, ihren siegreichen Streitwagen zu zeichnen." Der unkultivierte Mob nannte sie jedoch „Fair Impire" und „Light of Love" und warf ihr noch heftigere und noch weniger schmeichelhafte Beinamen zu. Ihr

Thema empfing sie jedoch mit einem Lachen. Die Geschäftsinhaber verschönerten ihre Waren mit ihrem Porträt; und die Studenten der Universität, angeführt von Fritz Peissner, sangen ihr vor ihren Fenstern ein Ständchen.

Lolita schön, wie Salamonis Weiber.
Welch 'suszer Reis peitscht über dich dahin!

sie sangen in mitreißendem Chor.

Unter den Studenten, die sich an der Universität München für Licht und Lernen einsetzten, befanden sich auch zahlreiche Ausländer. Einer von ihnen war ein junger Amerikaner, Charles Godfrey Leland („Hans Breitmann"), der, wie er sagt, dorthin gegangen sei, um „Ästhetik zu studieren". Dies nahm jedoch nicht seine ganze Zeit in Anspruch, denn während der Unterrichtspausen gelang es ihm, etwas von Lola Montez zu sehen. „Ich muss", sagt er, „einen großen moralischen Einfluss auf sie gehabt haben, denn soweit ich weiß, bin ich der einzige Freund, den sie jemals hatte, den sie nie mit einem Teller oder einem Buch beworfen oder mit einem Messer angegriffen hat." Dolch, Schürhaken, Besen oder andere tödliche Waffen ... Ich hatte immer einen seltsamen und großen Respekt vor ihren einzigartigen Talenten. Es gab tatsächlich, wenn überhaupt, nur wenige, die die Tiefen dieser wilden irischen Seele wirklich kannten. "

In einer anderen Passage führt Leland weitere Einzelheiten an: „Die große, gewaltige Berühmtheit zu dieser Zeit in München war auch Operntänzerin, wenn auch nicht auf der Bühne. Das war Lola Montez, die letzte Favoritin des Königs ... Sie wollte kandidieren." das ganze Königreich und die ganze Regierung, die Jesuiten rausschmeißen und im Allgemeinen den Teufel aufwirbeln.

„Eine ihrer engsten Freundinnen erzählte ihr immer, dass sie und ich viele sehr seltsame Eigenschaften gemeinsam hätten, die wir mit niemandem sonst teilten, während wir uns in anderer Hinsicht völlig unterschieden. Für Lola war es uns beiden sehr ähnlich." Als sie die Existenz der Seele gegen einen Atheisten verteidigte, stolperte sie über einen großen Koffer mit Büchern der verschiedensten Art, bis sie an ein altes, pergamentgebundenes Exemplar von Apuleius stieß, und begann, ihre Ansichten gemäß seinem subtilen Neo *zu* begründen -Platonismus. Aber sie hat in Gesprächen so viel romantisiert und gestickt, dass ihr nicht Anerkennung für das zuteil wurde, was sie wirklich wusste.

Nun, wenn es darum geht, war Leland seinerseits nicht übertrieben, „romantisch zu spielen" und zu „sticken". Seine Bücher sind voll von diesen Eigenschaften. „Wunderbare Dinge", sagt ein Biograph, „füllen seine

Beschreibungen des Studentenlebens in München. Interessante Menschen kommen in seinen Erinnerungen vor ... Eine prominente unter ihnen war Lola Montez, die Liebling des Königs des Tages, die von ganz München wegen ihrer Einmischung herzlich gehasst wurde." in öffentlichen Angelegenheiten, kaum zu erwarten von der „sehr kleinen, blassen und dünnen oder *mürrischen* kleinen Person mit schönen blauen Augen und lockigem schwarzen Haar", die über die Seiten der Memoiren huscht."

Wenn dies Lelands wirkliche Meinung über Lolas Aussehen war, musste er sich diese gebildet haben, nachdem er zu viel von dem Münchner Bier getrunken hatte, das er so liebte. Er scheint zeitweise viel getrunken zu haben, wie er in einer Passage zugibt: „Nach dem Abendessen und dem Wein trank ich zwölf *Schoppen* ." Ein Dutzend Imperial Pints würde einiges kosten und die Erinnerung an spätere Ereignisse nicht ungetrübt lassen.

<h1 style="text-align:center">V</h1>

Trotz des angeblichen spanischen Blutes in ihren Adern erklärte sich Lola (vielleicht mit einer schwachen Erinnerung an das weit entfernte Montrose-Kapitel) zu einer überzeugten Protestantin und verleugnete, wie ihr Haustier, die Jesuiten und alle ihre Werke. Daher unterstützte sie die liberale Regierung; Als Ernsthaftigkeit ihrer Absichten begann sie mit dem Versuch, Kontakt zu von Abel, dem Leiter des Ultramontan-Ministeriums, aufzunehmen. Er tat jedoch so, als wäre er schon bei der bloßen Andeutung verletzt, und wollte nichts mit der „Scharlachroten Frau" zu tun haben, wie er sie ohne Bedenken nannte. Seinem Beispiel folgend, verdoppelte die klerikale Presse ihre Angriffe. Daraufhin beschloss Lola, eine Opposition zu bilden und eine eigene Partei zu gründen. Zu diesem Zweck wandte sie sich an einige der jüngeren Studenten, unter denen sie in Fritz Peissner einen besonderen Bewunderer hatte. Als Reaktion auf ihr Lächeln stellte er sich zusammen mit Graf Hirschberg und einigen seiner Freunde in ein Sonderkorps und verpflichtete sich, als ihr Leibwächter zu fungieren. Ihre Mitglieder wählten den Namen Alemannia und luden sie ein, das Amt der *Ehren-Schwester anzunehmen* („Ehrenschwester"). Lola war durchaus einverstanden und richtete im Gegenzug einen Raum in ihrer Villa ein, in dem sich die Verwegenen treffen konnten. Um sich an Komplimenten nicht zu erfreuen, pflanzte die Alemannia am Weihnachtstag einen Baum in ihrem Garten. Ihr Erkennungszeichen (das jetzt wahrscheinlich ein schwarzes Hemd sein würde) war eine rote Mütze. Wie es unvermeidlich war, gerieten sie sehr bald in Konflikt mit den Vertretern des anderen Universitätskorps, das aufgrund seiner langjährigen Tradition die Neuankömmlinge als Emporkömmlinge betrachtete und es bei öffentlichen Treffen ständig zu Kämpfen zwischen ihnen kam. Insgesamt hatte Ludwig allen Grund, seine Entscheidung, die Universität von ihrem ursprünglichen Standort in

Landshut zu verlegen, zu bereuen. Auf der anderen Seite unterstützte Ratsmitglied Berks, ein dicker und dünner Verfechter von Lola (und sich nicht scheut, mit ihren Schoßhunden in den Hofgarten zu gehen), die Alemannia und erklärte sie zu einem „Vorbild für die korrupte Jugend". Fürst Leiningen revanchierte sich, indem er ihn als „diesen erbärmlichen Ersatz für einen Minister" bezeichnete, „der in der öffentlichen Meinung gemeinhin in tiefster Verachtung gelebt wird".

Der Ursprung der Alemannia war etwas merkwürdig. Eines Nachmittags sahen zwei Mitglieder des Palatia-Korps, als sie durch die Fenster des Herrenhauses in der Barerstraße spähten, wie Lola ein paar ihrer Kameraden bewirtete. Sie betrachteten dies als „eine Beleidigung der Ehre der Palatia", und die Täter, die sich ihres Verhaltens rühmten, wurden vom Komitee ausgeschlossen. Daraufhin schlossen sie sich Fritz Peissner an, als dieser über die Aufstellung eines neuen Korps nachdachte.

In ihrer neuen Position vergaß Lola ihre alten Freunde nicht. Da sie ihre Lage bei Ludwig sicher fühlte, schrieb sie an Liszt und bot ihm „den höchsten Befehl an, den Bayern gewähren konnte". Er lehnte den Vorschlag ab und informierte Madame d'Agoult über ihre Taten:

Apropos dieser allzu gefeierten anglo-spanischen Frau: Haben Sie gehört, dass König Ludwig von Bayern die Opferung ihrer Theaterkarriere gefordert hat? und dass er sie in München (wo er ihr ein Haus gekauft hat) in der Qualität einer Lieblingssultana behält?

Später kam er auf das Thema zurück:

Ich habe mich besonders über ein paar Anspielungen auf Lola und diese arme Mariette gefreut; aber um ganz ehrlich zu sein – und aus Angst, dass Sie das Thema ein wenig unschicklich finden würden – begann ich mir selbst Vorwürfe zu machen, weil ich es Ihnen in meinem letzten Brief aus Czernowitz erwähnt hatte.

Wenn du von Lola sprichst, sagst du mir, dass du sie verteidigst (was ich auch tue, aber nicht aus den gleichen Gründen), weil sie für Fortschritt steht. Dann, eine Seite weiter, wenn ich das Thema in Wien wieder aufgreife, stellen Sie fest, dass ich noch sehr jung bin, um an Gerechtigkeit zu glauben, ohne zu bemerken, dass ich in diesem kleinen Kreis von Ideen und Dingen in Europa eine fortschrittliche und intelligente Bewegung vertrete . „Leider! Wer repräsentiert heute irgendetwas in Europa?" Sie erkundigen sich bei Bossuet.

Nun, Lola steht für das neunzehnte Jahrhundert und Daniel Stern steht für die Frau des neunten Jahrhunderts; Und wenn ich nicht zur Vertretung anderer beigetragen hätte, würde auch ich am Ende etwas anderes vertreten, und zwar mit den 25.000 Francs Einkommen, die ich mir am Ende sichern muss.

KAPITEL IX

„MAÎTRESSE DU ROI"

ICH

Die Rolle, für die sich Lola ausgab, war die der La Pompadour vor Ludwig XV. von Ludwig I. Sie war eine Coryphée gewesen. Jetzt war sie eine Kurtisane. Die Geschichte wiederholte sich. Wie eine Agnes Sorel oder eine Jane Shore vor ihr bekleidete sie in München die halboffizielle und ganz offen anerkannte Stellung der Mätresse des Königs. Man sagt von ihr, dass sie so stolz auf den Titel und alles, was er beinhaltete, war, dass sie „Maîtresse du Roi" zu ihrer Unterschrift hinzufügte, wenn sie mit Understrappern im Palast kommunizierte. Ludwig hielt dies jedoch für zu weit und verbot die Praxis kategorisch. Lola gab nach. Vielleicht das einzige Mal in der Aufzeichnung. Im Gegenzug stellte sie jedoch eine etwas peinliche Forderung.

„Meine Position als Günstling des Königs", sagte sie, „berechtigt mich zu den Diensten eines Beichtvaters und einer Privatkapelle."

Ludwig war durchaus einverstanden und beauftragte Graf Reisach, den ultramontanen Erzbischof von München, einen Priester für dieses verantwortungsvolle Amt auszuwählen. Seine Gnaden berichteten jedoch, dass alle Geistlichen in einer Gruppe bei ihm protestiert hätten, dass sie „aus Angst um ihre Tugend das Amt nicht gewissenhaft annehmen könnten".

Enttäuscht über die Zurückweisung wandte sich Lola selbst an Dr. Windischmann, den Generalvikar, und teilte ihm mit, dass sie ihm im Gegenzug ein Bistum sichern würde, wenn er das Amt übernehmen würde. Dieser Würdenträger ließ sich jedoch nicht in Versuchung führen. „Madame", sagte er, „mein Beichtstuhl befindet sich in der Kirche Notre-Dame; und Sie können jederzeit dorthin gehen, wenn Sie sich einer der zahlreichen Sünden anklagen wollen, die Sie begangen haben."

Auch Seine Eminenz, der Primas von Polen, würde keine Hilfe leisten. Alles, was er tun würde, war, in seine Kutsche zu steigen und sich auf den Weg zu machen, um mit dem König zu reden. Aber es war eine vergebliche Mühe, denn Ludwig bestand darauf, dass seine Beziehungen zu dem von Gewissensproblemen geplagten Postulanten „nichts weiter als platonisch" seien. Daraufhin „verkündete der höhere Klerus, dass die Absichten der Vorsehung zwar für Normalsterbliche unergründlich seien, sie aber darauf vertrauten, dass Seine Majestät seine Geliebte auf jeden Fall ändern würde."

Ludwig duldete jedoch keine Einmischung in seine Liebesbeziehungen und weigerte sich, etwas Derartiges zu tun.

"Über was denkst du nach?" er stürmte. „Wie kannst du es wagen, anzudeuten, dass ich der Mann bin, der sich im Schlamm der Gosse wälzt? Meine Gefühle für diese Dame sind von höchster und hochgesinnter Art. Wenn du mich bis zum Äußersten treibst, weiß der Himmel allein, was passieren wird!" "

Seine Eminenz reagierte auf den Ausbruch, indem er dem Bischof von Augsburg ins Ohr flüsterte, der König sei „besessen". Was den Bischof von Augsburg betrifft, so weinte er „jeden Tag". Ein undichter Prälat.

„Es ist paradox", lautete die Expertenmeinung von Erzbischof Diepenbrock, „dass eine Kurtisane umso schöner ist, je beschämender sie ist." Ein „Tag der Demütigung" mit einem von ihm selbst verfassten besonderen Gebet war sein Vorschlag, um die Dinge in Ordnung zu bringen; und Madame von Krüdener, die nicht zu übertreffen war, um zu Hilfe zu kommen, predigte die Notwendigkeit einer „öffentlichen Buße". Auf diese Weise zur Rede gestellt, erklärte Ludwig schriftlich feierlich, dass er „niemals die letzten Gefälligkeiten" von Lola Montez eingefordert habe, und übergab der gesamten bischöflichen Bank eine Kopie dieser Erklärung.

„Das macht seine Torheit nur noch größer", war der bissige Kommentar von Canitz, der sich durch diese Beschreibung nicht täuschen ließ.

Im Laufe der Zeit wurde Lolas Einfluss auf den Palast stärker. Schon bald wurde dem Ministerium völlig klar, dass sie der eigentliche Kontakt zum König und tatsächlich zu seiner politischen Egeria war. „Während dieser Zeit", sagt T. Everett Harré, „als sie in der ganzen Welt als ‚Ungekrönte Königin von Bayern' bekannt war, übte Lola Montez eine Macht aus, die vielleicht keine andere Frau seit Kaiserin Theodora, der Zirkuspantomime und Kurtisane, genossen hatte. wurde von Kaiser Justinian zum Reichsstand erhoben." Das Kabinett unter der Leitung von Abel war sich dieser Tatsache wohl bewusst und trotz aller Einwände dagegen und versuchte zunächst, sie auf seine Seite zu ziehen. Als sie scheiterten, steckten sie ihre dicken Köpfe zusammen, und als sie verkündeten, dass sie eine Gesandte von Palmerston sei – genau wie La Paiva zugeschrieben wurde, in Bismarcks Diensten zu stehen – deuteten sie an, dass ihr Zimmer ihrer Gesellschaft vorzuziehen sei. Da die Hinweise keine Wirkung zeigten, wurden andere Maßnahmen ergriffen. So bot Ludwigs Schwester ihr (zum zweiten Mal) eine stattliche Summe an, um das Land zu verlassen, und Metternich verbesserte sich; der Bischof von Augsburg trocknete seine Tränen und verfasste ein weiteres und längeres Sondergebet; das Kabinett drohte mit Rücktritt; und in Münchner Zeitschriften tauchten erneut Karikaturen und skurrile Absätze auf. Aber alles ohne Zweck. Lola weigerte sich, sich zu rühren. Nichts konnte ihre

Entschlossenheit erschüttern, *J'y suis, j'y reste* , hätte gut ihr Motto sein
können.

Residenzschloss, München, 1848. Residenz Ludwigs I

„Ich werde Bayern verlassen", sagte sie, „wenn es mir passt, und nicht
vorher."

II

Zehn Jahre lang stand Ludwig unter der Fuchtel der Ultramontaner und dem
geistlichen Amt Carl von Abels. Er hatte die Kombination langsam satt. Der
Vormarsch von Lola Montez vergrößerte die Lücke. Um ihn loszuwerden,
bot er von Abel daher die Ernennung zum bayerischen Minister in Brüssel
an. Das Angebot wurde jedoch nicht angenommen. Nach seinem Grund
gefragt, sagte von Abel, er wolle „anhalten, wo er war, und die Dinge im
Auge behalten."

Zu diesem Zeitpunkt war Bayern für einen Mann – und eine Frau –
katholisch, und die Ultramontaner hatten die Zügel der Regierung inne.
Während einer genügt hätte, gaben sie an, zwei Beschwerden zu haben. Das
eine war das „politische Gift" der liberalen Opposition; und das andere war
die „moralische Perversion" des Königs. Im März kam es zur Krise. Eine
Reihe von Universitätsprofessoren, angeführt vom starren Lasaulx, hielten
eine Empörungsversammlung ab, um das Ultramontane-Kabinett und „ihre
Bemühungen, sich für die Sache der guten Moral einzusetzen", zu
unterstützen. Diese Aktivität einer weltlichen Körperschaft wurde vom
Klerus missbilligt, der der Ansicht war, dass sie und nicht die Universität die
offiziellen Hüter der „Moral" der Öffentlichkeit seien. Aber wenn es den
Klerus verärgerte, verärgerte es Ludwig noch mehr; und um seinem Unmut
Ausdruck zu verleihen, entließ er kurzerhand vier der von ihm selbst

ernannten Dozenten. Da sich die allgemeine Studentenschaft auf ihre Seite stellte, „demonstrierten" sie vor dem Haus von Lola Montez, die sie dafür verantwortlich machten.

Was als ganz gewöhnliche Störung begann, entwickelte sich bald zu etwas Ernstem. Die Stimmung war hoch; Ziegelsteine wurden geworfen und Fenster eingeschlagen; es kam zu Zusammenstößen mit der Polizei, die versuchte, die Rädelsführer festzunehmen; und schließlich musste der Karolinenplatz von einer Kürassierstaffel geräumt werden. Die Alemannia erzwang mit vereinten Waffen einen Durchgang, durch den es Lola gelang, sich in Sicherheit zu bringen und die Tore der Residenz zu erreichen. Aber es war, wie sie sagte, „nahezu nah dran".

Die Menge beruhigte ihre Gefühle, indem sie noch ein paar Fenster einbrach; und ein paar Alemannien, die von ihren Kameraden getrennt waren, wurden in der Isar geduckt.

„*Vivat, Lola!*", brüllte eine Gruppe.

„*Pereat, Lola!*", brüllte die Opposition.

Berichte über die Unruhen gelangten bis nach England. Dort erregten sie große Aufmerksamkeit und scharfe Kritik.

„Eine Dame", bemerkte der *Examiner* , „hat die Heilige Allianz von Süddeutschland gestürzt." Lola Montez, deren ergreifende Aussage während des Prozesses gegen diejenigen, die Dujarier in einem Duell getötet haben, nicht umhin kann, wird von dieser Katastrophe dazu getrieben, ihr Glück zu versuchen in anderen Bereichen. Der Zufall brachte sie nach München, dessen Herrscher die Hauptstadt seine Zeit zwischen Poesie und Kunst, Galanterie und Hingabe aufgeteilt hat.

„Welchen paphianischen Cestus", lautete ein weiterer säuerlicher Kommentar, „windet Lola um die Klinge ihres Dolches? Wir alle erinnern uns, wie sehr die respektable Juno dem bezaubernden Gürtel einer weniger regelmäßigen Schönen zu verdanken war, aber die Eigenschaften dieses Talismans sind es." noch unbeschrieben.

Der *Donnerer* hatte in seiner Funktion als europäischer Wachhund ein Auge auf Ludwig und seine Affäre auf dem Primelpfad geworfen. Die Ablehnung wurde registriert. „Der König von Bayern", hieß es feierlich in einem Leitartikel, „hat die Pflichten und Würden seines Amtes völlig vergessen."

Freiherr zu Canitz hingegen, der Bülows Nachfolger als Außenminister geworden war, betrachtete Ludwigs Fehltritt mit mehr Nachsicht. „Es ist keineswegs das erste Mal", schrieb er in der Wilhelmstraße, „dass sich Könige dafür entschieden haben, mit Tänzern zusammenzuleben. Auch wenn ein solches Verhalten vielleicht nicht unbedingt lobenswert ist, können wir es außer Acht lassen, wenn es von einem gewissen Maß begleitet wird." Dennoch ist eine Kombination aus Herrschertum und Affäre mit einem umherziehenden Charmeur ein Phänomen, das ebenso fehl am Platz ist wie der Versuch, ein Land durch das Schreiben von Sonetten zu regieren."

Lola selbst nutzte das, was damals wie heute als natürliches Sicherheitsventil galt, und schrieb an die *Times* und gab ihre eigene Version dieser Ereignisse wieder:

Ich habe Paris im Juni letzten Jahres zu einer beruflichen Reise verlassen; und unter anderem beschloss ich, München zu besuchen, wo ich zum ersten Mal die Ehre hatte, vor Seiner Majestät zu erscheinen und von ihm Anerkennungsbezeugungen entgegenzunehmen, was für einen Berufstätigen im Ausland nichts Ungewöhnliches ist Gericht.

Ich war noch keine Woche hier, als ich erfuhr, dass es in der Stadt eine Verschwörung gab, um mich herauszuholen, und dass es sich bei der Partei um die Jesuitenpartei handelte ... Als sie sahen, dass ich sie wahrscheinlich nicht verlassen würde, sie versuchten, was Bestechung bewirken würde; und bot mir tatsächlich 50.000 FCS an. ein Jahr, wenn ich Bayern verlassen und versprechen würde, nie wieder zurückzukehren. Das hat mir, wie Sie sich vorstellen können, die Augen geöffnet; und da ich ihr Angebot empört ablehnte, haben sie seitdem nichts unversucht gelassen, um mich loszuwerden ... In dieser letzten Woche wurde ein jesuitischer Philosophieprofessor an der Universität hier, namens Lasaulx, entlassen. Daraufhin bezahlte die Partei und heuerte einen Mob an, um mich zu beleidigen und die Fenster meines Hauses einzuschlagen.

... Da ich weiß, dass Ihre Kolumnen immer offen sind, um jeden zu schützen, der zu Unrecht angeklagt wird, und ganz besonders, wenn es sich dabei um eine ungeschützte Frau handelt, verlasse ich mich bei der Einfügung dieses Artikels auf Sie; und ich habe die Ehre, mich selbst zu unterzeichnen, Ihr verpflichteter Diener,

LOLA MONTEZ.
Ein paar Wochen später wurde dem Printing House Square ein zweiter Brief zugesandt:

An den Herausgeber von „The Times".

MÜNCHEN ,
31. März.
SIR : – Aufgrund der zahlreichen Berichte, die in verschiedenen Zeitungen über mich und meine Familie verbreitet wurden, bitte ich Sie, in Ihrem weit verbreiteten Tagebuch Folgendes einzufügen:

Ich wurde im Jahr 1833 in Sevilla geboren; mein Vater war ein spanischer Offizier im Dienst von Don Carlos; meine Mutter, eine Dame irischer Abstammung, geboren in Havannah und verheiratet mit einem irischen Gentleman, was vermutlich der Grund dafür ist, dass ich manchmal Irin und manchmal Engländerin und „Betsy Watson" und „Mrs. James" genannt werde ," usw.

Ich bitte um Erlaubnis zu sagen, dass mein Name Maria Dolores Porres Montez ist und dass ich diesen Namen nie geändert habe.

Was meine Theaterqualifikationen angeht, hatte ich nie die Anmaßung zu glauben, ich hätte welche. Die Umstände zwangen mich dazu, die Bühne zum Beruf zu machen, auf den ich nun für immer verzichtet habe, da ich eingebürgerter Bayer geworden bin und in Zukunft München zu meinem Wohnsitz machen möchte.

> Im Vertrauen darauf, dass Sie diese Einfügung vornehmen werden, habe ich die Ehre, zu verbleiben, Herr,

Dein gehorsamer Diener,

LOLA MONTEZ .

Die Annahme, dass sie jemals als „Betsy Watson" bekannt war, beruhte auf der Tatsache, dass sie einst unter diesem Namen in Dublin gelebt haben soll, „dort beschützt von einem Iren von Rang und Vermögen". Was den Rest des Briefes anbelangt, so war dieser im Großen und Ganzen derselbe, den sie nach ihrem Fiasko in London in Umlauf gebracht hatte. Es war alles andere als begründet. Dennoch hatte sie diese Geschichte so oft wiederholt, dass sie wahrscheinlich selbst daran geglaubt hatte.

Da *die Times* zu dieser Zeit in München nicht in großem Umfang gelesen wurde, schickte Lola, die ein größeres Publikum erreichen wollte, einen Brief an die *Allgemeine Zeitung* . Dies, so dachte sie, würde ihr ein gewisses Maß an Mitgefühl sichern, das ihr anderswo nicht zuteil wurde:

„Ich lehne es ab, zum Ziel unzähliger böswilliger Angriffe gemacht zu werden – öffentliche und private, schriftliche und gedruckte –, von denen einige im Geheimen geflüstert und andere der Welt mitgeteilt werden. Daher brandmarkt ich jetzt jeden Einzelnen, der dies tut, als bösen Lügner und Verdreher der Wahrheit." , ohne es zu beweisen, irgendeinen Bericht zu meinem Nachteil verbreiten."

Der Brief wurde ordnungsgemäß veröffentlicht. Die Angriffe nahmen jedoch kein Ende. Im Gegenteil, ihre Virulenz verdoppelte sich. Gegen sie wurden allerlei neue Anklagen erhoben. Viele von ihnen waren völlig unbegründet und ignorierten absichtlich vieles, was ihr zugute gekommen wäre. Lola hatte nicht annähernd so viel Schaden angerichtet wie einige von

Ludwigs Lichtern der Liebe. Ihre Vorgänger hatten sich jedoch den Jesuiten und Geistlichen unterworfen. Als ihre Freunde Proteste an den Herausgeber schickten, flüchtete man sich in die stereotype Antwort: „Der Druck auf unseren Raum erlaubt es uns nicht, diese Korrespondenz fortzusetzen."

Bei denen, die ihr Böses wünschten, war jeder Stock gut genug, um Lola Montez zu schlagen. Wenn also ein Würdenträger starb – ganz gleich, wie die medizinische Diagnose lautete –, wurde in der Boulevardpresse verkündet, dass er an „Trauer, verursacht durch die nationale Schande", gestorben sei. Die angeblich letzten Worte eines bestimmten Politikers lauteten: „Ich sterbe, weil ich nicht weiter unter den Befehlen eines Trottels leben kann, der unser liebes Bayern regiert, als wäre es eine Prinzessin." Ludwig nahm es gelassen. „Das wirkliche Problem mit diesem armen Kerl", sagte er, „ist, dass er nie die belebende Wirkung der Liebe einer schönen Frau erlebt hat." Ein beliebtes Rezept. Die örtlichen Ärzte waren jedoch zurückhaltend, wenn es darum ging, es ihren Patienten zu empfehlen.

Dass die Münchner Unruhen Nachwirkungen hatten, geht aus einer Nachricht hervor, die am 3. Juli 1847 im *Kölner Anzeiger erschien* . Lola war auf der Suche nach einem Luft- und Szenenwechsel und reiste *inkognito* und ohne Begleitung auf Tournee. Dennoch musste sie feststellen, dass es ihr unmöglich war, sich unbemerkt zu bewegen:

Briefen aus Bayern zufolge ist es offensichtlich, dass die Feindseligkeiten, die zu Beginn des Jahres gegen Lola Montez geschürt wurden, noch lange nicht abgeklungen sind. Auf der Durchreise durch Nürnberg wurde sie mit Kälte, aber Anstand empfangen. In Bamberg war es jedoch ganz anders. Auf dem Bahnhof wurde sie ausgezischt und gejohlt, und als Steine auf ihre Kutsche geworfen wurden, präsentierte sie ihre Pistolen und drohte, ihre Angreifer zu bestrafen. Die Oberschicht schämte sich zutiefst für solche Exzesse; und der Oberrichter wurde angewiesen, eine Abordnung der führenden Bürger zu ernennen, um sich bei Mademoiselle zu entschuldigen.

In einem Brief an seinen Bruder vom 7. Juli 1847 schreibt ein Universitätsstudent: „Lola Montez stand vor drei Tagen kurz davor, ermordet zu werden", macht aber keine näheren Angaben. Daher handelte es sich wahrscheinlich um Gerüchte, die in einer Bierstube aufgegriffen wurden.

III

Lola bedauerte, dass ihr in der Aristokratie keine Anerkennung zuteil wurde. Aber es gab ein offensichtliches Heilmittel. Dies sollte ihr eine Krone verleihen. Schließlich waren historische Exemplare reihenweise vorhanden. In der Neuzeit wurde die Mätresse Friedrich Wilhelms III. zur Herzogin ernannt. Daher meinte Lola, dass sie zumindest eine Gräfin sein sollte.

„Welche besonderen Verdienste haben Sie Bayern erbracht?" forderte unverblümt den Minister, dem sie den Vorschlag zuerst vorgelegt hatte.

„Nicht zuletzt habe ich dem König viele glückliche Tage beschert", war Lolas Antwort.

Dann wurde die Neugier geäußert, ob sie ausreichend *hochgeboren sei* oder nicht. Die Klägerin selbst hatte diesbezüglich keine Zweifel. Ihr Vater, Fähnrich Gilbert, sagte sie, habe das Blut von Cœur-de-Lion in seinen Adern und die Vorfahren ihrer Mutter gehörten zum Rat der Inquisition.

Als ihm die Angelegenheit vorgelegt wurde, zeigte sich Ludwig mitfühlend und versprach bereitwillig seine Hilfe. Aber da sie eine Ausländerin sei, müsse sie, wie er betonte, zunächst als bayerische Staatsangehörige eingebürgert werden; und gemäß der Verfassung muss die erforderliche Ureinwohnerbescheinigung die Unterschrift eines Kabinettsministers tragen. Zu diesem Zweck ließ er, ohne daran zu denken, dass auch nur die geringste Schwierigkeit entstehen würde, ein solches ausarbeiten und es an den Grafen Otto von Steinberg schicken. Zu seiner großen Verärgerung und Überraschung entschuldigte sich diese Person jedoch, weil sie „plötzlich Einwände aus Gewissensgründen entwickelte". Daraufhin wurde von Abel als Regierungschef beauftragt, sich eine weitere Unterschrift zu sichern.

„Mach dir keine Sorgen. Das wird morgen geklärt", verkündete Ludwig, als Lola sich nach dem Grund für den Zwischenfall erkundigte.

Er sprach jedoch ohne sein Buch. Das Ministerium, für einen Mann ultramontan, konnte ein gutes Geschäft schlucken, um seine Portfolios (und Gehälter) zu behalten, aber dies war ihrer Meinung nach zu viel von ihnen. In salbungsvollen Worten und unter Zuflucht zu beleidigter Tugend erklärten sie, dass sie lieber zurücktreten würden, als die Verleihung der bayerischen Staatsangehörigkeit für „die Ausländerin" zu akzeptieren. Weder Druck noch Drohungen konnten sie erschüttern. Ludwig konnte tun und lassen, was er wollte; und sie würden tun, was ihnen gefiel.

Das Manifest, in dem die Entscheidung des Kabinetts verkündet wurde, gleicht einem historischen Dokument:

MÜNCHEN.

11. Februar 1847.

Sir: Das öffentliche Leben hat seine Momente, in denen diejenigen, die von ihrem Souverän mit der ordnungsgemäßen Führung öffentlicher Angelegenheiten betraut sind, die Wahl treffen müssen, ob sie auf die Pflichten verzichten, zu denen sie sich durch Loyalität und Hingabe verpflichten, oder ob sie diese Pflichten gewissenhaft erfüllen das Missfallen ihres geliebten Herrschers. Wir, die treuen Diener Ihrer Majestät, befinden uns nun in dieser Situation aufgrund der Entscheidung, Senora Lola Montez die bayerische Staatsangehörigkeit zu verleihen. Da wir die Pflichten, zu deren Einhaltung unser Eid uns zwingt, nicht vergessen können, können wir in unserer Entschlossenheit nicht zurückschrecken ...

Es ist völlig klar, dass die Ehrfurcht vor dem Thron in den Köpfen Ihrer Untertanen schwächer wird; und aus allen Richtungen hört man jetzt nur noch Tadel und Missbilligung. Das Nationalgefühl ist verletzt, weil das Land sich unter der Herrschaft einer Ausländerin mit schlechtem Ruf fühlt. Die offensichtlichen Tatsachen sind so beschaffen, dass es unmöglich ist, eine andere Ansicht zu vertreten ... Die öffentlichen Zeitungen drucken die schockierendsten Anekdoten, zusammen mit den erniedrigendsten Angriffen auf Ihre Königliche Majestät. Als Beispiel hierfür fügen wir eine Kopie von Nr. 5 der *Ulner Chronik bei*. Die Wachsamkeit der Polizei ist nicht in der Lage, die Verbreitung dieser Zeitschriften zu kontrollieren, und sie werden überall gelesen ... Nicht nur die Regierung ist gefährdet, sondern auch die Existenz der Krone. Daher die Freude derer, die dem Thron Böses wünschen, und die Qual derer, die Ihrer Majestät treu ergeben sind. Auch die Treue der Armee ist bedroht. Schon bald werden die Kräfte der Krone einer tiefen Unzufriedenheit zum Opfer fallen; Und wo könnten wir Hilfe suchen, sollte dies geschehen und dieses letzte Bollwerk ins Wanken geraten?

Die Herzen der unterzeichnenden treuen und gehorsamen Diener sind vor Trauer zerrissen. Diese Aussage, die sie Ihnen vorlegen, ist keine von Visionären. Es ist das traurige Ergebnis der Beobachtungen, die sie während der Ausübung ihrer Funktionen über mehrere Monate hinweg gemacht haben. Jeder der Unterzeichner ist bereit und willens, alles seinem Souverän zu übergeben. Sie haben Ihnen wiederholt Beweise ihrer Treue gegeben; und es ist nun nichts weniger als ihre heilige Pflicht, die Aufmerksamkeit Ihrer Majestät auf die Gefahren zu lenken, denen er gegenübersteht. Unser demütiges Gebet, auf das wir Sie bitten, zu hören, beruht nicht auf dem Wunsch, Ihrem königlichen Willen zuwiderzulaufen. Es wird ausschließlich mit der Absicht vorgeschlagen, einen Zustand zu beenden, der dem Wohlergehen und Glück eines geliebten Monarchen abträglich ist. Sollten Ihre Majestät es jedoch nicht für angebracht halten, ihrer Petition stattzugeben, haben wir, Ihre Minister, keine andere Wahl, als den Rücktritt von den Ressorts einzureichen, die Sie ihnen anvertraut haben.

Die Unterzeichner dieses kostbaren „Manifests" waren von Abel, von Gumpenberg (Kriegsminister), von Schrenk und von Seinsheim (Staatsräte). Zu ihrem großen Erstaunen wurden ihre Rücktritte angenommen. Auch für die vakanten Ressorts mangelte es nicht an Kandidaten. Auf Anregung von Lola füllte Ludwig sofort die Lücken. Georg von Maurer (der dies mit der Unterzeichnung ihrer Einbürgerungsurkunde revanchierte) wurde zum Justiz- und Außenminister ernannt und Freiherr Friederich zu Rhein zum neuen Minister für Gottesdienste und Finanzen.

Die Studenten, die sich keine Chance entgehen ließen, sich durchzusetzen, marschierten mit einem frischen Lied durch die Straßen:

Da kam Senorra Lolala,
Sturzt Abel und Consorten;
Ach war sie doch jetz wieder da,
Und jagte fort den———

Obwohl er ihr seine Ernennung zu verdanken hatte, versuchte Maurer, Lola zu beschimpfen, und weigerte sich, beim nächsten Treffen mit ihr zu sprechen. Aufgrund seiner Mühen wurde er im Dezember 1847 aus dem Amt entlassen. In den Reihen der Geistlichen herrschte jedoch Freude, denn zu ihrem Entsetzen war er zufällig Protestant.

„Ich habe jetzt ein neues Amt, und in Bayern gibt es keine Jesuiten mehr", verkündete Ludwig selbstgefällig. Wie es bei einer nationalen Krise üblich war, wurde ihm auch ein Sonett vorgetragen, das wie folgt begann:

Du, der du mich in Bann halten wolltest, zittere!
Ich schätze die wichtige Angelegenheit sehr,
die Sie jemals Ihrer Macht beraubt hat!

Doch die gefallenen Minister hatten das Mitgefühl Wiens. Graf Senfft, der österreichische Gesandte in München, gab ihnen zu Ehren ein Bankett. Lola meldete dies Ludwig, und Ludwig gab Senfft seinen *Congé*.

Was den Wittelsbacher Lovelace mehr als alles andere an dem Geschäft verärgert hatte, war, dass das Memorandum, in dem von Abel und seine Kollegen ihre offene Meinung über Lola Montez geäußert hatten, seinen Weg in die Augsburger Zeitung *und* eine Reihe von Pariser Zeitschriften fand. Dies empfand er als Vertrauensbruch. Nachforschungen ergaben, dass von Abels Schwester heimlich eine Kopie des Dokuments gezeigt worden war und dass sie, da sie nicht bereit war, einen solchen Leckerbissen für sich zu behalten, dessen Inhalt einem Reporter mitgeteilt hatte. Danach war sozusagen das Fett im Feuer; und nichts, was Ludwig tun konnte, konnte verhindern, dass die Angelegenheit öffentliches Eigentum wurde. Infolgedessen bildete es die Grundlage für unzählige Artikel in der europäischen Presse, und es wurde die schlechteste Konstruktion darauf gelegt.

Der gebildete Dr. Döllinger, zwischen dem und Lola Montez keine Liebe verloren ging, war über die Situation sehr verärgert und schrieb einen langen Brief zu diesem Thema:

Das bestehende Ministerium war sich der Übergriffe der berüchtigten Lola Montez völlig bewusst; und angesichts der Zerstörung, die sowohl dem Thron als auch dem Land drohte, beschlossen sie insgeheim, eine Petition an Ludwig I. zu richten, in der sie ihn demütig um die Entlassung seines Günstlings baten und die Gründe darlegten, auf die sie ihre Bitte stützten.

Bald machten Gerüchte über dieses Geschäft die Runde. Die Leute begannen zu flüstern; Und eines schönen Tages entdeckte eine Schwester eines der Pfarrer, von Neugier getrieben, die Petition. Sie teilte die Nachricht streng vertraulich ihren engsten Freunden mit; und sie wiederum lasen heimlich das Denkmal, mit dem Ergebnis, dass einige Zeit, nachdem das wichtige Dokument sicher in sein Versteck zurückgebracht worden war, sein Inhalt, ohne dass jemand wusste wie, in den Zeitungen erschien.

Die Panik der Minister war groß; der Unmut des Königs war noch größer. Er vermutete Verrat und hielt die Veröffentlichung einer solchen Petition für verräterisch. Einwände waren zwecklos; Die Minister wurden entlassen und ihre Anhänger flohen in alle Richtungen. Ich, der von der Universität gegen meinen Willen zum Mitglied der Kammer ernannt worden war, musste auf Geheiß des Königs mein Amt niederlegen. Seine Majestät war sehr erzürnt, und währenddessen versammelte sich die aufgeregte Bevölkerung in Scharen vor dem Haus von Lola Montez.

Döllinger war ein schwer zu übertreffender Mann. Er hatte Zweifel – ernsthafte Zweifel – in Bezug auf eine Reihe von Angelegenheiten. Darunter war auch die Unfehlbarkeit des Papstes. Darüber hinaus wagte er es, diese Zweifel auszudrücken. Der Zorn des Vatikans konnte nur dadurch besänftigt werden, dass man ihn aus der Kirche ausschloss. Er verstärkte jedoch seine Widerspenstigkeit dadurch, dass er bis zu seinem zweiundneunzigsten Lebensjahr überlebte.

IV

Das neue Ministerium war sich darüber im Klaren, auf welcher Seite sein Brot mit Butter bestrichen war, und hatte keine Bedenken hinsichtlich der Eignung von Lola Montez für die Ehre einer Krone im bayerischen Adelsstand. Nachdem ihr dies gewährt worden war, bestand der nächste Schritt darin, einen geeigneten Territorialtitel auszuwählen.

Ludwig ließ seinen Finger durch die Spalten eines Ortsverzeichnisses gleiten. Dort sah er zwei Namen, Landshut und Feldberg, die ihm suggestiv vorkamen. Zusammen bildeten sie Landsfeld. Nichts könnte besser sein.

„Ich habe es", sagte er. „Gräfin von Landsfeld, ich grüße Sie!"

Daraufhin wurde der Hofarchivar beauftragt, das erforderliche Dokument vorzubereiten:

„Wir, Ludwig, König von Bayern usw., machen hiermit allen Beteiligten öffentlich bekannt, dass Wir beschlossen haben, Maria von Porres und Montez, edle spanische Abstammung, zur Gräfin von Landsfeld dieses Unseres Königreichs zu erheben. Während wir mitteilen Um ihr die Würde einer Gräfin zu verleihen, mit allen damit verbundenen Rechten, Ehren und Vorrechten, ist es Unser Wunsch, dass sie das folgende Wappen auf einem deutschen Vierviertelschild hat und genießt: Im ersten Feld, rot, ein aufrechtes weißes Schwert mit goldenem Griff; im zweiten, blau, ein zügelloser goldgekrönter Löwe; im dritten, blau, ein silberner Delphin; und im vierten, weiß, eine blassrote Rose. Dieser Schild soll von der Krone einer Gräfin gekrönt sein.

„Dies soll allen Behörden und Unseren Untertanen im Allgemeinen mitgeteilt werden, mit dem Ziel, die besagte Maria nicht nur als Gräfin von Landsfeld anzuerkennen, sondern sie auch in dieser Würde zu unterstützen; und es ist Unser Wille, dass jeder, der dagegen handelt, sich daran hält." Diese Bestimmungen werden von unserem Generalstaatsanwalt vorgeladen und dann zur öffentlichen und privaten Sühne verurteilt.

„Kommando"-Porträt. In der „Galerie der Schönheiten", München

„Zu unserer Bestätigung des oben Gesagten haben wir unseren königlichen Namen auf diesem Dokument angebracht und das Siegel unseres Königreichs darauf angebracht.

„Gegeben zu Aschaffensberg, am 14. August, im Jahr 1847 nach der Geburt Christi, unseres Herrn, und im 22. Jahr Unserer Regierung."

Dies entging dem scharfen Auge von *Punch nicht* , in dessen Kolumnen ein ätzender Hinweis auftauchte:

„Das Wappen der neuen GRÄFIN VON LANDSFELD , der ehemaligen *Koryphäe* des Theaters Ihrer Majestät, wurde entworfen, aber wir glauben, dass es kaum so angemessen ist, wie es hätte sein können. Wir haben daher einige geringfügige Änderungen am Original vorgenommen, die Wir hoffen, dass es zufriedenstellend sein wird."

Die vorgeschlagenen „Modifikationen" bestanden darin, das Schwert durch einen Sonnenschirm, den Löwen durch eine Bulldogge und die Rose durch einen Topf Rouge zu ersetzen. Hätte es damals eine solche Ergänzung zum Toilettentisch gegeben, wäre wahrscheinlich noch ein Lippenstift dazugekommen.

V

Mit ihrem vollendeten Titel und den heraldischen Ehren, einem großzügigen Unterhaltsgeld und einem Palast, in dem sie leben konnte, machte sich Lola Montez in München einen beachtlichen Eindruck. Vor ihrem Tor marschierten zwei Posten auf und ab, und wenn sie das Haus in der Barerstraße verließ, begleiteten sie zwei berittene Pfleger (statt wie bisher einer).

Obwohl Ludwig der mit Abstand wichtigste von ihnen war, war er keineswegs der einzige Konkurrent um Lolas Gunst. Männer von Reichtum und Stellung – Träger hochtrabender Titel – sowie Politiker und Ortssucher flatterten um sie herum. Es ist ihr Verdienst, dass sie sie über ihr Geschäft informiert hat.

„Die besonderen Beziehungen, die zwischen dem König von Bayern und der Gräfin von Landsfeld bestehen", bemerkte ein Apologet, „sind nicht grober oder vulgärer Natur. Seine Majestät hat einen hochentwickelten poetischen Geist und sieht seinen Favoriten daher durch seine Vorstellungskraft betrachtet sie mit liebevollem Respekt.

Dies fand in einer anderen Richtung großes Echo, und eine Pariser Zeitschrift versetzte den bayerischen Moralisten heftige Schläge auf die Fingerknöchel:

„Warum mischen Sie sich in die Liebesbeziehungen Ihres guten Ludwig ein? Wir sagen nicht, dass er nicht viel mehr Diskretion hätte walten lassen oder es vermeiden sollen, seine Würde zu gefährden. Dennoch steht es einem Monarchen wie einem einfachen Bürger sicherlich frei, zu lieben, wo er ist." gefällt. Mit der Wahl von Lola Montez beweist der verliebte Ludwig, dass er die Gleichberechtigung liebt und sich als wahrer Demokrat mit der Öffentlichkeit identifizieren kann. Lassen Sie ihn sich mit seiner Dienerin verloben, wenn er möchte. Wir persönlich würden die Bayern lieber begeistern sehen über ihre Verfassung als über die Verbannung eines königlichen Günstlings. Der König von Bayern verwandelt seine Geliebte in eine Gräfin; seine Untertanen wollen sie nicht anerkennen; und ein Teil der Studenten verlangt lautstark nach ihrem Kopf. Glückliche Tage von Montespan, von Pompadour, von Dubarry, von Potemkin, von Orloff, wohin bist du gegangen?"

Im Sommer 1847 waren die Pariser Gerichte mit einer seit langem ausstehenden Klage gegen Lola Montez beschäftigt. Dies hatte zur Folge, dass sie bei ihrem Auftritt an der Porte St. Martin eine Rechnung für bestimmte Intimwäsche ausgestellt und es versäumt hatte, die Rechnung zu begleichen. Das Ergebnis war, dass sie einen Anwaltsbrief in München erhielt. Sie antwortete darauf wie folgt:

MÜNCHEN ,
25. September 1847.
MONSIEUR BLOQUE ,

Da ich den Herren Hamon and Company, Schneider, Rue de Helder, nie irgendwelche Befehle erteilt habe, haben sie keinen Anspruch auf mich; und ich bin absolut gezwungen, die Rechnung über 1371 Francs abzulehnen, die Sie im Namen dieser Firma so unverschämt fordern.

Letzten Frühling schenkte mir Monsieur Leigh ein Reitkleid und einige andere Artikel, die er für mich bestellt hatte, und ich bin der Meinung, dass Sie sich jetzt an ihn wenden sollten.

Akzeptieren Sie, Monsieur usw.,
GRÄFIN VON LANDSFELD.

Da das Pariser Unternehmen diese Ansicht nicht akzeptieren wollte, bestand sein nächster Schritt darin, eine Klage auf Beitreibung der angeblichen Schulden einzureichen. Erneut lehnte Lola die Haftung ab, dieses Mal mit der Begründung, die Gläubiger hätten ihr Kleidungsmaterial zurückbehalten. Die Verteidigung gegen diesen Vorwurf lautete: „Als sie von ihrem Vertreter darüber informiert wurde, dass echte Damen solche gewöhnlichen Sachen nicht tragen dürften, hatte sie gesagt, dass sie es nicht zurückhaben wollte." Das Gericht entschied jedoch, dass die Schuld entstanden sei; und „da sie es für unter ihrer Würde hielt, persönlich oder durch einen Anwalt zu erscheinen", wurde ein Urteil über 2.500 Francs gegen sie gefällt.

Graf Bernstorff, ein nicht besonders brillanter Diplomat, hatte die Idee (die er übrigens mit vielen anderen teilte), dass Friedrich Wilhelm IV., König von Preußen, einst in Lolas Bann gestanden habe. Zu dieser Annahme gelangte er aufgrund eines Briefes, den ihm der König im Herbst 1847 aus Sans Souci geschickt hatte:

„Ich beauftrage Sie, mein lieber Graf, mit einem Auftrag, dessen Ausführung ein gewisses Maß an Feingefühl erfordert, das Sie meiner Meinung nach besitzen. Der Auftrag liegt etwas außerhalb der akzeptierten Grenzen dessen, was rein diplomatischer Natur ist. ... Es geht darum, einer bestimmten Dame ein bestimmtes Schmuckstück zu überreichen. Das Schmuckstück ist von geringem Wert, aber aus Gründen, die Sie verstehen werden, ist die Gunst der Dame für mich von sehr hohem Wert. Alles hängt davon ab Art und Weise, in der das Geschenk überreicht wird. Dies sollte schmeichelhaft genug sein, um den Wert des Opfers zu erhöhen und seine Unwürdigkeit übersehen zu lassen. Meine Bekanntschaft mit der Dame und mein Respekt vor ihr sollten geschickt beschrieben und optimal zur Geltung gebracht werden , ebenso wie mein Wunsch, von ihren Händen in Erinnerung zu bleiben.

„Sie werden natürlich sofort erkennen, dass ich auf Donna Maria de Dolores de los Montez, Gräfin von Landsfeld, anspiele."

Erst als er die Seite umblätterte, erkannte der entsetzte Bernstorff, dass der König einen charakteristischen Scherz über ihn spielte; und er erkannte, dass der beabsichtigte Empfänger des Geschenks seine Frau, die Gräfin von Bernstorff, war, „als Andenken an meine Dankbarkeit für die vielen angenehmen Stunden, die ich letzten Monat unter Ihrem gastfreundlichen Dach verbracht habe."

KAPITEL X

AUSBRUCH DES STURMS

ICH

Die Schönheit von Lola Montez war ein Hebel. Als solches störte es das Gleichgewicht des Kabinetts; es bremste vorerst sogar die Herrschaft Roms. Aber die Chancen standen gegen sie. Die Jesuiten waren immer noch eine Macht und duldeten keine Einmischung.

Metternichs Frau, die Fürstin Mélanie, die ein familiäres *Gespür* für Politik hatte, bestimmte den Lauf der Dinge.

„Lola Montes", schrieb sie, „wurde tatsächlich zur Gräfin von Landsfeld ernannt. Sie ist in Wirklichkeit Mitglied der Radikalen Partei ... Rechberg, der gerade aus Brasilien angekommen ist, wurde auf seiner Reise in München durch die Ereignisse alarmiert welches diese Stadt das Theater ist. Das schockierende Verhalten von Lola Montes wird dazu führen, dass das Land in eine Revolution gestürzt wird."

Das war der Blick nach vorn. Dennoch ist es nicht sehr weit. Der Korrespondent einer Londoner Zeitung in der bayerischen Landeshauptstadt nahm kein Blatt vor den Mund. „Die Empörung", schrieb er, „gegen den König wegen seines skandalösen Verhaltens ist auf das höchste Niveau gediehen ... König Ludwig, der viele gute Eigenschaften besitzt, ist leider ein sehr zügelloser alter Mann." .. Weder die Tränen der Königin noch die Bitten seiner Söhne noch die Empörung des Publikums konnten den alten Monarchen beeinflussen, der zum Sklaven seiner albernen Leidenschaft und der Launen einer spanischen Tänzerin und einer Pariser Lorette geworden ist.

Wieder einmal „verfiel Ludwig in Verse" und linderte seine Gefühle gegenüber seinen Feinden. Diesmal war der Vers jedoch leer:

Du hast mich aus meinem Paradies vertrieben,
Du hast es für immer mit Eisengittern verschlossen.
Du hast meine Tage in Bitterkeit verwandelt.
Du möchtest sogar, dass ich dich hasse,
weil ich zu sehr geliebt habe, um deinen verdorrten Geistern zu gefallen.

Der Duft meines Frühlings ist verflogen,
aber mein Mut bleibt bestehen.
Die Jugend, die immer in meinen Träumen hüpft, ruht dort und
umarmt mein Herz mit frischer Kraft!

Du, der mich gerne voller Scham sehen würde,
Zitter!
Du hast Sünden gegen mich begangen und mir Verletzungen zugefügt.
Deine bösen Taten haben dich gerichtet.
Es gab noch nie etwas Vergleichbares!

Schon verschwinden die Wolken;
Der Sturm zieht vorüber;
Der Himmel erleuchtet; Ich segne die Morgendämmerung.
Undankbare Würmer, schleicht zurück in eure Dunkelheit!

Es gab Nachwirkungen auf der anderen Seite des Atlantiks, wo die Rolle von Lola Montez in bayerischen Kreisen großes Interesse hervorrief. Amerikanische Frauen sahen darin eine Botschaft der Ermutigung für die Bestrebungen, die sie selbst hegten. „Die moralische Empörung, die ihre politischen Gegner an den Tag legten", sagte ein führender Jurist, „war leider nur eine Täuschung. Sie hatten eine Frau, die früher die zweideutige Position innehatte, die die Gräfin von Landsfeld kürzlich innehatte, nicht nur geduldet, sondern sogar bevormundet. weil Erstere sich der damals herrschenden Partei unterworfen hat."

Aber so wie Lola in München treue Freunde hatte, so hatte sie sich auch zu Feinden erklärt. Unter ihnen ragte Johann Görres heraus, ein führender Ultramontaner, der die Position eines Geschichtsprofessors an der Universität innehatte. Er konnte der Mätresse des Königs nichts Starkes entgegensetzen und tat alles, was er konnte, um ihren Einfluss auf ihn zu zerstören. Da er eine „Gefolgschaft" hatte, waren seine Bemühungen mit einem gewissen Erfolg verbunden. Mit seinem Tod im Januar 1848 kam es zu einer Wende. Die rivalisierenden Fraktionen, die die verschiedenen Studentenkorps spalteten, machten seine Beerdigung zum Anlass eines freien Kampfes untereinander. Der Mob schloss sich an und forderte lautstark die Entlassung der „Andalusierin". Ein Hitzkopf schlug vor, sie aus der Stadt zu vertreiben. Der Schrei wurde aufgegriffen und es begann ein Ansturm auf ihr Haus in der Barerstraße. Da die Aussicht auf Beute erfreulich war, trieb der halbe Abschaum der Stadt den Pöbel an. Ziegelsteine wurden durch die Fenster geschleudert; Und bis die Polizei eintraf, sah es hässlich aus.

Kühl wie eine Gurke erschien Lola auf dem Balkon, in der einen Hand ein Glas Champagner und in der anderen eine Schachtel Pralinen.

„Ich trinke auf Ihre Gesundheit", sagte sie verächtlich, während sie ihr Glas leerte und Bonbons in die Menge warf.

Da sie diese Geste nicht schätzten oder sie als Unverschämtheit betrachteten, wurde die Stimmung des Pöbels bedrohlich. Sie riefen vulgäre Beleidigungen;

und es war die Rede davon, die Türen einzuschlagen und das Haus in Brand zu stecken. Dies hätte geschehen können, wenn nicht Ludwig selbst, dem es nie an persönlichem Mut mangelte, sich in die Menge gestürzt hätte, Lola seinen Arm angeboten und sie in die Residenz begleitet hätte.

Die Unruhen gingen weiter, denn die Gemüter hatten ihren Höhepunkt erreicht. Eilig aus den nächstgelegenen Kasernen herbeigerufene Truppen patrouillierten durch die Straßen. Vor dem Rathaus versammelte sich eine wütende Menschenmenge; der Bürgermeister, der um seine Position fürchtete, sprach von der Verlesung des Riot Act; es kam zu einer Reihe von Festnahmen; und erst am nächsten Nachmittag war die Küste so klar, dass Lola, triumphierend von einigen Mitgliedern der Alemannia begleitet, zur Barerstraße zurückkehren konnte. Als sie sie jedoch dort zurückließen, wurden sie von Abteilungen des Palatia-Korps angegriffen, die immer noch einen Groll gegen sie hegten.

Lolas eigener Bericht über diese Ereignisse, geschrieben wie von einem unbeteiligten Betrachter, ist malerisch, wenn auch etwas fantasievoll:

„Sie kamen mit Kanonen, Gewehren und Schwertern, mit den Stimmen von zehntausend Teufeln, und umzingelten ihr kleines Schloss. Gegen die Bitten ihrer Freunde stellte sie sich der wütenden Menge vor, die ihr Leben forderte … Tausend Gewehre waren Sie deutete auf sie, und hundert fette und apoplektische Stimmen verlangten vehement, sie solle die Aufhebung dessen herbeiführen, was sie getan hatte. In einer Sprache großer Milde – denn es sei keine Zeit zum Schelten – antwortete sie, dass es für sie unmöglich sei, dem nachzugeben eine solche Bitte; und dass das, was von ihr getan wurde, zum Wohle des Volkes und zur Ehre Bayerns getan wurde.

Nach dieser „Demonstration" herrschte Ruhe. Aber nicht lange. Am Abend des 10. Februar versammelte sich ein Pöbel vor dem Palast und rief: „Nieder mit Lola Montez!" „Nieder mit der Posaune des Königs!" Da es sich bei den Demonstranten größtenteils um Studenten handelte (die Rektor Thiersch, da er kein Disziplinarbeamter war, nicht in Schach halten konnte), reagierte Ludwig drastisch. Er befahl, die Universität zu schließen und alle ihre Mitglieder, die nicht in München wohnten, innerhalb von vierundzwanzig Stunden die Stadt zu verlassen. Dies war ein taktischer Fehler und war in hohem Maße für die schwerwiegenderen Auswirkungen des folgenden Monats verantwortlich. Abgesehen von anderen Erwägungen belastete das Edikt auch die Taschen der örtlichen Handwerker, da sich das Fehlen einiger tausend hungriger und durstiger Kunden negativ auf den Konsum von Sauerkraut und Bier auswirkte.

Da sie in Paris immer noch eine „Neuigkeit" war, schlug ein klatschender Kolumnist ihr vor, dorthin zurückzukehren:

Lola Montez beklagt das Viertel Notre-Dame de Lorette, die fröhlichen kleinen Abendessen im Café Anglais und die theatralischen Premierenabende, die man von Bühnenlogen aus betrachtet. „Ah", muss sie nachdenken, während sie ihre mit Füßen getretene Krone betrachtet und das finstere Gemurmel des Münchner Pöbels hört, „wie herrlich wäre Paris heute Abend! Was für ein großer Erfolg wäre ich im neuen Ballett der Oper oder … " auf einem Ball im Wintergarten!" Ach, meine arme Lola, deine Peitsche ist kaputt; dein Prestige ist weg; Du hast deinen Talisman verloren. Kämpfe nicht gegen die eifersüchtigen Bayern. Kommen Sie stattdessen zurück nach Paris. Wenn Sie nicht an der Porte St. Martin willkommen sind, können Sie jederzeit wieder dem Corps de Ballet der Oper beitreten.

Lola nahm die Einladung jedoch nicht an. Sie war praktisch eine Gefangene in ihrem eigenen Haus, wo sich am nächsten Nachmittag eine wütende Versammlung versammelte, die drohte, Rache an ihr zu üben. Ohne ein großes Maß an Mut zu haben, erschien sie auf dem Balkon und forderte sie auf, ihr Schlimmstes zu tun. Sie taten es und versuchten, sich Zutritt zu verschaffen, indem sie die Tür aufbrachen. Ohne die Aktion der Alemannia, die ihr zu Hilfe kam, wäre sie möglicherweise hart behandelt worden.

Einem ihrer Leibwächter gelang es, zur nächsten Kaserne zu gelangen und Hilfe zu rufen. Daraufhin schlugen die Signalhörner Alarm; Die Trommeln erklangen als Warnruf. Als Reaktion darauf marschierte ein Schwadron Kürassiere die Barerstraße hinauf; Säbel rasselten; und die Randalierer flohen überstürzt.

Prinz Wallerstein, der das Amt des Ministers für öffentliche Gottesdienste mit dem des Schatzmeisters des königlichen Haushalts kombinierte, sprang in die Bresche und hielt eine Ansprache vor dem Pöbel; und Prinz Vrede, ein starker Anhänger des „Hauches von Kartätschen" als Mittel gegen Unruhen, schlug vor, auf die Rädelsführer zu schießen. Obwohl der Vorschlag nicht angenommen wurde, kam es zu Hunderten von Festnahmen, bevor einigermaßen Ordnung wiederhergestellt war. Doch die Ausschreitungen wurden nur vorübergehend eingedämmt. Ein paar Tage später fing es von vorne an. Da die Stimmung der Truppen verärgert war, übernahm Kapitän Bauer (ein junger Offizier, den Lola bevormundet hatte) die Aufgabe, ihnen den Befehl zum Angriff zu geben. Säbel blitzten, es gab viele gebrochene Köpfe und viel Blutvergießen.

Die Alemannia hielten Diskretion für den größten Teil der Tapferkeit und verschanzten sich im Restaurant eines gewissen Herrn Rothmanner, wo sie sich mit großen Mengen Bier stärkten. Ihr Anführer, Graf Hirschberg, wurde streitsüchtig, zog sein Schwert und wurde von einer Schutzmannschaft mit Verhaftung bedroht. Daraufhin schickten seine Kameraden eine Nachricht an Lola. Sie nahm den Anruf entgegen und eilte zum Haus. Es war eine charakteristische, aber verrückte Geste, denn sie wurde sofort erkannt und von einer wütenden Menge verfolgt. Niemand würde ihr Zuflucht gewähren; und die dort diensthabenden Schweizergardisten schlossen ihr die Türen der österreichischen Gesandtschaft vor der Nase zu. Daraufhin flüchtete sie in die Theatinerkirche, wo sie Zuflucht suchte. Aber sie blieb nicht lange dabei; und zu ihrer eigenen Sicherheit traf eine Militäreskorte ein, um sie in den Hauptwachraum zu bringen. Sobald die Luft einigermaßen klar war, wurde sie durch einen Hintereingang herausgeschmuggelt und machte sich zu Fuß auf den Weg zur Barerstraße, versteckt im Garten.

In der Zwischenzeit wurden erneut Versuche unternommen, ihr Haus zu stürmen. Plötzlich erschien eine Gestalt, zerzaust und barhäuptig, auf der Schwelle und stellte sich den Randalierern entgegen.

„Sie benehmen sich wie ein Haufen vulgärer Schurken", rief er, „und überhaupt nicht wie echte Bayern. Ich gebe Ihnen mein Wort, das Haus ist leer. Lassen Sie es in Ruhe."

Eine galante Geste und eine letzte Hommage an das Gebäude, das die Frau, die er liebte, beherbergt hatte. Der Mob erkannte den Sprecher und deckte ihn instinktiv auf. *Heil, unserm König, Heil!* Sie riefen. Ein Chor schwoll an; Die Truppen präsentierten Waffen.

„Es ist eine Orgie der Undankbarkeit", sagte Ludwig, während er dem fröhlichen Pöbel vor dem Haus zusah. „Die Jesuiten sind dafür verantwortlich. Wenn meine Lola Loyala geheißen hätte, hätte sie immer noch hier bleiben können."

An Dr. Stahl, Bischof von Würzburg, der sein Verhalten kritisiert hatte, wandte er sich schärfer. „Sollte auch nur ein einziges Haar von jemandem, der mir am Herzen liegt, verletzt werden", teilte er dem Prälaten mit, „sollte ich keine Gnade zeigen."

Palmerston, der von niemandem Unsinn duldete, schrieb einen sehr flotten Brief an Sir John Milbanke, den britischen Minister in München:

„Bitte sagen Sie Prinz Wallerstein, dass er, wenn er wünscht, dass die britische und die bayerische Regierung ein gutes Verhältnis pflegen, jeden Versuch unterlassen wird, in unsere diplomatischen Vereinbarungen einzugreifen, da solche Versuche seinerseits ebenso beleidigend wie erfolglos sein werden."

II

Wie Ludwig gesagt hatte, war das Nest in der Barerstraße leer, denn seinem Bewohner war es gelungen, daraus zu entkommen und Lindeau zu erreichen.

Von dort aus schrieb sie am 23. Februar einen langen Brief an einen Freund in England, in dem sie eine etwas farbenfrohe (und nicht ganz genaue) Version dieser Ereignisse lieferte:

Am Morgen vermischten sich die Adligen mit dem Grafen A.-V. [Arco-Tal] und einer Reihe von Offizieren mit den einfachsten Leuten. Die Gräfin P. [Preysing] Ich sah mich selbst, mit anderen Frauen – ich kann sie nicht *Damen nennen* – tatsächlich an ihrer Spitze. Als ich hörte, dass die ganze Stadt – mit Adligen, Offizieren und Gräfinnen – auf dem Weg zu meiner Residenz war, kam ich mir vor, als hätte ich das Land der Lebenden bereits verlassen. Ich hatte alle meine Fensterläden geschlossen und alle meine Juwelen versteckt; und dann, mit einem reinen Gewissen und einem festen Vertrauen auf Gott, wartete ich ruhig auf mein Schicksal. Die Raufbolde, angestachelt von einer Gräfin und einer Baronin, hatten Steine, Stöcke, Äxte und Schusswaffen, alles um eine arme, harmlose Frau zu erschrecken und zu töten! Sie verlangten förmlich nach meinem Blut.

Ich muss Ihnen sagen, dass alle meine treuen und ergebenen Diener zusammen mit einigen anderen meiner wahren Freunde mit mir im Haus waren. Ich flehte sie an, durch den Garten zu gehen, aber sie sagten, ihr armen Kerle, sie würden für mich sterben.

... Da ich die große Gefahr für meine Freunde erkannte und nicht an mich selbst dachte, befahl ich meine Kutsche, während die Schurken versuchten, die Tore einzureißen. Mein guter Georg, der Kutscher, half mir, durch die Tür zu eilen, und wir machten uns in rasendem Galopp auf den Weg. Viele Pistolenschüsse wurden auf mich abgefeuert, aber ich war in Gottes Obhut und wich den Kugeln aus.

Meine Flucht war höchst wundersam. Zwei Stunden von München entfernt verließ ich meinen Wagen und suchte in Bluthenberg den Schutz eines tapferen, ehrlichen Mannes, der mir Unterschlupf gewährte. Plötzlich galoppierten einige Beamte herbei und forderten mich. Mein Wohltäter erklärte, ich sei nicht da, und seine Töchter sagten, meine Kutsche sei vorbeigekommen. Als sie weg waren, half mir seine gute Frau, mich als Bauernmädchen zu verkleiden, und ich eilte aus dem Haus, über Felder, Gräben und Wälder. Da ich so gut getarnt war, beschloss ich, nach München zurückzukehren. Es war ein schreckliches Schauspiel. Der Palast blockiert; Gebäude geplündert; und Anarchie in alle Richtungen. Da ich nichts als den Tod sah, wenn ich dort anhalten würde, reiste ich nach Lindeau, von wo aus ich Ihnen schreibe.

... Graf Arco Valley hat Geld wie Dreck an alle Klassen verteilt, und die Priester haben den Mob aufgehetzt. In München ist niemand sicher. Der gute, edle König hat allen gesagt, dass er mich niemals verlassen wird. Davon ist er durchaus überzeugt. Das Spiel ist noch nicht beendet. Ich werde bis zum Tod dem König treu bleiben; aber Gott weiß, was als nächstes passieren wird.

Ich habe vergessen, Ihnen zu sagen, dass meine Feinde in den deutschen Zeitungen verkündet haben, dass die Studenten meine *Liebhaber seien* ! Sie konnten ihnen nicht die treue Hingabe an den König und mich zutrauen, die sie jemals hatten.

Marie von Landsfeld.
In seinem Tagebuch vom 14. März 1848 bemerkt Frederick Cavendish, ein angehender Diplomat, den Palmerston zum Attaché in Wien ernannt hatte:

„In München kam es zu teuflischen Unruhen, und die Mätresse des Königs, Lola Montez, musste um ihr Leben fliehen. Sie war der Fluch Bayerns, und doch ist der König immer noch in sie verliebt."

Kaum diplomatische Sprache. Dennoch ist es nicht weit von der Wahrheit entfernt.

Es wurde eine strenge Pressezensur ausgeübt. Die Münchner Zeitungen mussten drucken, was ihnen gesagt wurde, und sonst nichts. Daraufhin erschien in der *Allgemeinen Zeitung* in Augsburg ein inspirierter Artikel, in dem erklärt wurde, dass die Ultramontaner für die *Emeute verantwortlich seien* . „Herr von Abel", so meinte ein Kollege, Heinrich von Treitsche, „nutzte die Gelegenheit, um für eine plötzliche Vorreiterrolle der Moral zu plädieren, und nutzte „ *les convenances* "als Vorwand für den Rücktritt von einem für ihn lange Zeit gefährlichen Amt."

König von Bayern. „Ludwig der Liebhaber"

Döllinger selbst erklärte immer, er sei gegen seinen Willen Ultramontaner geworden und nur auf von Abels dringende Bitte in das Ministerium eingetreten. Das stimmte wahrscheinlich, denn er war unter seinen Büchern viel glücklicher als unter den Politikern. Da seine Nase eindeutig aus den Fugen geraten war, linderte er seine Gefühle in einem langen Brief an seine Freundin, Madame Rio. Jahre später gelangte dieser Brief in die Hände von Dom Gougaud, OSB, der ihn im *Irish Ecclesiastical Record veröffentlichte* . Zu den wichtigeren Passagen gehörten die folgenden:

Seit Du München verlassen hast, nehmen die Unverschämtheit von L[ola] M[ontez] und die Verliebtheit ihrer Verehrer ständig zu. Unsere Parlamentsabgeordneten, die wegen einer Eisenbahnanleihe zu einer außerordentlichen Sitzung einberufen wurden, wagten es nicht oder hielten es nicht für zweckmäßig, einzugreifen. Das Einzige, was getan wurde, ohne dass es in den oberen Kreisen irgendeine Wirkung hervorrief, war, dass die Abgeordnetenkammer einstimmig einen Protest gegen die Absetzung der Professoren beschloss. Dann kam der Ministerwechsel. Fürst Wallerstein, eine Art bayerischer Thiers, selbstsüchtig und prinzipienlos, nur darauf bedacht, sich im Besitz der *Portefeuille zu halten* , dem glorreichen Zweck, der seiner Meinung nach die Mittel heiligt – dieser Mann von skrupellosem Gedächtnis kam wieder zusammen mit einem unbekannten Individuum, einer bloßen Kreatur von L[ola] M[ontez], M. Berks.

... Inzwischen wurde die Krise von den Studierenden der Universität herbeigeführt. L[ola] M[ontez] gelang es, einige von ihnen zu verführen, die sich sofort von ihren Kommilitonen gemieden und abgelehnt sahen und eine eigene Gesellschaft oder einen eigenen Verein gründeten, der sich *Alemannia nannte* , was von Anfang an öffentlich bekannt war sich durch die besondere Gunst und den Schutz des Königs auszeichnen. Im Laufe von zwei oder drei Monaten stieg ihre Zahl auf neunzehn oder zwanzig an, was leicht an den roten Mützen und Bändern zu erkennen war, die sie trugen. Für L[ola] M[ontez] bildeten sie eine Art männlichen Harem, und die Einzelheiten, die sich seitdem zugetragen haben und mit denen ich natürlich nicht Ihre Ohren verunreinigen darf, lassen keinen Zweifel daran, dass es sich bei ihr um eine zweite Messalina handelt.

Die Empörung der Studenten, die dies alles als Herabwürdigung der Universität und als Beleidigung ihres Charakters empfanden, war allgemein. Die *Alemannen* wurden als Ausgestoßene behandelt, deren bloße Anwesenheit eine Verschmutzung darstellte.

... L[ola] M[ontez] hatte bereits gedroht, dass sie die Universität schließen lassen würde, wenn die Studenten sich weiterhin feindselig gegenüber ihren Favoriten zeigen würden. Am 10. Februar wurde schließlich ein königliches

Mandat erlassen, das die Schließung der Universität für das gesamte Jahr erklärte.

Am nächsten Morgen war klar, dass eine entscheidende Krise bevorstand; Die Studenten zogen in einer Prozession durch die Straßen, als plötzlich die *Gendarmerie* unter dem Kommando eines von LMs Günstlingen einen Angriff auf sie unternahm und zwei von ihnen verwundete. Dies trug natürlich nur dazu bei, die Flammen der allgemeinen Empörung zu entfachen. Die Bürger drohten, mit Waffen zu erscheinen, und das Volk bereitete sich darauf vor, das Haus von L[ola] M[ontez] zu stürmen.

Gegen 8 Uhr morgens des 11. wurde dem König die entsetzliche Nachricht mitgeteilt, dass LMs Leben in unmittelbarer Gefahr sei. Mittlerweile hatten mehrere Mitglieder der königlichen Familie versucht, bei K. Eindruck zu machen. Als seine eigenen Leute, die ihn bis zu diesem Moment vorangetrieben hatten, ihm sagten, dass L.s Leben in Gefahr sei und dass die Regimenter sich weigerten zu kämpfen, begann er nachzugeben. Aber selbst dann ließ sein Verhalten keinen Zweifel daran, dass die persönliche Sicherheit von L[ola] M[ontez] sein vorrangiges Motiv war. Er selbst rannte zu ihrem Haus, das der Pöbel abzureißen begonnen hatte; Ungeachtet aller königlichen Würden setzte er seine Person allen Demütigungen aus, die ihm der Verkehr mit einem wütenden Pöbel zumuten konnte ... Sicherlich war dieser Tag der schändlichste Tag, den ein Königtum in Bayern bisher erlebt hat.

... Sie werden es natürlich finden, dass die erste Ankündigung des erzwungenen Abgangs von LM allgemeine Begeisterung auslöste. Auf den Straßen begegnete man nur lächelnden Gesichtern; neue Hoffnungen wurden geweckt. Die Menschen wünschten sich und glaubten daher, dass der König, nachdem er sich endlich des wahren Geisteszustands der Nation bewusst geworden war, ein edles Opfer gebracht hatte. Ein paar Tage reichten aus, um sie zu enttäuschen. Der Geist des K. befand sich in einer Art ängstlicher Erregung, die zwischen Anfällen von Depression und Rachegedanken wechselte ... Es ist unmöglich vorherzusagen, wohin die Dinge führen werden und wo die Verfolgung enden wird . Die Meinung gewinnt an Anerkennung, dass seine Absicht darin besteht, L[ola] M[ontez] zurückzubringen. Offensichtlich handelt er nicht nur aus Rachegelüsten, sondern auch unter dem verhängnisvollen Einfluss einer unwiderstehlichen und finsteren Leidenschaft für diese Frau.

Einige Tage später ging Ludwig in die Oper, um die öffentliche Meinung zu testen.

„Ich habe meine Vorliebe für Brillen verloren", sagte er zu seinem Begleiter, „aber ich möchte sehen, ob ich in den Herzen der Menschen, denen ich gedient habe, immer noch König bin."

Er zweifelte nicht lange, denn in dem Moment, als er seine Loge betrat, stand das Publikum auf und jubelte ihm energisch zu. Das war genug; und ohne darauf zu warten, dass sich der Vorhang hob, kehrte er in den Palast zurück.

„Schließlich vertrauen mir meine Untertanen immer noch", sagte er. „Ich war mir ihrer sicher."

III

An anderer Stelle gab es einen weiteren Beweis der Loyalität. Die Münchner Garnison unter Ludwigs zweitem Sohn, Prinz Luitpold, leistete *en masse* einen neuen Eid und schwor Treue zur neuen Verfassung. Allerdings war es schon etwas spät am Tag. Die Dinge waren zu weit gegangen; und Lola, die nur ein paar Meilen von der Hauptstadt entfernt war, war nicht weit genug gegangen. Das war das Problem. Sie war immer noch in der Lage, die Fäden in der Hand zu halten und ihren Einfluss in verschiedene Richtungen geltend zu machen. Sie würde auch kein weißes Federkleid zeigen oder den Drohungen von Rowdys nachgeben.

Von Lindeau aus wagte sich Lola, als Junge verkleidet (damals eine etwas schwierigere Aufgabe als heute), mit großem Wagemut zurück in die Arme Ludwigs. Aber sie blieb nur ein paar Stunden bei ihm, denn sie war verfolgt worden und wurde immer noch vom Pöbel der Stadt gejagt. Bevor sie jedoch ihre Reise fortsetzte, bemühte sie sich, Kontakt zu ihrer treuen *Alemannia* aufzunehmen . „Ich bitte Sie", schrieb sie an den Besitzer des von ihnen besuchten Cafés, „sagen Sie mir, wohin Herr Peißner gegangen ist." Aus Angst vor Repressalien hielt der Vermieter die Kenntnis zurück. Hätte er es gegeben, wären seine Räumlichkeiten wahrscheinlich zerstört worden. Sicherheit zuerst!

In diesem Moment verkündete Ludwig, der sich wie ein geistig Behinderter verhielt, dass es für Lolas Verhalten nur eine einzige Erklärung gäbe. Dies hieß, dass sie „von einem bösen Geist besessen" war, der ausgetrieben werden musste, bevor es noch schlimmer werden sollte. Er schenkte jedem Quacksalber in Bayern ein offenes Ohr und schickte sie in Begleitung nach Weinsberg in die Klinik eines Dr. Justinus Kerner, der sich dort als Mesmerist etabliert hatte.

„Du sollst den Teufel aus ihr vertreiben", lauteten die Anweisungen, die ihm gegeben wurden.

Der Mann der Wissenschaft fürchtete, seine Zaubersprüche und Beschwörungsformeln könnten sich doch als wirkungslos erweisen und ihn als Scharlatan verurteilen, und fühlte sich unwohl. Dennoch war ein Befehl ein Befehl, besonders wenn er von einem König kam, und er versprach, sein Bestes zu geben. Am Tag der Ankunft seines Patienten schrieb er an seine verheiratete Tochter Emma Niendorf. Eine freie Übersetzung dieses Briefes, der vollständig von Dr. von Tim Klein (in seinem Werk „ *Der Vorkamfdeutscher Einheit und Freiheit* ") stammt, würde lauten:

Gestern ist Lola Montez hier angekommen; und bis weitere Anweisungen aus München kommen, halte ich sie in meinem Turm fest, wo drei der *Alemannia* Wache halten . Dass der König ausgerechnet mich ausgewählt hat, um sie dorthin zu schicken, ist höchst ärgerlich. Aber ihm wurde versichert, dass sie von einem Teufel besessen sei und dass der Teufel in ihr von mir in Weinsberg vertrieben werden könne. Dennoch ist der Fall von Interesse.

Als Vorbereitung zu meiner magnetomagischen Behandlung unterziehe ich sie zunächst einer Fastenkur. Das bedeutet, dass sie jeden Tag nur eine viertel Waffel und dreizehn Tropfen Himbeersaft zu sich nehmen darf.

„ *Sage es aber niemanden! Verbrenne diesen Brief!* " („Aber erzähl niemandem davon; verbrenne diesen Brief") war die letzte Anweisung des Exorzisten.

Um seinem Ruf, Wunder zu wirken, gerecht zu werden, hatte der Mystiker in jedem Fenster seines Hauses eine Äolische Harfe angebracht, die so angeordnet war, dass Ariel-ähnliche Stimmen durch die Sommerbrise schwebten.

„Es ist Magie", sagten die Bauern und bekreuzigten sich andächtig, als sie das Geräusch hörten.

Aber das Harfenobligato erwies sich als nicht wirksamer als die reduzierte Diät und der frühe Versuch, das Abnehmen populär zu machen. Nach ein paar Tagen wurde die Kur dadurch abgeändert, dass der Himbeersaft durch Eselsmilch ersetzt wurde. Zu seinem großen Ärger musste der Spezialist jedoch einer anderen Korrespondentin, Sophie Schwab, mitteilen, dass sein Patient keinen wirklichen Nutzen davon hatte und dass der lästige „Teufel" nicht vertrieben worden war.

Wie zu erwarten war, ließ Lola, die einen gesunden Appetit hatte und Einwände gegen kurze Rationen hatte, den Mesmeristen davonkommen und eilte zurück zu ihrem Ludwig. Nach einigen Worten mit ihm reiste sie nach Stahrenberg ab.

Ludwig setzte sich und schrieb ein weiteres „Gedicht". Passenderweise trug dies den Titel „Klagelied".

KAPITEL XI

EIN GEFALLENER STERN

ICH

Auch nachdem Lola Montez aus dem Weg war und die Türen der Universität wieder geöffnet wurden, herrschte an der Münchner Front keine Ruhe. Weit davon entfernt. Berks, der neue Innenminister, der sie stets unterstützt hatte, blieb weiterhin im Amt; und Lola selbst zog aus der Ferne weiterhin die Fäden. Einige davon waren wirksam.

Aber Lola Montez, oder nicht Lola Montez, es gab in den Augen seiner verärgerten Untertanen mehr als genug, um sie mit dem Wittelsbacher Regime, wie es von Ludwig ausgeübt wurde, völlig unzufrieden zu machen. Das Kabinett war nahezu unartikuliert; öffentliche Gelder waren für alle möglichen grandiosen und unnötigen Vorhaben verschwendet worden; und dem klerikalen Element war es schon lange gestattet, die Verfassung mit Füßen zu treten. Insgesamt hatte das „Ministerium der Morgenröte", das nach der Entlassung von Abels und seinen Kollegen mit so viel Trompetenschall ins Leben gerufen wurde, nicht den erwarteten Erfolg gehabt. Anstatt besser zu werden, war es schlimmer geworden; und obwohl es eigentlich nicht vorgeschlagen worden war, wurde die Idee, die Monarchie durch eine Republik zu ersetzen, von vielen Seiten diskutiert.

Der Herausgeber des *Annual Register* gab seine übliche Haltung eines unparteiischen Historikers auf und versetzte dem königlichen Troubadour einen scharfen Schlag auf die Finger:

„Das schändliche Verhalten des vernarrten alten Königs von Bayern in seiner offenen *Liaison* mit einer wandernden Schauspielerin, die den Namen Lola Montez angenommen hatte (in Wirklichkeit aber die durchgebrannte Frau eines Engländers war und die er zur bayerischen Gräfin gemacht hatte). der Titel Gräfin von Landsfeld) hatte die Herzen seiner Untertanen völlig entfremdet.

Als Ergebnis einer feierlichen Konklave im Rathaus stellte das Kabinett ein Ultimatum; und Ludwig wurde ohne Umschweife darüber informiert, dass Lola Montez das Königreich verlassen müsse, wenn er das Land nicht in eine Revolution stürzen wolle. Ludwig gab nach; und vergaß oder ignorierte absichtlich die Tatsache, dass er einmal eine leidenschaftliche Threnodie geschrieben hatte, in der er erklärte:

„Und auch wenn du von der ganzen Welt im Stich gelassen wirst
, wirst du doch niemals von mir im Stich gelassen!"

er konnte es in seinem Herzen finden, ein Dekret zu erlassen, das sie aus seinem Reich vertrieb.

Zu diesem Zweck unterzeichnete er am 17. März zwei separate Ratsbeschlüsse.

1

„Wir, Ludwig, von Gottes Gnaden, König von Bayern usw., halten es für notwendig, mitzuteilen, dass die Gräfin von Landsfeld nicht mehr das Recht auf Einbürgerung besitzt."

2

„Da die Gräfin von Landsfeld ihren Plan, den Frieden der Hauptstadt und des Landes zu stören, nicht aufgibt, wird allen Justizbehörden des Königreichs hiermit befohlen, die besagte Gräfin zu verhaften, wo auch immer sie entdeckt wird. Sie sollen sie in die Stadt bringen nächstgelegene Festung, wo sie in Gewahrsam gehalten werden soll."

Die Ereignisse gingen schnell voran. Wenige Tage später wurde Lola von Fürst Wallerstein (den sie selbst an die Macht gebracht hatte, als sein Bestand gefallen war) verhaftet und als „unerwünschte Ausländerin" in die Schweiz deportiert.

Wie eine Frau hatte sie das letzte Wort.

„Ich verlasse Bayern", sagte sie, „aber bald wird auch Ihr König gehen."

Jeder hatte etwas zum Geschäft zu sagen. Die meisten Leute hatten viel zu sagen. Die Drähte summten; und die Auslandskorrespondenten in München füllten Kolumnen mit ausführlichen Berichten über die jüngsten Unruhen in München und deren Ursprung. Keine zwei Konten waren ähnlich.

„Das Volk bestand", sagt Edward Cayley in seinen „ *Europäischen Revolutionen"* *von* 1848, „auf der Entlassung der Mätresse des Königs. Sie wurde weggeschickt, aber im Vertrauen auf die Vergötterung des Königs kam sie zurück, Polizei hin oder her ... . Dies war ein Höhepunkt, dem sich das Volk nicht unterwerfen wollte, nicht dass es tugendhafter gewesen wäre als sein Souverän." Ein anderer Publizist, Edward Maurice, formuliert es etwas anders: „In Bayern war die Macht, die Lola Montez über Ludwig ausübte, den strengeren Reformern schon lange zuwider." Das stimmte durchaus; aber die Münchner mochten die Jesuiten noch mehr und behaupteten, dass Lola mit ihnen das Gewissen des Königs teilte. Die Liberalen waren einsatzbereit und begrüßten die Chance, sich durchzusetzen.

Kaum war Lola wirklich außer Landes, wurde ihre Villa in der Barerstraße vom Dachboden bis zum Keller von der Münchner Polizei durchsucht. Da sie, um die Durchsuchung zu rechtfertigen, etwas Kompromittierendes

entdecken mussten, gaben sie bekannt, dass sie „Beweise" dafür gefunden
hätten, dass Lord Palmerston und Mazzini in aktivem Briefwechsel mit der
Ex-Geliebten des Königs stünden; und dass der Vermittler für das britische
Außenministerium ein Jude namens Loeb war. Bei dieser Person handelte es
sich um einen Künstler, der mit der Dekoration des Hauses beauftragt
worden war. Von Gewissensbissen geplagt , soll er zu Ludwig gegangen sein
und gestanden haben, Lolas Korrespondenz mit Mazzini abgefangen und die
Ausschreitungen angezettelt zu haben. Er erklärte weiter, dass ihr große
Geldsummen aus dem Ausland geschickt worden seien. Historiker haben
darüber jedoch keine Kenntnis; Auch die Art der „Beweise" wurde nie
enthüllt.

Lolas Villa in der Barerstraße wurde später zum neuen Sitz der britischen
Gesandtschaft. Es wurde 1914 abgerissen; und nicht einmal eine Wandtafel
erinnert heute an ihren einmaligen Aufenthalt. Was die Residenz betrifft, in
der sie mit Ludwig verkehrte, ist dieses Gebäude heute ein Museum und
erinnert als solches an den Trubel der Touristen und das Schnappen von
Kameras. *Sic Transit* usw.

II

Als Lola, von der Säule bis zur Säule gejagt, schließlich München in Richtung
Schweiz verließ, geschah dies in Begleitung von Auguste Papon, der aus
„moralischer Verdorbenheit" bereits seinen Marschbefehl erhalten hatte. Er
bezeichnete sich selbst als „Kurier". Sein Pass trug jedoch die weniger
anspruchsvolle Bezeichnung „Koch". Es war wahrscheinlich das Richtigere.
Der treue Fritz Peissner, der der Frau, die er liebte und für die er bereits sein
Leben riskiert hatte, behilflich sein wollte, schloss sich ihr zusammen mit
zwei weiteren Mitgliedern der Alemannia, Graf Hirschberg und Leutnant
Nussbaum, nach Konstanz *an* . Aber sie hörten nur ein paar Tage auf.

Um mit ihnen in Kontakt zu treten, schrieb Lola an den Vermieter an ihrer
letzten Adresse:

2. März 1848.
     Herr ,

Für den Fall, dass die Studenten der Alemannia-Gesellschaft Ihr Hotel
verlassen haben, bitte ich Sie, meinem Diener, dem Überbringer dieses
Briefes, mitzuteilen, wohin Herr Peissner gegangen ist, für den er ein Paket
zuzustellen hat.

     Empfangen Sie im Voraus meine ausgezeichneten Gefühle.

Gräfin von Landsfeld.

Lolas erster Halt in der Schweiz (ein Land, das sie als „die kleine Republik, die wie ein majestätischer Adler inmitten der Geier und Kormorane Europas liegt") beschrieb, war in Genf. Ein Fehleinschätzung, denn die strengen Bürger von Calvins Stadt, die unter den Besuchern einen recht hohen Standard setzten, waren gegenüber ihren Schmeicheleien unempfindlich. „Sie waren", beklagte sie, „so kalt wie ihre eigenen Eiszapfen." In Bern, wohin sie als nächstes ging, hatte sie jedoch mehr Glück. Dies lag daran, dass sie dort einen beeindruckenden jungen Geschäftsträger der britischen Gesandtschaft traf, den sie „etwas jünger als Ludwig, aber mehr als doppelt so albern" fand. Bald wurde eine *Entente* geschlossen. „Manchmal beim Reiten, manchmal beim Autofahren trat sie in Begleitung ihres jugendlichen Verehrers in der Öffentlichkeit auf."

Der Beamte war Robert Peel, ein Sohn des angesehenen Staatsmannes, und sollte später dritter Baron werden. In einem merkwürdigen kleinen Werk, das für diese Zeit typisch ist, „ *The Black Book of the British Aristocracy* ", gibt es eine scharfe Anspielung auf die Angelegenheit: „Dieser aufgeweckte junge Mann hat gerade die berüchtigte Lola Montez unter seinen Schutz genommen und konnte kürzlich beim Gehen beobachtet werden." mit ihr, in wahrer diplomatischer Manier, durch die Straßen einer Schweizer Stadt.

Ungefähr zu dieser Zeit kam einem Theatermanager in London auf der Suche nach einer Neuheit der Gedanke, dass es Stoff für ein mitreißendes Drama rund um die Karriere von Lola Montez gab. Gesagt, getan; und ein auf dem Gelände beschäftigter Dramatiker wurde beauftragt, sich an die Arbeit zu machen. Mit einer Flasche Brandy in seiner Dachkammer eingesperrt, lieferte er am Ende einer Woche das Drehbuch ab. Nachdem dies vom Management genehmigt worden war, wurde es zur Probe gebracht und die Reklametafeln mit Geldscheinen zugeklebt:

THEATRE ROYAL, HAYMARKET
(Under the Patronage of Her Gracious Majesty The Queen, His Royal Highness Prince Albert, and the Élite of Rank and Fashion.) On Wednesday, April 26, 1848, will be produced a New and Original and Apropos Sketch entitled :
" LOLA MONTEZ, or THE COUNTESS FOR AN HOUR."

THEATRE ROYAL, HAYMARKET

(Unter der Schirmherrschaft Ihrer gnädigen Majestät der Königin, seiner königlichen Hoheit Prinz Albert und der Elite von Rang und Mode.) Am Mittwoch, dem 26. April 1848, wird eine neue, originelle und passende Skizze mit dem Titel „Lola

"Eine Stunde." Dies dauerte ungefähr so lange, wie es dauerte, denn die Kritik war ausgesprochen kühl. „Wir können", verkündete einer von ihnen, „die Beweggründe, die die Inszenierung einer Farce mit einem Scheinkönig und seiner Geliebten bestimmt haben, nicht begrüßen. Unserer Meinung nach ist das Stück äußerst anstößig."

Der Lord Chamberlain teilte offenbar diese Ansicht, denn er ließ das Stück nach der zweiten Aufführung zurückziehen.

„ *Es gibt kein Zurück* " waren Ludwigs letzte Worte an sie. Doch Lola nahm die einstweilige Verfügung nicht ernst. Einem Brief der *Deutschen Zeitung* zufolge war sie innerhalb einer Woche wieder in München und reiste unter dem „Schutz" von Baron Möller, einem russischen Diplomaten. Als sie heimlich den Palast betrat, entnahm sie Ludwig einen Scheck über 50.000 Gulden. Als es auf Rothschilds Bank in Frankfurt gezogen wurde, eilte sie dorthin und kehrte noch am selben Abend „mit einer Tüte voller Banknoten" in die Schweiz zurück.

Um seine Leser davon zu überzeugen, dass er weit hinter den Kulissen steckte, gibt Papon einige Monate später einen Brief an einen Korrespondenten weiter, von dem er behauptet, er sei von Ludwig geschrieben worden:

Ich möchte von Ihnen wissen, ob meine liebe Gräfin möchte, dass ihre Rente durch die Einzahlung in eine Privatbank gesichert wird, oder ob es ihr lieber wäre, wenn ich eine Million Francs bei der Bank von England deponiere … Ich werde bereits beschuldigt, etwas gegeben zu haben sie zu sehr. Da die Revolutionäre jeden Vorwand nutzen, um sich durchzusetzen, ist es wichtig, die Aufmerksamkeit gerade jetzt nicht auf sie zu lenken. Dennoch möchte ich, dass meine geliebte Gräfin zufrieden ist. Ich wiederhole, dass die ganze Welt mich nicht von ihr trennen kann.

Während er mit ihr in der Schweiz war, stellte Papon eine Broschüre zusammen: *Lola Montez, Mémoires accompagnés de lettres intimes de SM le Roi de Bavière et de Lola Montez, ornés des portraits, sur originaux donnés par eux à l'auteur*, angeblich von ihrem Thema geschrieben. „Ich schulde meinen Lesern", lässt er sie selbstgefällig sagen, „die genaue Wahrheit. Sie müssen zwischen meinen Feinden und mir selbst urteilen." Aber in seiner Rolle als Spanner steckte von Papon nur sehr wenig Wahrheit. So erklärt er, dass sie während ihres Aufenthalts im Land der Berge und bei Wilhelm Tell eine Reihe von *Affären* mit einem „Baron", einem „muskulösen Handwerker" und einem „unerschrockenen Seemann" hatte. Er hat auch eine Geschichte, die besagt, dass „zwei reinblütige englische Damen, Träger berühmter Namen", sie uneingeladen besuchten; und dass dieser Umstand sie so sehr ärgerte, dass sie ihren Haustieraffen dazu brachte, sie anzugreifen.

Aber Auguste Papon kann nicht als sehr verlässliche Autorität angesehen werden. Er war ein ausgesprochen seltsamer Fisch, der behauptete, ein ehemaliger Offizier zu sein, und sich selbst auch Marquis nannte. Trotz all seiner Ansprüche war er jedoch lediglich ein *Chevalier d'Industrie* , der von seinem Verstand lebte; und als Priester getarnt, wurde er später wegen Betrugs verurteilt und ins Gefängnis geschickt.

III

Ein tapferer, aber anonymer Champion sprang in die Bresche und konterte Papons Bemühungen in Form einer zweiten Broschüre mit der Überschrift „Eine Antwort". Aber die Genauigkeit war nicht bemerkenswerter als das Original. So heißt es: „Sie [Lola] lebte mit dem König von Bayern zusammen, einem Mann von siebenundachtzig Jahren. Die Art dieser Intimität kann am besten durch die Lektüre des zweiten und dritten Verses des Ersten Buches der Könige, Kapitel I, erahnt werden." Für jeden nachdenklichen Geist ist klar, dass es sich um eine Art König-David-Arrangement handelte." Was den Rest der Broschüre anbelangt, so bestand sie hauptsächlich aus einer ausführlichen Argumentation, dass ihr Thema alles in allem nicht schlechter sei als das anderer Damen und viel besser als das vieler von ihnen.

Unter den Auszügen dieser gut gemeinten Anstrengung sind die folgenden die wichtigeren:

Ein gewisser Marquis Auguste Papon, ein früherer Anhänger der natürlichen Wünsche und Neigungen, die der gesamten Menschheit gemeinsam sind, veröffentlichte und verbreitete in ganz Europa einen Band, der seine eigene Schande prägt (wie wir im Verlauf dieser Antwort zeigen werden).) in weitaus unauslöschlicheren Charakteren als die derer, die er in seiner Rachsucht voller Schadenfreude zu vernichten versuchte.

Aber bevor wir mit der Analyse seines Buches fortfahren, sei es uns erlaubt, den unparteiischen Leser zu fragen, was am Verhalten des Königs von Bayern und von Lola Montez so bemerkenswert ist, dass es sie von den für sie gefeierten Monarchen und Frauen unvorteilhaft unterscheidet Talent, Originalität und Schönheit, die schon einmal da waren. Wo sind Heinrich IV. von Frankreich, Heinrich V., Ludwig XIV. und Ludwig XV. mit ihren jeweiligen Mätressen? Wer von ihrem Volk hätte jemals gewagt, sich mit den Gunstbezeigungen und Ehren, die diesen angesehenen Frauen zuteil wurden, in moralischer Hinsicht einzumischen? Ja, um auf eine spätere Zeit zurückzukommen: Hat der Marquis Auguste Papon jemals von der Liebe Ludwigs XVIII. und Madame de Cuyla gehört, und das nach der Wiedereinsetzung des Monarchen im Jahr 1814? Kennt er die von Napoleon selbst und Mademoiselle Georges nicht? War nicht fast die gesamte königliche Familie Englands – sogar die des Hauses Hannover – für ihre Verbindung zu berühmten Frauen berüchtigt? Hat er noch nie von Mrs. Walkinshaw gehört, der angeblichen Geliebten von Charles Edward dem Prätendenten, von Lucy Barlow, der Geliebten von Charles II., der Mutter des Herzogs von Monmouth? Von Arabella Churchill und Katherine Sedley, den Geliebten von James II.? Von der Gräfin von Kendal, der Geliebten Georgs II., die überall in der englischen Gesellschaft willkommen war? Oder von Georg IV. und der Marquiseurin von C...? Vom Herzog von York und Mary Anne Clark? Vom Herzog von Clarence und der liebenswürdigen und respektierten Frau J. –? Und nicht zuletzt an den jetzigen König von Hannover und verstorbenen Herzog von Cumberland, der bis heute unter dem Verdacht arbeitet, seinen Kammerdiener Sellis ermordet zu haben, um seinen Ehebruch mit seiner Frau zu verheimlichen? Worin unterscheidet sich der König von Bayern von diesen?

Lola Montez in der Karikatur. „Lola auf dem Allemannenhund"

Aber selbst um tiefer in die gesellschaftliche Rangordnung derer abzusteigen, die die Aufmerksamkeit der Welt in Anspruch genommen haben, ohne sich deren deutlichen und unverschämten Tadel zuzuziehen, hat der Marquis Auguste Papon jemals von der schönen Miss Foote gehört, die zunächst die Favoritin des berühmten Colonel Berkeley war (ein leiblicher Bruder des Herzogs von Devonshire) und zweitens eine persönliche Freundin des Verfassers dieser Antwort – die berühmte Pea Green Hayne – wurde schließlich die charmante und liebenswürdige Gräfin von Harrington, eine der süßesten Frauen, die jemals an die Königin gebracht wurden Oberhaupt der Stanhope-Familie oder beehrte er einen Adelsstand?

Wer, der jemals das Vergnügen genossen hat, diese schönste Blume im Parterre der englischen Schönheitsaristokratie zu kennen, hätte in einem Geist der Rache und der enttäuschten Gier die Grobheit besessen, sie als den Marquis von Papon – den Verwahrer von allem – *zu* beleidigen ihre Geheimnisse – hat die Gräfin von Landsfeld mit dem abscheulichen Namen „Kurtisane" beleidigt, weil sie, dem Vertrauen ihres Frauenherzens nachgebend, von zwei früheren Liebhabern verehrt worden war? Niemals hat Lord Petersham, der spätere Earl of Harrington, einen vernünftigeren Kurs eingeschlagen, als als er die faszinierende Maria Foote in einer heiligen und tadellosen Liebe – einer Liebe, die den Skandal in ihrer aufgeblähten Fülle erstickte – in die Position erhob, die sie schmücken sollte. Sie war sowohl eine schöne als auch eine Schwiegerschwester der bezaubernden Miss Green, deren reife rote Lippen und langen, dunkelbewimperten, blauen und lachenden Augen vor ihrer Heirat mit Colonel Stanhope die Bewunderung und Verehrung ganz Londons erregten. Sollte ihr Blick jemals auf dieser Seite ruhen, wird sie erkennen, dass wir ihre Kraft und ihren Ausdruck nicht vergessen haben.

Um in der Skala des gesellschaftlichen Lebens noch tiefer abzusteigen: Hat der Marquis Auguste Papon jemals von der berühmten Madame Vestris, jetzt Mrs. Mathews, gehört? Ist ihm nicht bekannt, dass ihr Theater – das Olympic – jemals ein Aufenthaltsort der vornehmsten und aristokratischsten Menschen Londons war? Hat ihr moralisches Leben in irgendeiner Weise ihrer Popularität als talentierte und schöne Frau und als Künstlerin von außerordentlicher Faszination und Verdienst geschadet? Und doch hatte sie mehr Liebhaber, als der Marquis Auguste Papon mit all seinem Einfallsreichtum gegen die bemerkenswerte Frau zur Schau stellen kann, die er in seinem nicht gerade rühmlichen Rachegeist zu zerstören geschworen hat.

Zählen wir diejenigen auf, von denen wir wissen, dass sie die Liebhaber von Madame Vestris waren, die, nachdem sie ihre Jugend in allen möglichen Vergnügungen verbracht hatte, schließlich die Frau eines Mannes wurde, der selbst nicht ohne Talent war und dessen Vater an erster Stelle stand Namen, die in der Comic-Kunst gefeiert werden.

Der erste war ein persönlicher Freund des Verfassers dieser Antwort auf den unmännlichen Angriff des Marquis Auguste Papon. Und wir haben Grund, uns daran zu erinnern, denn die Verbindung von Henry Cole mit der faszinierendsten Frau ihrer Zeit führte im Hyde Park zu einem Duell zwischen dem Schriftsteller und einem so ungalanten britischen Offizier, dessen unmittelbare Ursache diese Dame war als Versuch, den Enthusiasmus einzudämmen, der durch ihr kaum vergleichbares Schauspiel hervorgerufen wurde. Ihm folgte Sir John Anstruther und nach Sir John der berühmte Horace Claggett. In welcher Reihenfolge ihre Nachfolger kamen, wissen wir nicht mehr, aber zu denen, die Madame Vestris in der Vertrautheit der zärtlichsten Freundschaft kannten, gehörten Handsome Jack, Captain Best, Lord Edward Thynne und Lord Castlereagh. Diese Dinge waren kein Geheimnis für die Tausenden, die, fasziniert von ihrer Schönheit und der Perfektion ihres Schauspiels, dennoch das Theater bevölkerten, das sie angeblich mit äußerst liebenswürdigem Anstand und Können geleitet hatte. Im Gegenteil, sie gehörten ebenso zum allgemeinen Wissen der Leute ersten Ranges und Mode wie die Sonne am Mittag. Und doch, welcher Herr hat jemals gewagt, den Namen dieser begabten Frau zu nennen, deren Missachtung der Meinung derjenigen, die heuchlerisch und unterwürfig in *fast* neunundneunzig von hundert Fällen den gleichen Weg verfolgten – welcher Herr, fragen wir, jemals gewagt, sie eine „Kurtisane" zu nennen?

Es gab noch viel mehr davon, denn die „Antwort" umfasste sechsundsiebzig Seiten.

Auf der Titelseite dieses Counterblasts stand:

LOLA MONTEZ

or

A REPLY TO THE

" PRIVATE HISTORY AND MEMOIRS "

of

THAT CELEBRATED LADY

RECENTLY PUBLISHED

By

THE MARQUIS PAPON

FORMERLY SECRETARY TO

THE KING OF BAVARIA

AND FOR A PERIOD

THE PROFESSED FRIEND AND ATTENDANT

of

THE COUNTESS OF LANDSFELD

Stet Nomnis Umbra—Junius

NEW YORK

1851

LOLA MONTEZ

oder

EINE ANTWORT AUF DIE „PRIVATE GESCHICHTE UND ERINNERUNGEN"

DIESER

GEBÜHRTEN DAME,

KÜRZLICH VERÖFFENTLICHT

von

MARQUIS PAPON,

ehemals Sekretär des Königs von Bayern und eine Zeit lang erklärlicher
Freund und Begleiter der Gräfin von Landfeld,

Stet Nomnis Umbra – Junius ,

New York

, 1851

IV

Bayern nahm damals die Schlüsselposition in der europäischen Politik ein.
Ludwig hatte jedoch zu lange mit der Situation herumgetrödelt. Nichts, was
er jetzt tun konnte, würde ihn retten. Unruhe lag in der Luft. In ganz Europa
nahm die Welle der Demokratie zu und drohte schnell, die festgefahrenen
Positionen der Autokraten zu verschlingen. Als Metternich die Vorzeichen
las, hatte er vor, das von Menschenmassen heimgesuchte Wien zu verlassen
und in die ruhigere Atmosphäre von Brighton zu ziehen. Louis Philippe, der
ihm ein Beispiel gab, war bereits aus Paris geflohen; und Prinz Wilhelm von
Preußen, der sich seinen Schnurrbart abrasierte (und mit einem falschen Pass
reiste), eilte nach England, als es noch gut voranging. Mit diesen Beispielen
als Orientierungshilfe verlangten die Bayern, müde von sanften
Versprechungen und sanften Worten, nach einer neuen Hand an der Spitze.
Als Ludwig erkannte, dass die Wahl zwischen dieser und einer Republik lag,
beugte er sich dem Unvermeidlichen; und unter Krokodilstränen und
heuchlerischen Beteuerungen des guten Glaubens übergab er sein Zepter.
Um der Entscheidung volle Wirkung zu verleihen, gab er eine Proklamation
heraus:

„Bayern! Es ist ein neuer Zustand entstanden. Dieser unterscheidet sich
wesentlich von dem, unter dem ich Sie dreiundzwanzig Jahre lang regiert
habe. Dementsprechend lege ich mein Zepter zugunsten meines geliebten
Sohnes, Prinz Maximilian, nieder. Ich habe Sie immer mit regiert volle

Rücksichtnahme auf Ihr Wohlergehen. Wäre ich nur ein Angestellter gewesen, hätte ich nicht anstrengender arbeiten können; wäre ich Finanzminister gewesen, hätte ich den Bedürfnissen meines Landes nicht mehr Aufmerksamkeit widmen können. Ich danke Gott, dass ich schauen kann der ganzen Welt furchtlos ins Gesicht schauen und sich dort dem prüfendsten Auge stellen. Obwohl ich jetzt auf meine Krone verzichte, kann ich Ihnen versichern, dass mein Herz immer noch so warm wie eh und je für Bayern schlägt.

„ MÜNCHEN ,

21. März 1848 .

Ludwigs Unterschrift zu dieser Mischung aus Geschwätz und Bombast folgten die seiner Söhne, der Fürsten Maximilian Luitpold, Adalbert und Carl. Was Maximilian, den neuen Herrscher, betrifft, so war er bereit, eine Reihe bestehender Missstände auszuräumen, anstatt zu riskieren, aus dem Sattel geworfen zu werden. Um seine Absichten zu bekräftigen, versprach er im Verlauf einer schaumigen Rede eine Amnestie für politische Gefangene, Pressefreiheit, die Abschaffung bestimmter Steuern, die Einführung eines Geschworenenprozesses und eine lange aufgeschobene Reform des Strafgesetzbuchs das Franchise.

Fräulein Schröder, eine junge Schauspielerin am Hoftheater, hatte zweifellos die Idee, die Lücke in seinen Zuneigungen zu füllen, die durch den plötzlichen Abgang von Lola Montez entstanden war, und versuchte, Ludwig in seinem Ruhestand zu trösten. Er war jedoch nicht in der Lage, neue Kontakte zu knüpfen.

„Mein Glück ist von mir verschwunden", murmelte er traurig. „Ich kann nicht in einer Hauptstadt Halt machen, der ich seit langem die liebevolle Fürsorge eines Vaters schenke."

Fest in diesem Entschluss verließ er München in Richtung Riviera und bezog eine Villa inmitten der Oliven- und Orangenbäume von Nizza. Dort drehte er ein neues Blatt um. Aber er hörte nicht auf, Gedichte zu schreiben. Er hörte auch nicht auf, der Frau zu schreiben, an die er immer noch dachte. Ein leidenschaftlicher Brief, der ihr ins Exil folgte, lautete wie folgt:

Oh, meine Lolita! Ein Sonnenstrahl bei Tagesanbruch! Ein Lichtstrahl in einem dunklen Himmel! Die Hoffnung lässt längst vergessene Akkorde erklingen und das Leben wird wieder angenehm wie früher. Das waren die Gefühle, die mich in dieser Nacht des Glücks erfüllten, als dank dir allein alles pure Freude war. Dein Geist hat den meinen aus der Traurigkeit emporgehoben; Noch nie war ein Rausch so groß wie der, den ich damals verspürte!

Du hast deine Fröhlichkeit verloren; Die Verfolgung hat dich davon beraubt; und hat dir deine Gesundheit geraubt. Das Glück Ihres Lebens ist bereits gestört. Aber jetzt und fester als je zuvor hängst du an mir. Niemand wird uns jemals trennen können. Du hast gelitten, weil du mich liebst.

Als die Berichte über die Ereignisse in Bayern nach England gelangten, wurde Lola ein gut eingelegter Stab auf den Rücken gelegt:

„Das blutrünstige und zerstörerische Verhalten des Münchner Pöbels", begann ein wütender Leitartikel, „wurde durch die angebliche Rückkehr von Bayerns berühmter Trompete, Lola Montez, verursacht. Diese Heldin war einst allen Augen von Paris bekannt und als Kurtisane berüchtigt . Als ihr ein Titel verliehen wurde, schauderten die Bayern über ihre Erniedrigung. Es war nichts weniger als eine Empörung seitens des Königshauses, die niemals vergessen oder vergeben werden sollte."

die Säulen von *Maga* führten die Rute kräftig:

„Der verstorbene König, einer der versiertesten Dilettanten, schlechtesten Dichter und dümmsten aller Menschen, hatte zuletzt einem Leben voller Torheit den Grundstein gelegt, indem er sich auf eine unverhohlene Intrige mit der berüchtigten Lola Montez einließ Die Unanständigkeit und Verliebtheit dieser letzten *Liaison* – die viel offener geführt wurde als alle seiner früheren zahlreichen Liebschaften – hatte dem Adel, den er beleidigt hatte, indem er die ci-devante Operntänzerin in ihre Reihen erhoben hatte, heftigen Anstoß gegeben."

Doch trotz all seiner schweren Fehler hatte Ludwig dennoch seine Rechte. So verwandelte er München nicht nur von einer zweitklassigen Stadt in eine wirklich wichtige Hauptstadt, sondern tat auch viel dafür, die Entwicklung von Kunst und Literatur sowie Wissenschaft und Bildung in seinem gesamten Königreich zu fördern. Ignaz Döllinger, der Theologe, Joseph Görres, der Historiker, Jean Paul Richter, der Dichter, Franz Schwanthaler, der Bildhauer und Wilhelm Thirsch, der Philosoph, mit Richard Wagner und vielen anderen sonnten sich in seiner Schirmherrschaft. Als er zwanzig Jahre später starb, erinnerte man sich an diese Tatsachen und vergaß seine kleinen Ausrutscher. Die Münchner bestatteten ihn in der Basilika; und auf dem Odeon-Platz wurde ein Reiterstandbild mit der Aufschrift „Gerecht und Beharrlich" aufgestellt.

Unter gewissen Historikern ist es Mode, Lola Montez für die Revolution in Bayern verantwortlich zu machen. Doch dieser Vorwurf ist nicht gerechtfertigt. Tatsache ist, dass das Königreich reif für eine Revolution war; und das Gleichgewicht der Regierung war so instabil, dass Ludwig seine Krone verloren hätte, ob sie nun im Land war oder nicht.

Es ist genauso gut, sich daran zu erinnern.

V

Nach ein paar Monaten unter ihnen dachte Lola, die der Schweizer Kantone überdrüssig geworden war, vielleicht doch mal herauszufinden, ob England, das sie seit sechs Jahren nicht mehr besucht hatte, neue Attraktionen bieten könnte. Dementsprechend entschlossen, das Experiment durchzuführen, kam sie am 30. Dezember 1848 in London an.

der *Satiriker* die Nachricht hörte, schlug er vor, dass die Manager von Drury Lane und Covent Garden sie als „Zeichnerin" engagieren sollten. Sie blieb jedoch nicht lange in England, da sie fast sofort auf den Kontinent zurückkehrte.

Im folgenden Frühjahr unternahm sie eine zweite Reise nach London und segelte von Rotterdam aus. Ohne ihr Wissen sollte auf der Passagierliste ein weiterer gefallener Stern stehen. Das war Metternich, der, während das Gesindel Wiens an den Türen seines Palastes donnerte, sich darauf vorbereitete, in England Zuflucht zu suchen. Da er jedoch der Meinung war, dass die Zeiten nicht ganz günstig seien, beschloss er, die Expedition zu verschieben.

„Wenn", schrieb er, „die Chartistenprobleme mich nicht daran gehindert hätten, gestern in Rotterdam einzuschiffen, hätte ich heute Morgen in Begleitung der Gräfin von Landsfeld London erreicht. Sie fuhr mit dem Dampfer, mit dem ich hätte reisen sollen. I Gott sei Dank, dass er mich vor einem solchen Kontakt bewahrt hat!"

Alles in allem ist es vielleicht auch gut, dass die beiden Flüchtlinge nicht gemeinsam den Ärmelkanal überquert haben. Hätten sie das getan, wäre es wahrscheinlich, dass einer von ihnen ein wässriges Grab gefunden hätte.

Metternich hatte Napoleon besiegt, wurde aber von Lola Montez besiegt. Am 9. April schrieb er aus Den Haag:

„Ich habe meine Abreise nach England verschoben, weil ich zunächst wissen wollte, was in diesem Land infolge der Unruhen der Chartisten geschah. Ich halte es für lächerlich, wenn ich unbedingt Ruhe haben müsste kam mitten in der Aufregung an.

Louis Napoleon war jedoch aus härterem Holz geschnitzt; und es ist ihm zu verdanken, dass er als Gegenleistung für die Gastfreundschaft als Sonderpolizist vereidigt wurde.

KAPITEL XII

EINE „LINKSHÄNDIGE" EHE

ICH

Als Lola in London ankam und (dank der Großzügigkeit Ludwigs) gut mit Geld versorgt war, bezog sie ein Haus in der Half Moon Street in Piccadilly. Dort richtete sie eine Art *Salon ein* , in dem sie eine Reihe von Abendempfängen gab. Sie entsprachen vielleicht nicht dem alten Standard der Barerstraße; Dennoch brachten sie eine Reihe weniger wichtiger „Löwen" zusammen, die alle nur allzu gerne Einladungen annahmen.

Zu den Mitläufern gehörte Frederick Leveson-Gower, ein Sohn von Earl Granville. Er hatte die große Rachel in Paris kennengelert und war begeistert von ihr. „Kurz darauf", sagt er, „lernte ich einen anderen, viel weniger begabten Menschen kennen, der aber, nachdem er einen König in seinen Bann gezogen, zwei Ministerien verärgert und eine Revolution in Bayern herbeigeführt hatte, das Recht hatte, als gefeiert angesehen zu werden. Das war Lola Montez.

Serjeant Ballantine gehörte in seiner Rolle als etwas, das seltsamerweise immer noch als „Mann in der Stadt" bezeichnet wird, auch zu denen, die an diesen Versammlungen in der Half Moon Street teilnahmen. „Seine Gastgeberin", sagt er, „hatte einen gewissen Anspruch auf Berühmtheit. Sie war, glaube ich, spanischer Herkunft und besaß mit Sicherheit den Schönheitsstil dieses Landes, mit viel Manieren und einem äußerst ausgefallenen Kleidungsstil . " Ein weiterer gelegentlicher Besucher war George Augustus Sala, ein Journalist aus der Mitte des viktorianischen Zeitalters, der dafür verantwortlich war, mehr schlampige Ungenauigkeiten zu drucken als alle anderen seiner Zunft zusammen. Er sagt, dass er einmal darüber nachgedacht habe, Lolas Memoiren zu schreiben. Über das „Nachdenken" kam er jedoch nicht hinaus. Das war vielleicht auch gut so, denn er war für diese Aufgabe so schlecht gerüstet, dass er sie für eine Schwester von Adah Isaacs Menken hielt.

„Ungefähr zu dieser Zeit", sagt er, „machte ich in einem kleinen Zigarrenladen unter den Säulen in der Norreys Street, Regent Street, die Bekanntschaft einer äußerst hübschen Dame, die ursprünglich die Frau eines Anwalts war, aber in London bekannt war." und Paris als Balletttänzerin unter dem Namen Lola Montez. Als ich sie kennenlernte, war sie gerade aus München geflohen, wo sie als Gräfin von Landsfeld zu berüchtigt gewesen war. Sie hatte eine Zeit lang völlige Herrschaft über den alten König Ludwig von Landsfeld erlangt Bayern; und so etwas wie eine Revolution war nötig gewesen, um sie zum Verlassen der bayerischen Hauptstadt zu bewegen."

Es verbreitete sich die lächerliche Geschichte, dass Lord Brougham (der 1843 Zeuge ihres unglücklichen Debüts gewesen war) sie heiraten wollte. Die Tatsache, dass es bereits eine Lady Brougham gab, zügelte die Reden der Klatscher nicht. „Sie lehnte den ehrenwerten Herrn ab", sagt ein französischer Journalist, „auf eine Art und Weise, die ihr alle Ehre machte."

Den ganzen Tag lang suchten Journalisten, die auf „Kopie" bedacht waren, die Half Moon Street heim. Sie waren nie vor ihrer Haustür. „Der Stadtklatsch", erklärte einer von ihnen, „ist in vollem Gange; und die breite Öffentlichkeit ist ganz begierig darauf, einen Blick auf die neueste ‚Löwin' zu erhaschen." „Lola Montez ist in aller Munde und in aller Augen. Sie erregt eine noch größere Sensation als die von der schwedischen Nachtigall Madame Jenny Lind inspirierte."

Ungeachtet des Misserfolgs eines früheren Versuchs, ihre Persönlichkeit im Rampenlicht auszunutzen, fertigte Mrs. Keeley im Haymarket einen Sketch an, der „rund um" Lola Montez geschrieben war. Dies wurde von Stirling Coyne zusammengestellt und hieß: *Pas de Fascination* . Die Szene wurde in „Neverask- *where* " angesiedelt; und unter den Charakteren waren „Prinz Dunbrownski", „Graf Muffenuff" und „General von Bolte".

Es klingt kaum rippenzerreißend.

Frau Charles Kean, die der Uraufführung beiwohnte, beschrieb *Pas de Fascination* als „das gewagteste Stück, das ich je gesehen habe". Lola Montez selbst hat es gut mitgemacht. Sie saß in einer Loge, „und warf, als der Vorhang fiel, einen prächtigen Blumenstrauß nach der Hauptdarstellerin." Feuerkohlen.

Um nicht hinterherzuhinken und ein paar „Neuigkeiten" zu verbreiten, teilte ein amerikanischer Korrespondent seinen Lesern Folgendes mit: „Zu Beginn des Jahres 1849 stürzte Lola Montez, bekleidet mit königlich-bayerischen Juwelen, in einen der Hofbälle im Buckingham Palace." „Es ist unnötig zu erwähnen", fügte er hinzu, „die Kühnheit wurde nicht wiederholt." Daraus lässt sich schließen, dass Lord Chamberlain aus seinem vorübergehenden Schlaf erwacht war.

Der *Satiriker* hatte seinen Lesern versichert: „Die Öffentlichkeit wird bald mehr von Madame Montez hören." Sie taten. Was sie hörten, war etwas völlig Unerwartetes. Das hieß, dass sie ein zweites Eheexperiment gemacht hatte und dass ihre Wahl auf einen Mr. George Heald gefallen war, einen unreifen Jungen von zwanzig Jahren, für den seine Familie einen Posten als Kornett bei den Rettungsschwimmern erkauft hatte.

II

Die genauen Gründe, die Lola zu diesem Schritt bewegten, wurden nicht bekannt gegeben. Einige boten sich jedoch an. Vielleicht wurde sie von dem glitzernden Kürass und dem gefiederten Helm des Kornetts angezogen; vielleicht durch sein beträchtliches Einkommen; und vielleicht hatte sie es satt, ein obdachloser Wanderer zu sein, und hatte das Gefühl, dass hier endlich die Möglichkeit bestand, sesshaft zu werden und mit der Häuslichkeit zu experimentieren.

Als die Ankündigung in gedruckter Form erschien, herrschte in den Mayfair-Taubenschlägen großes Auf und Ab. Da der Bräutigam über ein Jahreseinkommen von etwa 10.000 Pfund verfügte, fühlten sich die Debütantinnen geneigt, eine Empörungsversammlung einzuberufen – bestürzt, als sie feststellten, dass ihnen ein solcher „Berechtigter" entrissen worden war.

„Absurd", sagten sie, „dass eine solche Frau ihn geschnappt haben sollte! Es müsste etwas dagegen unternommen werden."

Aber im Moment wurde nichts dagegen unternommen, und am 14. Juli wurde der Bund fürs Leben geschlossen. Lola erkannte, dass der Bund fürs Leben doppelt geschlossen werden sollte; Die Zeremonie fand zunächst in der französischen katholischen Kapelle in der King Street und anschließend in St. George's am Hanover Square statt.

Berrymead Priory, Acton, wo Lola Montez mit Cornet Heald lebte

Ein Pressevertreter, der sich zufällig in der Gemeinde befand, eilte zur Grub Street. Dort wurde er von seinem Herausgeber mit willkommenen fünf Schilling belohnt, der voller Freude darüber, eine solche Neuigkeit vor allen anderen Zeitschriften zu bekommen, einen charakteristischen Absatz zu diesem Thema verfasste:

Lola Montez, Gräfin von Landsfeld, die ehemalige Tänzerin und ehemalige Favoritin des schwachsinnigen alten Königs von Bayern, ist, wie wir unseren Lesern mitteilen können, endlich rechtmäßig verheiratet. *Daraufhin* wurde ihr junger Ehemann, Mr. George Trafford Heald, etwas überstürzt in das Spiel hineingezogen. Es wird interessant sein, den Fortschritt der Gräfin in dieser neuartigen Position zu verfolgen. Ein plötzlicher Wechsel von einer Karriere voller wilder Aufregung zu einer Karriere, in der Besonnenheit und die Achtung der Regeln einer guten Gesellschaft das genaue Gegenteil von denen sind, die von lockeren Ausländern beobachtet werden, muss für sie eine Prüfung sein. Das Auspeitschen von Polizeikommissaren und der Einsatz wilder Hunde gegen harmlose Zivilisten kann für München von großem Nutzen sein. In England sind wir jedoch kaum auf diese Tätigkeiten vorbereitet, auch wenn sie als Privilegien einer Gräfin gelten.

Disraeli, der großen Appetit auf alle Klatschhäppchen hatte, die in den Salons von Mayfair diskutiert wurden, hörte von dem Match und erwähnte es in einem Brief an seine Schwester Sarah:

Juli 1849.

Die Ehe mit Lola Montez sorgt für Aufsehen. Ich glaube, er [Heald] hat nur 3.000 Pfund pro Jahr, nicht 13.000 Pfund. Es war eine Angelegenheit von ein paar Tagen. Sie ließ ihn um die Ablehnung seines Hundes bitten, von dem sie wusste, dass er zum Verkauf stand – natürlich nicht, da er sehr schön war. Aber er hat es als Geschenk geschickt. Sie kam zurück; er hat angerufen; und sie waren in einer Woche verheiratet. Er ist erst einundzwanzig und wollte ausgezeichnet werden. Ihre Einladungen zum Abendessen seien bereits verschickt, wurde mir gesagt. Sie hatte ihn zuvor völlig davon überzeugt, dass sie nicht Mrs. James war; und was den König von Bayern betrifft, der ihr übrigens 1500 Pfund pro Jahr gibt und an den sie jeden Tag schreibt – das war nur eine *Malheureuse-* Leidenschaft.

Anlässlich dieser Verbindung ging in den Clubs ein beliebtes Rätsel um: „Warum ähnelt ein gewisser junger Offizier der Rettungsschwimmer einem vielfach geflickten Paar Schuhe?“ Die Antwort war: „Weil er besohlt (verkauft) wurde.“

Die Flitterwochen wurden im Berrymead Priory verbracht, einem Haus, das dem Bräutigam in Acton gehörte. Es handelte sich um ein stattliches gotisches Gebäude mit mehreren Hektar gut bewaldetem Gelände und Gärten. Vielleicht in einiger Entfernung von der Cornet-Kaserne. Dennoch kann man sich vorstellen, dass er seine militärischen Pflichten nicht sehr ernst nahm; und Urlaub „bei dringenden Privatangelegenheiten“ wurde zweifellos auf liberale Weise gewährt. Außerdem besaß er ein Phæton, mit dem man mit einer Spanking-Kastanie zwischen den Schäften schnell Meilen zurücklegen konnte.

Die Geschichte des Priorats reichte bis in die fernen Tage Heinrichs III. zurück, als es zum Kapitel der St. Paul's Cathedral gehörte. Heinrich VII. überreichte es eigenmächtig dem Earl of Bedford; und eine spätere Bewohnerin war die berüchtigte Elizabeth Chudleigh, die bigamierte Ehefrau des Herzogs von Kingston. Eine andere helle Dame, Nancy Dawson, soll dort ebenfalls als Châtelaine gelebt haben, unter dem „Schutz" des Herzogs von Newcastle.

Zu Beginn des letzten Jahrhunderts wurde das Anwesen von einem Colonel Clutton erworben. Ihm folgte Edward Bulwer, später Lord Lytton, der dort bis zu ihrer Trennung im Jahr 1836 zeitweise (hauptsächlich getrennt) mit seiner Frau lebte. Bei einer Gelegenheit gab er eine Dinnerparty, zu deren Gästen auch John Forster gehörte Treffen Sie Miss Landon, Fontblanque und Hayward. Der Einladung wurde die Warnung hinzugefügt: „Wir essen um halb fünf zu Abend, um Zeit für die Rückkehr zu haben, und bedauern sehr, dass wir noch keine freien Betten haben." Für Lord Beaconsfield stand jedoch ein Ersatzbett zur Verfügung, als er im folgenden Jahr dort speiste.

Als Bulwer wegzog, hatte das Haus eine Reihe von Mietern; und für kurze Zeit beherbergte es sogar eine Schar von Nonnen des Heiligen Herzens. Als sie abreisten, wurde das Anwesen von Herrn George Heald gekauft, einem Rechtsanwalt mit einer florierenden Praxis. Er überließ es seinem Sohn, dem Cornet, und so stellte Lola Montez ihre Verbindung zum Berrymead Priory her.

Während das ursprüngliche Haus noch steht, ist der Garten, in dem es stand, verschwunden; und das Gebäude selbst dient heute als Räumlichkeiten des Acton Constitutional Club. Aber das Komitee hat sorgfältig darauf geachtet, einige Beweise für die Besetzung von Cornet Heald aufzubewahren. So sind sein Wappen und sein Familienmotto „ *Nemo sibi Nascitur* " in den Mosaikboden der Halle eingelassen und die Decke des Salons ist mit seinen in Gold herausgepickten Initialen verziert.

III

Vielleicht ein Vorurteil, aber Verbindungen zwischen den Söhnen des Mars und den Töchtern von Terpsichore wurden damals von den Militärbossen der Horse Guards missbilligt. Daher dauerte es nicht lange, bis im *Standard* eine inspirierte Anmerkung zu diesem Thema erschien :

Wir erfahren von zweifelsfreier Autorität, dass der Marquess of Londonderry, Oberst der 2. Leibgarde, unmittelbar nach der Hochzeit von Leutnant Heald mit der Gräfin von Landsfeld die entschiedensten Schritte unternahm, um Ihrer Majestät den Rücktritt dieses Offiziers von seinem Amt zu empfehlen darauf bestehen; und dass er das Regiment sofort verlassen sollte, was dieser unglückliche und außergewöhnliche Akt möglicherweise beeinträchtigen könnte.

Ihre Majestät teilte nach Rücksprache mit dem Prinzgemahl und dem Herzog von Wellington diese Ansicht. Anstatt jedoch kurzerhand „aus dem Amt entlassen" zu werden, durfte der liebeskranke junge Krieger „seine Papiere einsenden".

Cornet Heald glaubte, dass er mit seinem Rücktritt voreilig gehandelt hatte, und bemühte sich (zweifellos von Lola angestachelt) darum, seinen Rücktritt annullieren zu lassen. Die Behörden blieben jedoch hartnäckig. „Viel Neugier", heißt es in einem journalistischen Kommentar, „wurde bei den Haustruppen durch die Bemühungen dieses Offiziers geweckt, seinen Posten wiederzuerlangen, nachdem er ihn freiwillig aufgegeben hatte. Ungeachtet seiner Jugend und der Tatsache, dass er einem plötzlichen Impuls nachgegeben hatte, Lord Londonderry war geradezu unflexibel. Doch der Einfluss und die Beredsamkeit eines gewissen Ex-Kanzlers, der der Braut wohlbekannt war, wirkten sich auf ihn aus."

Der „gewisse Ex-Kanzler" war kein anderer als Lord Brougham.

In anderen Kreisen folgte viel Kritik. Jeder hatte eine Meinung, um voranzukommen. Die meisten von ihnen waren alles andere als schmeichelhaft, und es gab Dutzende Anspielungen auf „zügelloses Soldatentum" und „vergoldete Popinjays". Der starre Herausgeber von *The Black Book of the British Aristocracy* war besonders empört. „Die Armee", erklärte er in einem heftigen Ausbruch, „ist der besondere Favorit der aristokratischen Abteilung. Jedem hirnlosen jungen Welpen mit einem Auftrag steht es frei, seine Zeit auf Kosten der Öffentlichkeit mit Dandytum und embryonalen Schnurrbärten zu verbringen."

Der *Satiriker* machte seinem Namen alle Ehre und hatte auch seinen üblichen Beigeschmack:

Natürlich konnte der tapfere Oberst der Household Troops nicht weniger tun. Dieses angesehene Korps ist makellos; und kein Windhauch darf zwischen ihm und seiner Angemessenheit liegen. Es gibt nur ein schwarzes Schaf in der 2. Leibgarde, und das ist in den Augen des rabenschwarzen Obersten (dem von den Zechen) der sanfte, verzauberte und gefesselte Mr. Heald. Armer Heald! Empörter Londonderry! Wie unterwürfig muss der dürre Subalterne seinem dicken Oberst gegenüber sein.

Es folgte eine Sonntagsargel. „Was könnte der genaue Artikel des Militärgesetzes sein, gegen den Mr. Heald mutmaßlich verstoßen hat?" Man hätte kaum annehmen können, dass Offiziere im Dienst Ihrer Majestät unter einem solchen Despotismus lebten, dass sie gezwungen werden müssten um die Erlaubnis zum Heiraten oder die Zustimmung des Obersten zu ihrer Wahl einzuholen."

Lord Londonderry (ein Veteran mit 55 Dienstjahren) missbilligte nicht nur die Ehen zwischen seinen Offizieren und Bühnendamen, sondern missbilligte auch den Tabak mit der gleichen Heftigkeit. „Was", schrieb er einmal an Lord Combermere, „haben die Gold Sticks mit diesem Rauchbecken, der Wache und den Messeräumen der Horse Guards zu tun? Wann immer ich sie besuchte, fand ich sie schlimmer als jedes Pothouse . " , und das tatsächlich gegenüber dem Generaladjutanten und vor der Nase Seiner Gnaden!"

Das Beispiel von Cornet Heald scheint ansteckend gewesen zu sein. „Ein weiterer junger Offizier dieses Regiments", verkündete der *Globe* , „ist gerade mit einer gebrechlichen Dame aus dem Theater durchgebrannt und hat sie tatsächlich in Brighton geheiratet." Auch er musste „seine Papiere einsenden".

Abgesehen davon, dass Cornet Heald sein Amt verlor, hatte er sich in seiner Ehe unabsichtlich auch noch ein bisschen neuen Ärger angehäuft. Die Situation wurde durch das Vorgehen seiner jungfräulichen Tante, Miss Susannah Heald, zugespitzt, die bis zu seiner Volljährigkeit seine Vormundin gewesen war. Da sie vermutete, dass Lola eine „Vergangenheit" hatte, machte sie sich daran, darin herumzuschnüffeln. Als sie herausfand, dass die Verlobte ihres Neffen bereits verheiratet war, beauftragte sie Ermittler, die frühere Verbindung zu untersuchen und herauszufinden, wie und wann sie aufgelöst worden war. Sie machten ihre Arbeit gut und berichteten, dass das Scheidungsurteil von sieben Jahren zuvor nicht rechtskräftig geworden sei und dass Lolas erster Ehemann, Captain James, noch am Leben sei. Mit diesem Wissen bewaffnet, eilte Miss Heald zu den Behörden und ließ Lola Montez, nachdem sie „Informationen vorgelegt" hatte, wegen Bigamie verhaften.

Der Fall wurde vor dem Polizeigericht Marlborough Street verhandelt, wobei Herr Bingham als Richter fungierte. Herr Clarkson leitete die Anklage und Herr Bodkin erschien zur Verteidigung.

„Das Verfahren eines Londoner Polizeigerichts", erklärte *John Bull* , „hat selten einen Fall präsentiert, der Anlass zu öffentlichem Klatsch mehr gab als die Untersuchung in der Marlborough Street, wo die vermittelte Ehefrau eines britischen Beamten (und einer mit ...) (die Auszeichnung der königlichen Günstlingswirtschaft) antwortete auf den Vorwurf der

unterstellten Bigamie ... Man kann leicht schließen, dass wir uns auf diese
außergewöhnliche Persönlichkeit beziehen, die als Lola Montez, *alias* die
Gräfin von Landsfeld, bekannt ist.

Lola hatte sich, wie die Theaterwelt es nennen würde, für die Rolle gekleidet.
Sie hatte es wahrscheinlich auch geprobt. Sie trug, wie wir erfahren, „ein
schwarzes Seidenkostüm unter einer Samtjacke und eine schlichte weiße
Strohhaube mit blauen Bändern." Wie es sich für eine Gräfin gehörte, musste
sie nicht auf der Anklagebank sitzen, sondern bekam einen Stuhl davor.
„Da", sagte ein Reporter, „wirkte sie völlig unbefangen und lächelte oft, als
sie eine Bemerkung zu ihrem Mann machte. In der Anklageschrift wurde sie
als 24 Jahre alt beschrieben, aber unserer Meinung nach sieht sie so aus."
einer Frau von mindestens dreißig Jahren."

„Der Figur nach", fügte ein zweiter Bewohner der Pressetribüne hinzu, „ist
Frau ziemlich rundlich und mittelgroß, mit blasser Gesichtsfarbe,
ungewöhnlich großen blauen Augen und langen schwarzen Wimpern. Ihr
angeblicher Ehemann, Mr. Heald, ist ein großer, junger Mann." Mann von
jungenhaftem Aussehen, blondem Haar und kleinem braunen Schnurrbart
und Schnurrbart. Während der gesamten Verhandlung saß er mit der Hand
der Gräfin in der seinen, drückte sie gelegentlich inbrünstig und murmelte
ihr liebevoll ins Ohr."

Nachdem alles bereit war, eröffnete Herr Clarkson den Fall für die
Staatsanwaltschaft.

„Das Vergehen, das der Dame an der Bar vorgeworfen wird", sagte er,
„besteht darin, dass sie, wohlwissend, dass ihr Mann, Captain Thomas James,
noch am Leben war, eine weitere Ehe mit diesem jungen Herrn, Mr. George
Trafford Heald, eingegangen ist. Wenn das so ist." festgestellt, müssen
schwerwiegende Konsequenzen folgen, da ich beweisen werde, dass das
Kirchengericht lediglich ein Dekret *a mensa et thoro erlassen hat* . Anschließend
legte er eine Kopie dieses Dokuments bei und wies darauf hin, dass es laut
den darin enthaltenen Bestimmungen keiner Partei freisteht, zu Lebzeiten
der anderen wieder zu heiraten. Der Anwalt legte außerdem einen Auszug
aus dem Register der Hanover Square-Kirche vor, aus dem hervorgeht, dass
der Angeklagte am 19. Juli unter dem Namen „Maria Torres de Landsfeld"
eine Trauungszeremonie mit Cornet Heald durchlaufen hatte.

Polizeisergeant Gray, der den Haftbefehl vollstreckt hatte, beschrieb die
Festnahme.

„Als ich ihr sagte, dass sie mit mir kommen müsse, stand die Dame auf und
sagte: ‚Das ist alles Unsinn. Ich wurde durch Parlamentsbeschluss
ordnungsgemäß von Captain James geschieden. Lord Brougham war
anwesend, als die Scheidung bewilligt wurde. Das tue ich nicht." Ich weiß,

ob Captain James noch lebt oder nicht, und es ist mir völlig egal. Ich war unter dem falschen Namen mit ihm verheiratet, und das machte die ganze Sache illegal.'"

„Hat sie noch etwas gesagt?" fragte der Richter.

„Ja, Euer Gnaden", erwiderte der Sergeant und konsultierte sein Notizbuch. „Sie sagte: ‚Was um alles in der Welt wird die königliche Familie sagen, wenn sie davon hört? Da wird es bestimmt einen teuflischen Wirbel geben.'"

„Gelächter vor Gericht!" zeichnete die Presseleute auf.

„Und was hast du dazu gesagt?" fragte Herr Bingham.

„Ich sagte, dass ich alles, was sie sagte, aufschreiben und als Beweismittel gegen sie verwenden würde", war die glatte Antwort.

Die Vollstreckung des Haftbefehls schien auf dramatische Weise erfolgt zu sein.

Nachdem Lola und der Cornet offensichtlich Wind davon bekommen hatten, was sie erwartete, hatten sie ihr Gepäck gepackt und beschlossen, England zu verlassen. Gerade als sie in ihre Kutsche stiegen, fuhren Miss Susannah Heald und ihr Anwalt, begleitet von ein paar Polizisten, in einem Taxi zur Half Moon Street. Als dieser verkündete, dass gegen sie ein Haftbefehl vorliege, kam es zu einer Art Szene. „Die Gräfin", erklärte ein fantasievoller Reporter (der offenbar vor der Tür gestanden hatte), „zeigte den Anschein übermäßiger Leidenschaft. Sie benutzte eine sehr scharfe Sprache, schob die ältere Miss Heald beiseite und drängte ihren Mann auf energische Weise. Sie beruhigte sich jedoch bald, und als sie zum Polizeirevier Vine Street begleitet wurde, wo die Anklage wegen Bigamie erhoben wurde, entschuldigte sie sich gnädig für etwaige Schwierigkeiten, die sie den Vertretern des Gesetzes bereitet hatte. Dann bat sie um Erlaubnis, sich eine Zigarre anzünden zu dürfen. und schlug vor, dass die dort diensthabenden Polizisten mit ihr einen geselligen Abend verbringen sollten.

Miss Susannah Heald, die als „eine betagte Dame" beschrieben wurde, gab an, dass sie Cornet Healds Tante sei und dass sie während seiner gerade erst abgelaufenen Minderjährigkeit zu seiner Vormundin ernannt worden sei. Sie habe die Klage „aus Pflichtgefühl" erhoben, betonte sie.

Ein weiterer Zeuge war Kapitän Charles Ingram, ein Seemann im Dienst der Ostindien-Kompanie. Er identifizierte die Angeklagte als Mrs. James, die im Jahr 1842 auf einem Schiff unter seinem Kommando von Kalkutta nach London gesegelt war.

Während eine von den Militärbehörden vorbereitete offizielle Erklärung ergab, dass Captain James am 13. Juni noch am Leben war, gab es keinen

Beleg dafür, dass er sich am 19. Juli, dem Datum der angeblichen bigamen Ehe, noch im Land der Lebenden aufgehalten hatte. Die Anklage schien diesen Punkt für unwichtig zu halten. Der Richter (bei dem Lolas leuchtende Augen ihr Werk getan hatten) war jedoch anderer Meinung.

„Der Punkt", sagte er, „ist meiner Meinung nach sehr wichtig. In der Zeit zwischen diesen beiden Daten könnten viele Dinge passiert sein, die diese zweite Ehe ganz legal machen würden. Es ist zum Beispiel möglich, dass Captain James könnte durch einen der zahlreichen Verluste – wie Kriegsverletzungen oder Cholera – von dieser Welt in eine andere gerissen worden sein, die Angehörigen des Militärberufs, die in einem tropischen Klima dienen, widerfahren können. Was sagen Sie dazu, Herr? .Clarkson?"

Mr. Clarkson hatte nichts zu sagen. Als Herr Bodkin jedoch an die Reihe kam, hatte er viel zu sagen. Der Vorwurf gegen seinen Mandanten sei „in all seiner Berufserfahrung absolut beispiellos" gewesen, erklärte er. Er wies darauf hin, dass weder der erste noch der zweite Ehemann eine Beschwerde vorgebracht hätten; und die Straftat, falls vorhanden, wurde unter Umständen begangen, die sie voll und ganz rechtfertigten. Er wollte nicht auf unangemessene Beweggründe von Miss Heald hinweisen, aber es sei klar, protestierte er, dass ihre Haltung von privaten und nicht von öffentlichen Zielen bestimmt sei. Dennoch schloss er: „Ich bin bereit zuzugeben, dass dem Gericht genug vorgelegt wurde, um weitere Untersuchungen zu rechtfertigen."

Ein solches Eingeständnis war ein Versprecher, den selbst der gröbste Anwalt hätte vermeiden sollen. Es erzwang die Hand des Richters.

„Ich werde gebeten", sagte er, „auf der Grundlage einer Schuldvermutung zu handeln. Da ein Schuldbeweis fehlt, zögere ich, auf dieser Vermutung zu handeln, selbst wenn dies zur Gewährung einer Untersuchungshaft führen würde, es sei denn, die Staatsanwaltschaft kann mir dies versichern." Weitere Beweise werden in einer anderen Anhörung vorgelegt. Da der Anwalt des Angeklagten jedoch freiwillig zugegeben hat, dass es Grund für weitere Ermittlungen gibt, bin ich gezwungen, eine Untersuchungshaft anzuordnen. Der Angeklagte wird jedoch aus der Haft entlassen, wenn er zwei Sicherheiten in Höhe von £ leistet 500 pro Person und sie selbst in einem von 1000 £.

Das vertagte Verfahren begann eine Woche später und wurde von einem anderen Richter, Herrn Hardwick, verhandelt. Diesmal gab es jedoch keinen Angeklagten, denn als der Gerichtsdiener ihren Namen rief, verzog Herr Bodkin sein Gesicht und verkündete, dass sein Mandant England verlassen habe. „Ich kann keinen Grund für ihre Abwesenheit nennen", sagte er . Dennoch hatte er einen Vorschlag. „Möglicherweise", sagte er, „dass sie aus gesundheitlichen Gründen ins Ausland gegangen ist." Es stellte sich dann die

Frage der Wertung der Anerkennungen. Obwohl er nicht bereit war, sie gänzlich aufzugeben, war der Anwalt der Anklage großzügig genug zu sagen, dass seiner Meinung nach keine Einwände gegen die Verlängerung erhoben würden.

Als sich die Angeklagte nach zwei weiteren Vertagungen immer noch nicht ihrer Kaution hingab, änderten der Richter und der Anwalt der Anklage ihren Ton.

„Euer Hochwürden", sagte Herr Clarkson, „mir ist bekannt geworden, dass die Person, deren richtiger Name Mrs. James ist und die des schweren Verbrechens der Bigamie angeklagt ist, sich jetzt einige hundert Meilen außerhalb Ihres Zuständigkeitsbereichs befindet, und." bedeutet nicht, zu erscheinen. Dementsprechend bitte ich jetzt im Namen der hoch angesehenen Miss Heald darum, dass die Anerkennungen verfallen. Meine Mandantin wurde durchweg nur von den reinsten Motiven angetrieben, ihr einziges Ziel war es, den einzigen Sohn von zu entfernen ein geliebter Bruder aus einer Ehe, die ebenso illegal wie schändlich war. Wenn wir aus Indien Beweise dafür erhalten, dass Captain James noch am Leben ist, werden wir die notwendigen Schritte unternehmen, um diesen verblendeten Jungen aus den Fängen dieser intriganten Frau zu befreien."

„Die Anerkennungen sollen gewürdigt werden", lautete der richterliche Kommentar.

"Sensation!" kritzelten die Reporter.

Cause-Célèbres mitwirkte , erklärt, dass er von Lolas Anwälten konsultiert worden sei, um ihre Verteidigung zu übernehmen. Wenn ja, scheint er seine Anweisungen sehr beiläufig gelesen zu haben, denn er fügt hinzu: „Ich weiß nicht mehr, ob die Anklage letztendlich eingestellt wurde oder ob sie England verließ, bevor ein Ergebnis erzielt wurde. Mein Eindruck ist, dass die Anklage nicht hätte erhoben werden können." begründet."

Der *Observer* ignorierte die Tatsache, dass der Fall immer noch *anhängig war,* und gab seinen Lesern einige strenge Kommentare:

„Die Helena dieser Zeit ist mit Sicherheit Lola Montez, *alias* Betsy James, *alias* die Gräfin von Lansfelt, *alias* Mrs. Heald. Soweit sich aus ihrer dunklen Geschichte ableiten lässt, war ihre erste öffentliche Tat, wie auch ihre letzte, angeblicher Ehebruch angebliche Bigamie... Die vor dem Konsistoriumsgericht vorgelegten Beweise sind von klarster und überzeugender Art und beweisen, dass der Charakter dieser Dame (deren Ruhm so abscheulich berüchtigt geworden ist) von Anfang an den Charakter einer bloßen Wollust hatte , gleichermaßen ohne Rücksicht auf die heiligen Bande der Ehe und völlig gleichgültig gegenüber der Meinung der Welt über Moral oder Religion.

Lola Montez in London. Im Alter von dreißig Jahren (gestochen von Auguste Hüssner)

Während des Polizeigerichtsverfahrens brachte ein seltsamer Eintrag in einer irischen Zeitung übrigens neues Licht auf die Frage von Lolas Abstammung:

„Lola Montez, Gräfin von Landsfeld, ist die Tochter einer Dame aus Cork. Ihre Mutter war einst als Mitarbeiterin einer Hutmacherei in dieser Stadt beschäftigt und heiratete hier bald darauf Leutnant Gilbert, einen Offizier der Armee Nach der Heirat segelte er mit seiner Frau und seinem Kind zu seinem Regiment nach Indien. Ende letzten Jahres besuchte Lolas Mutter, der es mittlerweile gesundheitlich schlecht geht, ihre Schwester in Cork.“

IV

Dank der strahlenden Augen von Lola (oder vielleicht dem musikalischen Klirren der Geldbeutel des Cornet) wurde das Paar sehr locker im Auge behalten. Der Grund, warum die Gräfin von Landsfeld (wie sie immer noch genannt werden wollte) ihren zweiten Termin in der Marlborough Street nicht eingehalten hatte, lag also darin, dass sie zusammen mit dem schneidigen ehemaligen Leibgardisten England am frühen Morgen verlassen hatte. Als Herr und Frau Heald reisten die beiden zunächst nach Paris und dann nach Italien.

Ein britischer Tourist, der sich zufällig in Neapel aufhielt, schrieb an *die Times* und berichtete von einem flüchtigen Blick auf sie. Ihm zufolge bezog das Paar, „ein jugendlicher Bräutigam und eine schöne Dame", begleitet von einem Kurier, einer *Femme de Chambre* und einer Kutsche, Zimmer im Hotel Vittoria. Nach einer Nacht dort brachen sie am nächsten Morgen auf und mieteten für 400 Pfund einen Spezialdampfer, der sie nach Marseille bringen sollte. Die überstürzte Abreise sei auf die Briefe eines Anwalts zurückzuführen, der bei seiner Bank auf den Bräutigam wartete. „Mir wurde gesagt", fügt der Korrespondent hinzu, „dass Mr. und Mrs. Heald auf einem Ausflug zu den Pyramiden waren und dass sie, sobald die kleine Angelegenheit erledigt ist, für die die Dame zu Hause gesucht wird, sie vor Gericht bringen wollen." Ihre Absicht. Bitte, Sir, helfen Sie Mrs. Heald aus ihrer gegenwärtigen Not. Ist dies das erste Mal, dass eine Dame zwei Ehemänner hat? Und ist sie nicht auf dem Weg in den Osten, wo jeder Mann vier Frauen hat?"

Der Tölpel Cornet, dessen Ideen sich auf die Fuchsjagd und das Studium von *Ruff's Guide beschränkten* , war kein Freund einer brillanten Frau wie Lola. Daher kam es bald zu Meinungsverschiedenheiten. Ein besonders schwerwiegender Fall schien in Barcelona aufgetreten zu sein, denn in einem Brief eines gemeinsamen Bekannten heißt es: „Die Gräfin und ihr Mann hatten eine herzliche Diskussion, die mit einem Versuch von ihr endete, ihn zu erstechen. Mr. Heald widersprach Als er solch eine Zurschaustellung ehelicher Zuneigung zeigte, verließ er umgehend die Stadt.

Weitere Einzelheiten lieferte ein anderer Korrespondent: „Ich habe Mr. Heald gesehen", sagt diese Behörde. „Er ist ein großer, dünner junger Mann mit hellem Teint und verwendet oft Rouge, um seine Blässe zu verbergen. Viele haben Mitleid mit ihm für das, was passiert ist. Andere jedoch haben Mitleid mit der lieben Lola. Bevor er diesen Bezirk verließ, Mr. Heald rief den englischen Konsul an. „Ich bin gekommen", sagte er, „um Sie um Rat zu fragen. Einige meiner Freunde hier schlagen vor, dass ich meine Frau verlassen sollte. Was soll ich dagegen tun? Wenn ich mit ihr aufhöre, bin ich es." Angst davor, ermordet oder vergiftet zu werden.' Dann zeigte er ein mit Blut bedecktes Kleidungsstück. Der Konsul antwortete: „Ich bin wirklich erstaunt darüber, dass Sie sich nach dem Angriff, von dem Sie sprechen, nicht bei der Polizei beschwert haben und seitdem mit Ihrer Frau in intimer Atmosphäre zusammengelebt haben." Wenn du sie verlassen willst, musst du tun, was du für das Beste hältst. Ich kann dir keinen Rat geben."'

Der HBM-Konsul brachte jedoch einen Punkt ins Spiel, da er (vielleicht aus Angst vor weiterem Blutvergießen) anbot, den Reisepass des Antragstellers für jedes andere Land zu *überprüfen* . Daraufhin begab sich Herr Heald nach Mataro. Doch als er von Gewissensbissen geplagt wurde, setzte er sich sofort hin und schrieb einen Entschuldigungsbrief an die Dame, die er zurückgelassen hatte, und bat sie um Vergebung. „Wenn Sie jemals wieder Grund haben sollten, sich über mich zu beschweren", sagte er, „wird dieser Brief immer wie ein Talisman wirken."

Offenbar hatte es Wirkung, denn Lola kehrte zu ihrem reumütigen Gatten zurück.

Dem Barcelona-Korrespondenten von *L'Assemblée Nationale* gelang es, den Cornet zu interviewen.

„Er sagt", verkündete diese Autorität, „dass andere ihn überredet hätten, zu gehen, gegen seinen wahren Willen. Als sie zu ihm zurückkehrte, war Mrs. Heald höchst empört. Ihre Augen blitzten förmlich auf, und wenn sie zufällig auf die Männer treffen sollte, die ... hat ihr ihren Mann weggenommen, ich zittere ganz bei dem Gedanken, was passieren wird!"

Offensichtlich ist etwas passiert, denn laut de Mirecourt „machte der bewundernswerte englische Ehemann seine Frau während ihres Aufenthalts im sonnigen Spanien zur zufriedenen Mutter zweier wunderschöner Sprösslinge." Allerdings schien die Elternschaft eine merkwürdige Wirkung auf dieses Paar gehabt zu haben, denn de Mirecourt fährt fort: „ *Mais, en dépit de ces gages d'amour, leur bonheur est troublé par des querelles intestinals.* "

Von Spanien aus kehrte das Paar nach Paris zurück, nachdem es seine Differenzen vorübergehend beigelegt hatte. Als Friedensangebot wurde ein aufstrebender junger Künstler, Claudius Jacquand, beauftragt, beide Porträts auf einer einzigen Leinwand zu malen. Während eines weiteren häuslichen Bruchs verlangte Heald jedoch, dass Lolas Gesichtszüge ausgemalt werden sollten. „Ich möchte nichts", sagte er, „mich an diese Frau erinnern." Leider hatte Lola gerade eine ähnliche Forderung in Bezug auf das Kornett gestellt. Jacquand war ein talentierter Mann, aber er konnte keine Unmöglichkeiten schaffen. Daraufhin nahm Lola, Feuer und Wut atmend, die Leinwand weg und hängte sie mit der Rückseite nach vorne in ihrem Schlafzimmer auf. „Es wäre unfein, meinem Mann zu erlauben, mich immer zu beobachten", sagte sie.

Es gibt eine Theorie, dass die schlecht organisierte Gewerkschaft innerhalb der nächsten zwölf Monate dadurch aufgelöst wurde, dass Heald in einem Ruderboot aus der Fassung geriet und im Hafen von Lissabon ertrank. Diese Theorie lässt sich allerdings nur schwer mit der Tatsache in Einklang bringen, dass er am Ende der Weltausstellung Ende 1851 an einer Versteigerung der Gegenstände teilnahm, bei der er einen Parkettboden kaufte und ihn in seinem Haus verlegen ließ Salon im Berrymead Priory. Danach ließ er eine

Reihe baulicher Veränderungen vornehmen; stattete die Fenster mit Buntglasfenstern aus, die sein Wappen und seine Initialen trugen; und schließlich gab er den Pachtvertrag erst 1855 auf. Ziemlich gute Arbeit für einen Mann, der sechs Jahre zuvor ein nasses Grab gefunden haben soll.

Fakt ist, dass Cornet Heald weder in Lissabon noch anderswo ertrunken ist. Er starb 1856 in seinem Bett in Folkestone. Das ärztliche Attest führte die Todesursache auf Schwindsucht zurück. Im *Gentleman's Magazine* lautete die Diagnose jedoch anders: „gebrochenes Herz".

Alle Dinge vergehen. Im Jahr 1859 verkauften die Testamentsvollstrecker des schneidigen Cornet das Berrymead-Anwesen für 7.000 Pfund, um es bald darauf für 23.000 Pfund an eine Landentwicklungsgesellschaft zurückzukaufen. Das Haus dient heute als Sitz des Priory Constitutional Club, Acton. Es gibt immer noch gewisse Beweise für die einmalige Belegung von Cornet Heald. So sind sein Wappen und sein Motto „ *Nemo sibi Nascitur"* in den Mosaikboden der Halle eingelassen und die Decke des Salons ist mit seinen in Gold herausgepickten Initialen verziert.

KAPITEL XIII

ODYSSEE

ICH

Trotz der angeblichen Bindung an die Eltern verbesserten sich die häuslichen Beziehungen zwischen ihnen nicht und das Paar trennte sich bald. Das Wissen, dass sie dort immer noch „gesucht" wurde, hielt Lola von England fern. Stattdessen ging sie nach Paris, wo ihr solche Unannehmlichkeiten wie Haftbefehle nichts anhaben konnten. Dort wurde sie von alten und neuen Freunden herzlich empfangen.

Bei diesem Besuch in Paris kam es zu einem ungewohnten Rückschlag. Sie erhielt es von Émile de Girardin, den sie zu erobern versuchte. Aber dieser „schriftstellerische Mann mit den wilden Augen und dem blassen Gesicht", wie sie ihn nannte, wollte nichts von ihr wissen. Vielleicht erinnerte er sich daran, was Dujarier widerfahren war.

Wie zu erwarten war, erregte das Erscheinen von Lola Montez die Aufmerksamkeit der *Kurieristen* , die viele willkommene Francs verdienten, indem sie Kolumnen mit Einzelheiten über ihre Karriere füllten. Was sie nicht wussten, erfanden sie. Sie wussten sehr wenig. So lautete ein solcher Artikel (entsprechend mit „Fantasio" signiert) wie folgt:

„Madame Lola Montez, die nun glücklich zu uns zurückgekehrt ist, ist die rechtmäßige Ehefrau von Sir Thomas James, einem Offizier der englischen Armee. Mylord Sir James liebte es zu trinken und die schöne Lola liebte es zu flirten. Ein wohlhabender Prinz von Kabul war bereit um sie für ihr Gewicht in Gold und Edelsteinen zu besitzen. Bisher waren ihre hauptsächlichen Liebesbeziehungen mit Don Enriquez, einem Spanier, Brûle-Tout, einem gebildeten französischen Seefahrer, und John, einem phlegmatischen Engländer. Eines Tages Sir James Ich wette, dass er in zwanzig Minuten drei Flaschen Brandy trinken könnte. Während er damit beschäftigt war, liebte die verliebte Lola drei verschiedene Galanten.

„Es wird zweifellos für ihren Stolz eine Genugtuung sein", fügte ein Zweiter hinzu, „es noch einmal in Paris zur Königin zu bringen, wo sie einst von der Bühne gejagt wurde. Dort wird sie nun jedenfalls in der Bayerischen Botschaft empfangen und den Orden vorführen." von Maria Theresia. Damit löste sie einen erheblichen Skandal beim Münchner Adel aus, der den Gedanken, einer Tänzerin eine solche Auszeichnung zu verleihen, nicht ertragen kann."

Solche Dinge und vieles mehr in einer ähnlichen Richtung wurden von seinen Lesern als Evangelium akzeptiert. Aber für diejenigen, die ihr Böses wünschten, war jede Lüge akzeptabel. Obwohl es also nicht den geringsten Beweis gab, der sie mit dem Vorfall in Verbindung brachte, wurde ein Absatz mit der Überschrift „Wieder Lola?" gefunden. wurde in den Londoner Zeitungen veröffentlicht:

Gestern Nachmittag erlebten die Spaziergänger auf den Champs-Élysées eine außergewöhnliche Szene. Man hörte, dass zwei modisch gekleidete Damen, die in einer eleganten Equipage fuhren, eine alles andere als raffinierte Sprache verwendeten. Von Worten zu Schlägen, denn plötzlich begannen sie, sich gegenseitig mit kräftigen Schlägen anzugreifen. Die Toiletten und Gesichter der Messeteilnehmer wurden bald beschädigt; Unter lautem Kummerschrei wurde die Kutsche angehalten, und einige Herren, angelockt durch den Aufruhr, eilten herbei, um Hilfe zu leisten. Aufgrund ihrer Einmischung wurde eine der Jungfrauen aus dem Fahrzeug geworfen und die andere befahl dem Kutscher, sie zu ihrem Hotel zu fahren. Diese zweite Dame ist der Öffentlichkeit durch ihre Abenteuer in Bayern bekannt.

Albert Vandam, ein ausgesprochen anstößiger Journalistentyp, der behauptete, mit allen Menschen in Paris, die man kennen sollte, in engem Kontakt zu stehen, hat in dieser Phase ihrer Karriere eine Reihe beleidigender und ungerechtfertigter Anspielungen auf Lola Montez. Er spricht von ihrer „vollkommenen Unverschämtheit", von ihrem „Topfwitz" und von ihren „Grammatikfehlern" und nennt sie unter anderem „diese fast ungebildete Intrigantin".

„Lola Montez", sagt der ungeheuerliche Vandam, „konnte keine Freunde finden." Er hatte Unrecht. Das war genau das, was sie tun konnte. Sie hat viele treue und warmherzige Freunde gefunden. Weil sie ihn wegen seiner Aufdringlichkeit brüskierte, beschloss Vandam, sie herabzusetzen.

Lola Montez wählte ihre Freunde aufgrund ihres Gemüts aus, nicht aufgrund ihrer Tugend. Einer von ihnen war George Sand, „der Besitzer des größten Geistes und des kleinsten Fußes in Paris". Sie wurde auch mit Alphonsine Plessis vertraut und besuchte die zukünftige „Kameliendame" regelmäßig in ihrer *Wohnung* am Boulevard de la Madeleine. Ein weiterer *Stammgast* dort zu dieser Zeit war Lolas alte Dresdner Flamme, der Abbé Liszt, der seine Aufmerksamkeit nicht auf die Romantiker beschränkte und keine Hemmungen hatte, in den Konserven von Dumas Fils *oder* sonst jemandem zu wildern. Was die schöne, aber gebrechliche Alphonsine betrifft, sagte sie ganz offen, dass sie „vollkommen bereit sei, seine Geliebte zu werden, wenn er es wollte, aber nicht bereit sei, die Position zu teilen." Da Liszt zu diesem Thema andere Vorstellungen hatte, scheiterte der Vorschlag.

Einige Jahre später nahm Amy Fay, eine seiner Schülerinnen, eine junge Amerikanerin, in einem Buch mit dem Titel „ *Musikstudium in Deutschland"* *Maß*:

„Liszt", schrieb sie, „ist der interessanteste und auffälligste Mann, den man sich vorstellen kann. Groß und schlank, mit tiefliegenden Augen, struppigen Augenbrauen und langen eisengrauen Haaren, die er in der Mitte gescheitelt trägt. Sein Mund ist nach oben gerichtet die Ecken, die ihm beim Lächeln einen überaus schlauen und mephistophelischen Ausdruck verleihen, und sein gesamtes Aussehen und Benehmen haben eine Art jesuitische Eleganz und Leichtigkeit.

Bevor sie diese Reise antrat, schrieb Lola an einen Bekannten: „Was Männer und Frauen auszeichnet, ist ihre Individualität; und dafür werde ich siegen oder sterben!" Von dieser Qualität hatte sie genug und übrig. Ihr Leben in Paris war hektisch; oder, wie die Boulevardiers es ausdrückten: *elle faisait la bombe* .

Zu den Klatschhäppchen, die ein Reporter vortrug, gehörte Folgendes:

„Lola gibt in ihrer Pariser Wohnung ständig Teepartys. Ein Herr, der häufig zu ihnen eingeladen wird, erzählt uns, dass ihre männlichen Gäste nur solche sind, die ihre Frauen verlassen haben, und dass die weiblichen Gäste aus Damen bestehen, die ihre Ehemänner verlassen haben ."

Ein Engländer, den sie zu dieser Zeit traf, war Savile Morton, ein Freund von Thackeray und Tennyson. Eines Abends, als sie ein Abendessen gab, las ein Mitgast, Roger de Beauvoir, der Gesellschaft zufällig einige Verse vor, die er geschrieben hatte. Die Gastgeberin beschwerte sich bei Morton mit der Begründung ihrer angeblichen „Unhöflichkeit", dass sie beleidigt worden sei. Daraufhin forderte Morton de Beauvoir heraus, da er bis über beide Ohren in sie verliebt war. Lola hatte jedoch genug von Zweikämpfen und sorgte dafür, dass daraus nichts wurde; und bestand darauf, dass eine Entschuldigung ausgesprochen und angenommen werden sollte.

Einmal war sie optimistisch genug, eine Villa in Beaujon mit einer Laufzeit von fünfzehn Jahren zu pachten und sie auf Kredit aufwendig neu möblieren zu lassen. Die ersten beiden Mietraten wurden beglichen. Als der Vermieter jedoch anrief, um das dritte Geld abzuholen, wurde er mit der Entschuldigung abgeschreckt: „Herr Heald war weg und hatte vergessen, das Geld zu schicken, würde aber in einer Woche zurück sein." Diese Geschichte wäre vielleicht akzeptiert worden, wenn der Vermieter nicht herausgefunden hätte, dass sein Mieter heimlich weggehen wollte und dass einige der Möbel bereits entfernt worden waren. Daraufhin begab sich eine Schar empörter Kaufleute in Begleitung des Bürgermeisters des Bezirks mit dreifarbiger Schärpe und Amtsstab in die Villa und verlangte eine Abrechnung der gelieferten Waren. Diesmal wurde ihnen mitgeteilt, dass das Geld angekommen sei, der Schlüssel der Kiste, in der es zur Sicherheit aufbewahrt worden sei, jedoch verloren gegangen sei. Lola versicherte ihnen, dass sie einen Schlosser holen würde, schlüpfte aus dem Haus, stieg in ein wartendes Taxi und fuhr zu einer neuen Adresse in der Nähe des Étoile. Dies war das letzte, was die Gläubiger von ihr sahen.

Im Januar 1851 verfasste Lola ein Beispiel, das seitdem unter Theaterdamen weitaus häufiger vorkommt, und verfasste ihre „Memoiren". Als der Herausgeber von *Le Pays* sich verpflichtete, sie in seinen Kolumnen zu veröffentlichen, bezeichnete ein konkurrierender Herausgeber, eifersüchtig auf die „Schaufel", ihre Autorin als „Madame James, früher Madame Heald, früher Mlle Lola Montez, und das fast ein Vierteljahr lang." Stunde die Gräfin von Landsfeld."

Das Werk war ihrem alten Gönner, König Ludwig, mit einem üppigen *Avantpropos gewidmet*:

Sire: Mit der Veröffentlichung meiner Memoiren möchte ich einer Welt, die immer noch in einem vulgären Materialismus versunken ist, die erhabenen Gedanken Ihrer Majestät über Kunst, Poesie und Philosophie offenbaren. Die Inspiration zu diesem Buch, Sire, ist Ihnen selbst und den anderen bemerkenswerten Männern zu verdanken, die mir das Schicksal – immer der Beschützer meiner jüngeren Jahre – als Ratgeber und Freunde gegeben hat.

Lola muss mit mehr Offenheit als Taktgefühl geschrieben haben. Jedenfalls lehnte der Herausgeber von *Le Pays nach Erscheinen der ersten drei Kapitel* die Fortsetzung der Reihe mit der Begründung ab, sie würden „seine reineren Leser schockieren". „Wir lehnen es auf jeden Fall ab", verkündete er, „um unsere Kolumnen noch weiter zu beschmutzen."

II

Da sich Lola als Autorin als gescheitert erwiesen hatte, schluckte sie ihre Enttäuschung herunter und richtete ihre Gedanken auf ihre alte Liebe, das Ballett. Zu diesem Zweck begab sie sich in die Hände eines Herrn Roux; und nachdem er eine Reihe von Engagements akquiriert hatte, begann sie eine Provinzreise in Bordeaux. Als es fertig war, herrschte zwischen dem Star und ihrem Manager ein so schlechtes Verhältnis, dass dieser nach ihrer Rückkehr nach Paris entlassen wurde. Daraufhin eilte er zu einem Notar und verklagte seinen Arbeitgeber mit hohen Schadensersatzansprüchen.

Laut Maître Desmaret war sein Mandant, M. Roux, während einer geplanten Tour durch Europa und Amerika als *Pilote intermédiare engagiert worden*. Für seine Dienste sollte er 25 Prozent der Kasseneinnahmen erhalten. In diesem Sinne hatte er seinen Auftraggeber in mehrere Städte begleitet. Anschließend kehrte er nach Paris zurück; und während er dort über den Auftritt der Angeklagten im Vaudeville verhandelte, erfuhr er plötzlich, dass sie vorhatte, ohne ihn nach Amerika zu reisen. Infolgedessen machte er nun Schadensersatz wegen Vertragsverletzung geltend. Diese bezifferte er auf den bescheidenen Betrag von 10.000 Franken.

M. Blot-Lequesne hatte im Namen von Lola Montez eine etwas andere Geschichte zu erzählen. Der Kläger selbst, so erklärte er, wolle aus dem Vertrag aussteigen und habe dessen Bestimmungen bewusst missachtet. Sein Mandant, sagte er, habe ihn ermächtigt, einen Auftrag anzunehmen, bei dem sie sechsmal pro Woche tanze; aber in seinem Bemühen, zusätzlichen Gewinn für sich zu erzielen, hatte er sie gezwungen, sechsmal am Tag zu tanzen. Darüber hinaus habe er „ihre Würde als Frau offensichtlich missachtet und sich lächerliche Geschichten über ihre Karriere ausgedacht." Er hatte sogar noch Schlimmeres getan, denn „ohne ihr Wissen oder ihre Zustimmung hatte er eine völlig absurde Biografie seines Arbeitgebers zusammengestellt und unter dem Publikum verteilt, in dem sie auftrat." Darin wurde unter anderem behauptet, dass sie „elf Jahre lang in China und Persien gelebt und getanzt habe und dass sie mit dem düsteren König von Nepal sowie zahlreichen Rajahs befreundet gewesen sei".

Die abschließende Passage dieser Anstrengung wurde dem Richter vorgelesen:

„Zehn umfangreiche Bände würden mit der Chronik der Exzentrizitäten von Mlle Lola Montez gefüllt sein, und viele davon blieben immer noch unausgesprochen. Im Jahr 1847 heiratete sie ein großer englischer Lord in London. Leider stellten sie fest, dass sie kein Mitgefühl hatten, und 1850 kehrte sie zu den Träumen ihres Frühlings zurück. Die Gräfin hat nun die Hälfte ihrer geplanten Reise abgeschlossen. Im November verlässt sie Frankreich nach Amerika und – nun ja – Gott weiß, was dann passieren wird!"

Eine „Schönheit der Boulevards". Lola Montez in Paris

„Solange", sagte der Anwalt, „die liebenswürdige Mademoiselle Montez von
M. Roux wie ein auf einem Jahrmarkt ausgestelltes wildes Tier behandelt
wurde, zuckte sie nur angewidert mit den Schultern. Als sie jedoch sah, wie
dieses abscheuliche Pamphlet die … aufhob." Als sie den Vorhang aus ihrem
Privatleben zog, war das etwas ganz anderes. Sie drückte ihre weibliche
Empörung aus und gab eine energische Antwort."

"Was war das?" fragte der Richter interessiert.

„Sie sagte: ‚Es ist ein Glück für Sie, mein Herr, dass mein Mann nicht hier
ist, um mich zu beschützen. Wenn er es wäre, würde er Ihnen bestimmt die
Nase ziehen!'"

Wie unvermeidlich war, zerbrach diese Meinungsäußerung die *Entente* , und
der Manager kehrte allein nach Paris zurück. Da Lola Montez nichts von ihm
hörte, glaubte sie, dass es ihr freistehe, ihre eigenen Pläne zu schmieden, und
hatte die Amerika-Tour dementsprechend ohne seine Hilfe arrangiert.

Am 6. November 1851 traf Lola Montez, fortgesetzte Anwältin, in Paris ein
und teilte M. Roux mit, dass sie am 20. November nach Amerika aufbrechen
würde, aber dass sie alle Verpflichtungen erfüllen würde, die er in der

Zwischenzeit eingegangen sei. Kurz bevor sie losfahren wollte, sagte er, er hätte ihr eins besorgt, aber er wollte ihr weder sagen, wo es sei, noch einen schriftlichen Vertrag vorlegen.

Das Gericht akzeptierte diese Version als die richtige und entschied zugunsten von Lola Montez.

III

Nachdem M. Roux mit einem Floh im Ohr entlassen worden war, beauftragte Lola auf Anraten von Peter Goodrich, dem amerikanischen Konsul in Paris, als nächstes Richard Storrs Willis (einen Bruder des amerikanischen Dichters NP Willis), sich um ihr Geschäft zu kümmern Angelegenheiten und verließ Europa in Richtung Amerika. Als das gute Schiff *Humbolt*, mit dem es unterwegs war, in den Hafen von New York einlief, donnerte ein Salut von einundzwanzig Kanonen aus der Batterie. Lola war überaus erfreut und empfand diese Munitionsausgabe als eine Hommage an sich selbst. Als sie jedoch herausfand, dass es in Wirklichkeit die Ankunft von Louis Kossuth ankündigen sollte, der zufällig auch an Bord war, zeigte sie sich verärgert und zog sich in ihre Kabine zurück, um ihren Zorn auszuleben. Ein ungarischer Patriot wird mehr geehrt als ein englischer Ex-Favorit eines Königs! Was als nächstes?

„Ein mit ihr reisender Herr informierte unseren Vertreter", sagte der *New York Herald*, „dass Madame Kossuth für einen großen Schwindel erklärt hatte. Die Gräfin war während der Reise ein ungeheurer Favorit unter den männlichen Passagieren und hielt sie ständig in Aufruhr Lachen."

Obwohl Lola in einer Hinsicht enttäuscht war, entschädigte sie doch in gewissem Maße dafür, dass die Schar von Reportern, die das Schiff trafen, sie viel interessanter fand als den Fremden aus Ungarn.

„Madame Lola Montez", bemerkte einer von ihnen, der mit einem prall gefüllten Notizbuch weggegangen war, vollgestopft mit genug „Exemplaren", um eine Kolumne zu füllen, „sagt, dass in unseren Zeitschriften eine Reihe schockierender Unwahrheiten über sie veröffentlicht wurden." Dennoch besteht sie darauf, dass sie nicht die Frau ist, die man ihr zuschreibt (oder in Misskredit bringt). Wenn sie es wäre, gäbe es ihrer Meinung nach noch mehr Bewunderer als sie New York; aber sie vertraut darauf, dass die große amerikanische Öffentlichkeit ihr Urteil aufschieben wird, bis sie sie kennengelernt hat."

„Die Gräfin von Landsfeld, die jetzt unter uns ist", fügt ein zweiter Schreiber hinzu, „verdankt mehr der Brillanz des Geistes, mit der der Himmel sie beschenkt hat, als ihrer weltweiten Berühmtheit als Künstlerin. Ihre Persönlichkeit und ihr Auftreten sind unverkennbar aristokratisch." Wenn wir den Geschichten Glauben schenken dürfen, die uns von Zeit zu Zeit erreicht haben, kann sie, wenn nötig, ihre Reitpeitsche energisch um die Ohren jedes beleidigenden Zwei- oder Vierbeiners schlagen. In Amerika ist sie etwas außerhalb ihres Spielraums. Paris sollte ihr wahres Zuhause sein.

Vorerst beschloss Lola jedoch, dort stehen zu bleiben, wo sie war.

Während sie auf dieser Tournee in Amerika war, wollte Barnum ihr Impresario sein und versprach „Sonderkonditionen". Trotz der Verlockung, „ihren Weg mit Blumen geschmückt zu sehen und ihre Kutsche von Menschenhand vom Hotel zum Theater ziehen zu lassen", wurde das Angebot nicht angenommen.

Das New Yorker Debüt von Lola Montez fand am 29. Dezember 1851 in einem Ballett statt: *Betly, die Tirolerin* . Die öffentliche Aufregung war groß, denn der Appetit war durch die sensationellen Berichte über ihre „Vergangenheit", mit denen die Zeitungen gefüllt waren, geweckt worden.

„Ein Skandal bringt nicht unbedingt einen großartigen Tänzer hervor", erklärte ein strenger Kritiker; und eine zweite hatte eine lange Kolumne mit der Überschrift: „ MONTEZ *v.* RESPEKTIVITÄT ", in dem er feststellte (mit nachdenklicher Übersetzung): „ *Parturiunt* MONTEZ , *nascitur absurdus mus* ." Dennoch meldete die Kinokasse Rekordgeschäfte. Daraufhin wurden die Preise verdoppelt und die Plätze versteigert.

Wenn sie ihre Feinde in der Presse hatte, hatte Lola dort auch ihre Verfechter. Kurz bevor sie ankam, griff einer von ihnen, eine New Yorker Zeitung, in ihrem Namen energisch zu den Knüppeln:

Der lustigste Vorfall, der in dieser Stadt vor sich geht, ist die schreckliche Geschichte, die um Lola Montez gemacht wird. Wenn dieser Zustand anhält, wird der Spaß garantiert weitergehen, nachdem Lola bei uns aufgetaucht ist, denn wenn sie diese zimperlichen Herren nicht richtig auspeitscht, irren wir uns sehr in ihrem Charakter.

Jetzt möchten wir die Aufmerksamkeit unserer aufrichtigen Leser auf einige andere Dinge lenken, die sicherlich noch passieren werden. Hier sind die verschiedenen Zeitungen, die eine Flut von Beschimpfungen über Lola ausschütten. Was wird das alles bewirken? In ein paar Wochen wird sie landen. In ein paar Wochen wird sie ein beliebtes Theater besetzen, und Zehntausende werden dort strömen. Der Manager wird ein Vermögen ernten, und Lola Montez auch; und diese kurzsichtigen Dirigenten der Presse werden um Karten betteln und untereinander darüber streiten, wer die extravagantesten Dinge zu ihren Gunsten sagen kann. Die öffentliche Neugier wird um jeden Preis befriedigt; Und wenn Lola Montez eine großartige Tänzerin ist, wird sie bald jeden Widerstand niedertanzen. Mit welcher Anmut kann das Publikum über die Tugend einer öffentlichen

Schauspielerin sprechen , wenn es einem ELSSLER gefolgt ist ? Wenn der private Charakter einer öffentlichen Schauspielerin das Kriterium für die Beurteilung ihrer beruflichen Verdienste sein soll, müsste die Hälfte der Theater ihre Türen schließen.

Wir sind so unabhängig korrekt wie jedes andere Papier, das es gibt. Es ist uns völlig egal, ob wir mit oder ohne die anderen Zeitungen weitermachen. Wir werden Gerechtigkeit üben und sagen, was wahr ist, unabhängig von der Popularität. Wir verabscheuen Heuchelei; und wir haben keine Lust, aus einem Maulwurfshügel einen Berg zu machen oder einen Splitter im Auge von Lola Montez zu sehen und nicht einen Strahl im Auge von Fanny Elssler oder einer der anderen großen Tänzerinnen oder Schauspielerinnen zu entdecken.

„Was ist Lola Montez?“ die Öffentlichkeit befragen. Ein guter Tänzer, sagt der Intendant eines Theaters. Sie ist auch berüchtigt. Das Publikum wird ins Theater strömen, um sie zu sehen und zu beurteilen, ob sie nicht auch eine gute Schauspielerin ist; und wenn sie ihr Geld bekommen, sind sie zufrieden. Es lohnt sich nicht, über die frühere Geschichte von Lola Montez zu urteilen ... Ein paar zimperliche Leute können nicht verhindern, dass Lola Montez hier Aufsehen erregt oder jedes Haus, in dem sie auftritt, von Grube zu Kuppel drängt; und da sie die ersten sein werden, die ihren Erfolg befürworten, wären sie konsequenter, wenn sie sie in Ruhe lassen würden, bis sie ihn sichert.

Nichtsdestotrotz gab es Konkurrenz zu bewältigen. Es herrschte große Konkurrenz, denn in alle Richtungen wurden Gegenattraktionen angeboten. So zauberte „Professor“ Anderson Kaninchen aus geliehenen Zylindern; Thackeray hielt einen Vortrag über „Die englischen Humoristen“; Macready brüllte und posierte in Shakespeare; General Tom Thumb zeigte, dass es ihm an Zentimetern mangelte; und Mrs. Bloomer förderte die Sache „Hosen für Frauen!“ Dennoch konnte sich Lola als „Unentschieden“ mehr als behaupten.

„*Diana und die Nymphen*“ geändert . Die Tatsache, dass einige der „Nymphen“, die den Star unterstützen, ein Kostüm annahmen, das ein wenig an modernen Nudismus erinnert, scheint eine Kritikerin verärgert zu haben.

„Als“, so ihre wohlüberlegte Meinung, „ein bestimmtes Stück zum ersten Mal eine teilweise unbekleidete Frau dem Blick eines überfüllten Publikums präsentierte, stieß sie mit einem erstaunten Keuchen über die Unverschämtheit aus, die so viel wagte. Männer wurden angesichts dieser Kühnheit tatsächlich blass.“ von der Sache; junge Mädchen ließen ihre Köpfe hängen; eine totenähnliche Stille legte sich über das Haus. Aber es verging; und angesichts der Tatsache, dass diese Frauen französische Balletttänzerinnen waren, wurden sie geduldet.“

Um zu zeigen, dass sie über die nötige Qualifikation verfügte, ihre Ansichten zu einer solch heiklen Angelegenheit zu äußern, fügte dieser Zensor hinzu: „Da ich mit Wurzeln und Zweigen einer Theaterfamilie angehöre, wurde ich nicht für unwürdig erachtet, an einer kaiserlichen Tafel das Brot zu brechen. noch die Hand der Freundschaft zu ergreifen, die mir ein englischer herrschaftlicher Geistlicher reichte.

Übrigens galten bei diesem Thema weiblicher Kleidung (oder deren Fehlen) auch für die Zuschauerseite des Vorhangs strenge Maßstäbe, und jede Abweichung davon stieß auf Repressalien. Dies wird durch einen schockierten Absatz deutlich, der ein solches Ereignis in einem anderen Theater schildert:

„Am Abend unseres Besuchs ereignete sich ein Vorfall, auf den wir natürlich mit einigem Feingefühl anspielen. Da er jedoch auf eine Zensur in einem Viertel hinweist, in dem Verfeinerung vielleicht am wenigsten zu erwarten ist, sollten wir es nicht zulassen, dass er durchgeht unbemerkt. Im Parkett, das von zahlreichen Damen und Herren in Abendkostümen und von etablierter gesellschaftlicher Stellung besetzt war, war eine Frau zu beobachten, deren bemerkenswerte Demut in der Korsage viel Kritik hervorrief und das Publikum offensichtlich empörte , in dessen weiblichem Teil ein schmerzhaftes Gefühl deutlich wahrnehmbar war. Endlich fand ihre Empörung greifbaren Ausdruck, und man hörte eine Stimme aus der Grube, die mit gemessenem Akzent eine strenge Anweisung aussprach, die nur für eine Person gelten konnte. Errötete vor Verlegenheit „Die Täterin zog ihren Schal über ihre unbedeckten Schultern. Ein paar Minuten später erhob sie sich und verließ das Haus, unter wohlverdientem Zischen von der Galerie und bedeutungsvollem Schweigen seitens der empörten Bewohner der Stände und Logen.“

Anstand war eine Sache; *Dekolleté* war eine andere. Nach der wohlüberlegten Meinung von 1851 passten die beiden nicht zusammen.

Ein gewisser Dr. Judd, der in den Pausen seiner Arztpraxis zu dieser Zeit eine Christy Minstrels-Veranstaltung leitete, hat einige Erinnerungen an Lola Montez. „Manchmal habe ich lange mit ihr geplaudert“, sagt er, „in unserer kleinen Kassenkassette. Thackerays „ *Vanity Fair*“ wurde gerade in Amerika gelesen, und Lola drückte mir gegenüber ihre große Verärgerung darüber aus, dass der Romanautor sie hätte verraten sollen als Becky Sharp hinein. „Wenn er nur die Wahrheit über mich gesagt hätte“, sagte sie, „hätte es mich nicht interessiert, aber er ließ sich von meinen Feinden in England inspirieren.“

Dieser Gegenstand scheint von Thackerays anderen Historikern aus unerklärlichen Gründen übersehen worden zu sein.

IV

Lolas Geschmack war eindeutig „bohème" und führte dazu, dass sie während ihres Aufenthalts in New York eine ständige Besucherin in Pfaffs unterirdischem Feinkostcafé war, das damals *ein* beliebter Treffpunkt der literarischen und künstlerischen Welt der Metropole war. Dort verkehrte sie mit so anerkannten Berühmtheiten wie Walt Whitman, W. Dean Howells, Commodore Vanderbilt und dieser anderen auffälligen Persönlichkeit, Adah Isaacs Menken. Wahrscheinlich fand sie im Pfaff's eine gewisse Ähnlichkeit mit den Münchner Bierstuben, die sie kannte. Ein Stück Vaterland sozusagen über den breiten Atlantik getragen. Deutsche Feststoffe und deutsche Flüssigkeiten; Gespräche, Gelächter und Scherze in der Gesellschaft von Schauspielern, Künstlern und Journalisten, die sich Abend für Abend an den Tischen versammelten; alle gut gelaunt und gut gelaunt.

Walt Whitman, zweifellos von Bier inspiriert, beschrieb den Ort einmal in charakteristischen rauen Versen:

Die Gewölbe bei Pfaff's, wo sich die Trinker und Lacher zum Essen, Trinken und Feiern treffen, während Sie auf dem Spaziergang direkt über Ihnen an den unzähligen Füßen des Broadway vorbeiziehen .

Es gab noch viel mehr davon, denn als er mit reichlich flüssiger Erfrischung versorgt worden war, rannte die Muse von Walt davon.

Von New York aus machte sich Lola auf den Weg nach Philadelphia, St. Louis und Boston. Während ihres Aufenthalts in dieser letzten Stadt stattete sie einer der öffentlichen Schulen einen „feierlichen Besuch" ab. Obwohl die Kinder dort „Überraschung und Freude über die ihnen zuteil gewordene Ehre zum Ausdruck brachten", schüttelte das *Boston Transcript* den Kopf; und „bezog sich auf den Besuch in einer Weise, die die berechtigte Empörung der Dame und ihrer Freunde hervorrief."

Ein New Yorker Journalist nahm in ihrem Namen umgehend die Keule auf:

„Lola Montez", erklärte er, „verdankt ihre seltsame Faszination und weltweite Berühmtheit weniger ihren Fähigkeiten als Künstlerin *als* vielmehr dem außergewöhnlichen Verstand und der Brillanz des Intellekts, mit dem der Himmel es für angebracht gehalten hat, sie auszustatten. In einem Moment regierte a Königreich, durch einen schwachsinnigen Monarchen; und die nächste, die Frau eines schneidigen jungen englischen Lords ... Ihre Persönlichkeit und Haltung sind unverkennbar aristokratisch. Bei ihrem jüngsten Besuch in einer unserer öffentlichen Schulen überraschte und erfreute sie die Schüler, indem sie sie ansprach in lateinischer Sprache mit bemerkenswerter Leichtigkeit.

Es wäre interessant, den Namen des „schneidigen jungen englischen Lords"
zu erfahren. Dies war jedoch wahrscheinlich ein Brevet-Rang, den der
Pressesprecher Cornet Heald verliehen hatte.

Am 27. April 1852 trat Lola Montez mit einer Auswahl aus ihrem Repertoire
im Albany Museum auf. Zu diesem Anlass brachte sie eine „Truppe von
zwölf Tänzerinnen" mit. Als zusätzliche Verlockung wurden diese Mädchen
in den Gesetzentwürfen als „alle unverheiratet und die meisten von ihnen
unter sechzehn" beschrieben.

Der größte Erfolg ihres Repertoires war jedoch das Drama „ *Lola in Bayern* "
. Dies soll von „einem jungen literarischen Gentleman aus Neuengland, dem
Sohn einer einigermaßen gefeierten Dichterin" geschrieben worden sein. Die
Heldin, die nie länger als fünf Minuten die Bühne verließ, wurde abwechselnd
als Tänzerin, Politikerin, Gräfin, Revolutionärin und Flüchtling dargestellt;
und unter den anderen Charakteren waren Ludwig I., Eugéne Sue, Dujarier
und Cornet Heald, während die Kulisse „eine korrekte Darstellung des Lola-
Montez-Palastes in München" bot. Es schien ein gutes Preis-Leistungs-
Verhältnis zu sein. Jedenfalls glaubte das Publikum, dass es so war, und es
war für volle Häuser gesorgt. Doch die Kritiker hielten ihre Begeisterung
zurück. „Ich sympathisiere", war der scharfe Kommentar einer von ihnen,
„mit den Schauspielerinnen, die gezwungen wurden, an solchen Dingen
teilzunehmen"; und Joseph Daly beschrieb die Heldin als „sie verließ einen
königlichen Bewunderer, um der souveränen Öffentlichkeit den Hof zu
machen". Der Autor dieses Blödsinns war ein gewisser CPT Ware, „ein
armer kleiner Dramatiker, der alles für jeden schrieb."

Im März 1853 erfüllte Lola Montez ein Engagement am Variétés Theatre in
St. Louis. Kate Field, die Tochter des Eigentümers, schrieb ihrer Tante einen
Brief zu diesem Thema.

„Nun, Lola Montez trat gestern Abend zum ersten Mal im Theater meines
Vaters auf. Das Theater war vom Parkett bis zu den Türen überfüllt. Sie hatte
die schönsten Augen, die ich je gesehen habe. Ich mochte sie sehr, aber sie
spielte ein dummes Mädchen, also ich Ich kann nicht sagen, was sie tun
würde, wenn sie Charaktere sprechen würde.

Bei dieser Verlobung erwies sich Lola offenbar als etwas *zurückhaltend* , denn
ihr Kritiker fügt hinzu: „Sie versucht, Vater so viel wie möglich zu
belästigen."

Lola neigte sicherlich dazu, Menschen, mit denen sie in Kontakt kam, „zu
belästigen". Als anerkannter „Star" hatte sie ein hohes Selbstwertgefühl und
betrachtete sich über bloße Regeln. Als sie einmal mit dem Zug von Niagara
nach Buffalo reiste, entschied sie sich, im Gepäckwagen zu sitzen und eine
Zigarette zu ziehen. „Während sie", heißt es in einem Bericht, „so gemütlich

untergebracht war, wurde sie vom Schaffner entdeckt und von ihm umgehend darüber informiert, dass ein solches Verhalten nicht erlaubt sei. Daraufhin antwortete Madame, dass es ihre Gewohnheit sei, zu reisen, wohin und wie es ihr gefiel, und das." Sie hatte häufig viel größere Männer als den Schaffner mit Pferden ausgepeitscht. Damit war die Sache erledigt, denn der Offizier der Kompanie hatte keine Lust, die Tigerin herauszufordern.

Der Besuch in Buffalo war von Erfolg gekrönt. „Lola Montez", erklärte der *Troy Budget* , „hat getan, was Mrs. McMahon nicht geschafft hat – sie hat die Buffaloes geradezu bezaubert. Dies kann vielleicht auf ihre kluge Wahl des Ex-Reverend Chauncey Burr zurückgeführt werden, von dem sie begleitet wird." ihre Tour als Geschäftsführerin.

Die Wahl eines „Ex-Reverend" als Leiter einer Theatertour erscheint vielleicht etwas seltsam. Dennoch, wie Lola einmal bemerkte: „In Amerika ist es durchaus üblich, dass ein bankrotter Händler oder ein kaputter Jockey Anwalt, Arzt oder sogar Pfarrer wird." Von der Kanzel bis zum Rampenlicht war es also kein großer Schritt.

KAPITEL XIV

DER „GOLDENE WESTEN"

ICH

Da dies noch vor der Zeit war, als Schauspielerinnen auf der Suche nach Werbung bekannt gaben, dass sie *nicht* nach Hollywood gehen würden, musste Lola einen neuen Ausweg finden, um ihren Namen in den Nachrichten zu halten. Sie war stets voller Ressourcen und entschied sich nun für die Aussage, dass dies „ihr definitiv letzter Auftritt sein würde, da sie die Bühne verließ und Nonne wurde". Der Plan ging auf und die Kassenkassen wurden neu gefüllt. Aber Lola nahm den Schleier nicht an. Stattdessen unternahm sie im Sommer 1853 eine Reise nach Kalifornien und segelte auf der Isthmus-Route.

Ein lächerliches Buch, *The Wonderful Adventures of Mrs. Seacole* , mit einem einleitenden Hauch von einem Windbeutel, WH Russell, hat einen Bezug zu diesem Projekt:

Eines Tages kam Lola Montez, auf dem Höhepunkt ihres bösen Ruhms, mit einer seltsamen Suite nach Kalifornien. Eine gut aussehende, mutige Frau mit schönen, bösen Augen und einer entschlossenen Haltung; Prunkvoll gekleidet in perfekter Männerkleidung, mit umgeschlagenem Hemdkragen über einem Reversmantel, reich gearbeiteter Hemdbrust, schwarzem Hut, französischen Unaussprechlichkeiten und elegant polierten Stiefeln mit Sporen. Sie trug eine Reitpeitsche in der Hand ... Eine unverschämte Amerikanerin, die – vielleicht nicht unnatürlich – auf ihren Ruf vertraute, ergriff scherzhaft die Schöße ihres langen Mantels; Als Lehre erhielt er eine Schnittwunde im Gesicht, die ihn einige Tage lang geprägt haben muss. Ich wartete nicht auf den darauffolgenden Streit und war froh, als die unglückliche Frau am nächsten Morgen davonritt.

Russell war kein Mitpassagier auf dem Schiff, mit dem Lola reiste. Eine andere Person jedoch, bei der es sich tatsächlich um eine solche handelte, schildert ihr Verhalten auf der Reise ganz anders:

„Wir waren noch keinen Tag auf See", sagt Frau Knapp, „da waren alle Saloon-Insassen von dieser reizenden jungen Frau verzaubert. Ihre Lebhaftigkeit war ansteckend, und ihre Hingabe war immer von besonders *luftiger* Eleganz."

Die Ankunft von Lola Montez in San Francisco hätte die jeder Hollywood-Heldin der Gegenwart in den Schatten gestellt. Eine riesige Menschenmenge, angeführt von den Stadtvätern, „in vollem Ornat", versammelte sich am Kai. Fahnen schmückten die öffentlichen Gebäude; Gewehre feuerten Salutschüsse ab; Bands spielten; und die Schulkinder waren versammelt, um ihren Weg mit Blumen zu bestreuen, als sie die Gangway hinuntertrat; und „unter lautem Jubel" wurden die Pferde aus ihrer Kutsche geholt, die von eifrigen Händen durch die Straßen zu ihrem Hotel gezogen wurde. „Die Gräfin würdigte den ihr bereiteten Empfang mit einer anmutigen Neigung."

„Was wäre, wenn Europa sie verbannt hätte?" forderte einen Leitartikel. „Das hat keine Konsequenz. Schließlich ist sie Lola Montez, die anerkannte Herrin der Könige! Sie ist schöner als alle anderen Frauen; sie ist hinreißend; sie ist unwiderstehlich; und wir sind wirklich stolz, sie willkommen zu heißen."

Umgeben von Legenden war ihr der Ruf der „Exzentrizität" der Neuankömmling vorausgeeilt. Diesem Ruf wurde sie auch gerecht, denn wenn der Geist sie bewegte (und das kam ziemlich oft vor), tanzte sie „zum Spaß" in den Biergärten; sie ließ sich die Haare kurz schneiden, während andere Frauen Chignons trugen; und – ein Wunder der Wunder – sie würde „tatsächlich in der Öffentlichkeit Zigaretten rauchen". Offensichtlich ein wenig vor ihrer Periode.

Während ihres Aufenthalts in San Francisco soll Lola übrigens ihre Bekanntschaft mit dem mysteriösen Jean François Montez erneuert haben, der in der Zeit seit ihrem letzten Treffen einen neuen Anfang gemacht hatte und nun verheiratet war. Doch laut einem Chronisten: „Das Familienglück erlag sehr bald der Verlockung der schönen Lola." Auch ohne jede Unterstützung für diese Behauptung verfasste ein Autor von Theaterklatsch eine fantasievolle Kolumne, in der er sie unter anderem als „die verhätschelte Gefährtin von Louis Napoleon" bezeichnete; und auch „die vergötterte Tänzerin der Geschicklichkeit und des Geistes der Hauptstädte der Alten Welt, mit den nahen Verwandten des Königshauses und den Beaux von Paris als Vertrauten."

Das ging zu weit. Lola war sehr erzürnt, schüttelte ihre Hundepeitsche und drohte mit Vergeltung.

"Was ist los mit dir?" fragte der Journalist, erstaunt über den Ausbruch, „das ist doch gute Werbung, nicht wahr?"

„Ja, aber nicht die Art, die ich will", war die Antwort.

Doch ob sie es wollte oder nicht, bald würde Lola deutlich mehr „Publicity" genießen. Dies lag daran, dass sie plötzlich mit einem Ehemann am Arm auftauchte.

Obwohl der Bräutigam, Patrick Purdy Hull, Mitherausgeber war, war die *Daily Alta* aus Kalifornien der Ansicht, dass der Nachrichtenwert des Ereignisses nicht mehr als ein paar Zeilen wert sei:

heirateten Lola Montez und PP Hull, Esq., aus dieser Stadt (und später der *San Francisco Whig)* *in der Mission Dolores. "*

Offensichtlich betrachtete eine New Yorker Zeitschrift dies als etwas dürftige Zulage und lieferte ausführlichere Einzelheiten:

Unter den jüngsten häuslichen Ereignissen der Zeit in Kalifornien wird die Hochzeit der berühmten Lola Montez die meiste Aufmerksamkeit auf sich ziehen. Diese angesehene Dame hat sich erneut durch die Ehe verbunden, der glückliche junge Mann ist Patrick Purdy Hull, Esq., ehemals aus Ohio und seit vier Jahren im Zeitungsgeschäft in San Francisco beschäftigt.

Mr. Hull war Mitpassagier der faszinierenden Gräfin auf ihrer Reise nach Kalifornien; Und aus der Bekanntschaft entwickelte sich schnell eine Bindung, die seinem Junggesellendasein ein verhängnisvolles Ende bereitete. Die Hochzeit wurde in der *Heiligen* Kirche der Mission Dolores im Beisein einer höchst angesehenen Versammlung prominenter Bürger vollzogen .

Der „Spinnentanz". Grund für viel Kritik

Zu den „prominenten Bürgern" gehörten „Gouverneur Wainwright, Richter Wills, Captain McMichael, Mr. und Mrs. Clayton und Beverley Saunders, Esq." Es wurde versucht, die Zeremonie geheim zu halten; und zu diesem Zweck wurden die geladenen Gäste verpflichtet, es nicht vorher preiszugeben. Am Abend zuvor verkündete Kapitän McMichael, der ein gewisser Taktiker war, ihnen: „Wir wissen noch nicht mit Sicherheit, ob die Angelegenheit jemals zustande kommen wird, und vielleicht sind wir alle sehr gut verkauft." Als sie sich in der Missionskirche versammelten, sah es so aus, als ob dies geschehen würde, da keines der beiden Paare erschien. Plötzlich fuhren sie jedoch mit einer Kutsche vor und betraten die Kirche. Die „errötende Braut", sagt ein Reporter, der sich hinter einer Säule versteckt hatte, „trug einen Strauß Orangenblüten, und die Orgel spielte ‚Die Stimme, die über Eden atmete'"; und ein anderer Chronist fügt hinzu: „Am Ende der Zeremonie vertagten sich alle, um an einer herrlichen Mahlzeit mit Wein und Zigarren *nach Belieben* teilzunehmen . " Aber das war noch nicht alles, denn: „Gouverneur Wainwright zwinkerte dem Neuen bedeutungsvoll zu." Mr. Henry Clayton folgte prompt seinem Beispiel, „nur um den Anlass unvergesslich zu machen", sagte er. „Das ist in meinem Land Brauch", bemerkte Madame Lola. Sie wurde nicht geküsst für jeden anderen, aber sie hatte trotzdem für alle ein freundliches Wort."

II

In Sacramento begannen Lola und ihr neuer Ehemann ihr Eheleben. Die Verhältnisse in der Stadt waren damals etwas primitiv; und selbst im Haupthotel wurde von den einzelnen Gästen erwartet, dass sie in Schlafsälen schliefen. Die Kosten für Unterkunft und Verpflegung (mit Bett in einer Koje) betrugen 150 Dollar pro Woche. Was das „Brett" anbelangt, so standen auf der täglichen Speisekarte ständig gekochte Grizzlybärkeule, Eselssteak und Hasenfleisch. „Keine Kickshaws" war die stolze Prahlerei jedes Kochs.

Zusätzlich zu seinen redaktionellen Arbeiten (die nicht übermäßig anspruchsvoll waren) war Hull bei der Regierung mit Volkszählungsarbeiten beschäftigt und erstellte Statistiken über die schnell wachsende Bevölkerung. Aber Lola fügte zu seinem großen Ärger keine weiteren Zahlen für die Rückkehr des Generalkanzlers hinzu. Das Rampenlicht erwies sich als stärkere Verlockung als die Mutterschaft; und fast unmittelbar nach ihrer Heirat nahm sie ein Engagement in einem der Theater an, wo sie als Lady Teazle auftrat. Eine Gräfin war in diesem Teil der Welt ein Novum, das Publikum strömte mit voller Kraft an die Kinokassen und das „Geschäft" lief phänomenal. Dennoch gibt es dort wie anderswo Konkurrenz. Einiges davon war auch eine Beschreibung, die nicht ignoriert werden konnte. So gab Ole Bull Konzerte im Opernhaus und brachte hartgesottene Bagger zum

Weinen, als er ihnen „Home Sweet Home" auf seiner Geige vorspielte; Edwin Booth, „unterstützt von einer mächtigen Truppe", redete über Shakespeare und zerriss dabei seine Leidenschaft; und ein neugieriger Freak, bekannt als „Zoyara, die Hermaphroditin" (mit einem „Echtheitszertifikat hinsichtlich ihrer reiterlichen Fähigkeiten und ihrer Tugenden als Dame, von Seiner Majestät dem König von Sardinien"), füllte den Zirkus jeden Nachmittag bis zum Rand Abend. Doch ungeachtet der „Bescheinigung" Seiner Majestät ist es eine Tatsache, dass der Empfänger ein weibliches Mitglied der Truppe „geheiratet" hat. „Die lange anhaltende Täuschung wurde aufgegeben", sagt ein Paragraphist, „und der junge Mann, der den Namen ‚Madame Zoyara' annahm, ist jetzt in korrekter männlicher Kleidung zu sehen."

Trotz alledem hielt Lola sie öffentlich. Schließlich war eine Gräfin eine Gräfin. Doch schon bald kam es zu Meinungsverschiedenheiten mit dem Intendanten des Theaters, in dem sie auftrat. Lola, die Kritik nie duldete, hatte „Worte" mit ihm. Hohe Worte, wie es geschah; Sie schwang ihre Peitsche vor seinem Gesicht, zerriss ihren Vertrag und verließ das Gebäude.

„Holen Sie sich jemand anderen", sagte sie. "Ich bin fertig."

Die Meinungsverschiedenheit scheint dadurch entstanden zu sein, dass Lola sich beim Tanzen von einem Mitglied des Publikums als „beleidigt" betrachtete und der Manager sich nicht darauf eingelassen hatte. Am nächsten Abend hielt sie dementsprechend eine öffentliche Rede, in der sie ihm „einen Teil ihrer Meinung" verriet. Das Ergebnis war, erklärte die *San Francisco Alta* , „die Gräfin ging als Siegerin hervor und trug die *Bravas* und Blumensträuße weg. Am Ende ihrer Ansprache wurde sie von tosendem Jubel begrüßt, inmitten dessen sie süß lächelte, einen Knicks machte und sich zurückzog." anmutig."

Zu ihrer großen Überraschung lasen diejenigen, die glaubten, dass die Ehrungen des Abends Lola gebührten, in der nächsten Ausgabe des *Californian* , dass „der Applaus nur vorgetäuscht war, die bezahlte Begeisterung eines gemieteten Hauses." Das war mehr, als Fleisch und Blut ertragen konnten. Auf jeden Fall war es mehr, als Lola ertragen konnte; und sie schickte dem Herausgeber einen heftigen Brief, in dem sie ihn zu einem Duell herausforderte. „Ich muss darum bitten", lautete der letzte Satz, „dass diese Ehrenangelegenheit so bald wie möglich von Ihren Stellvertretern arrangiert wird, da meine Zeit genauso wertvoll ist wie Ihre eigene: Marie de Landsfeld-Hull (Lola MONTEZ) . "

Der Herausgeber des *Californian* akzeptierte den Vorschlag nicht. Stattdessen trug er den nötigen Balsam auf, und die Anordnung „Pistolen für zwei und Kaffee für einen" wurde widerrufen.

III

Als Lola, eine Frau voller Launen, eine Veränderung vornahm, war es eine völlige Veränderung. Sie hat jetzt eins gemacht. Die Künstlichkeit der Städte mit ihren falschen Maßstäben und ihrer vorgetäuschten Atmosphäre begann zu verblassen. Sie wollte ein neues *Milieu* ausprobieren . Alle sprachen gerade von Grass Valley, einem neu erschlossenen Bezirk vor der Kulisse der rauen Sierras, wo Bergarbeiterbanden in den Eingeweiden von Mutter Erde nach Gold schürften und, wenn die Hälfte der Berichte zutrafen, Gold anhäuften Vermögen. Warum nicht dorthin gehen und es sich selbst ansehen? Es wäre zumindest eine neuartige Erfahrung.

Gesagt, getan. Sie mietete ein Maultiergespann und einen Wagen und begab sich in Begleitung von Patrick Hull auf eine vorläufige Besichtigungstour durch den Bezirk.

In diesen gemächlichen Tagen verlief das Reisen ohne Eile. Es kam zu mehreren Unterbrechungen; und die Straßen waren holprig und man musste lange Umwege machen, um den gähnenden Schluchten auszuweichen. „Zwei Wochen nachdem sie Sacramento hinter sich gelassen hatten, fuhren Pat Hull und seine bezaubernde Braut über die Berge nach Grass Valley.“

„In der Gemeinde Marysville lebten zu dieser Zeit etwa 1600 Menschen“, sagt ein Chronist, „und 1400 von ihnen waren männlichen Geschlechts. Die Aussicht auf plötzlichen Reichtum war der Reiz, der sie anzog. England und der Kontinent wurden vertreten.“ einige der ersten Familien. Ein Dutzend waren Absolventen von Oxford und Cambridge; es gab zwei junge Verwandte von Victor Hugo; es gab eine Reihe von Nachkommen des verarmten Adels Böhmens und mehrere hundert Amerikaner. Zu den letzteren gehörte William Morris Stewart, ein Anwalt aus Marysville, der später Senator und Generalstaatsanwalt werden sollte.

Grass Valley war zu dieser Zeit (Herbst 1853) kaum mehr als eine Wildnis. Die nächstgelegene Stadt jeglicher Größe war Nevada City, umgeben von den Schatten der hohen Sierras. Zwischen den Schluchten war wie durch Zauberei ein Wald aus Zeltlagern und Hütten mit Blechdächern entstanden, mit Spielbuden und Schnapslokalen zu Hunderten, in denen bärtige Männer tagsüber fleißig gruben, Faro und Monte spielten und nebenbei ausgiebig tranken Nacht. Vermögen wurden gemacht – und ausgegeben – und Nuggets waren eine gängige Währung. Die Lebenshaltungskosten waren sehr hoch. Aber es kostete noch mehr, krank zu sein, da ein Körnchen Gold der akzeptierte Tarif für ein Körnchen Chinin war.

Der ganze Bezirk war ein Schmelztiegel. Angezogen von der Aussicht auf das Edelmetall, das daraus gewonnen werden sollte, war Treibgut und Strandgut ins Tal geschwemmt, Vertreter aller Nationen und aller Berufe.

Wie selbstverständlich waren Amerikaner in der Mehrheit; aber mit ihnen auch Engländer und Franzosen und Deutsche und Italiener sowie eine Beimischung von Chinesen und Kanaken; auch ein unerwünschtes Element von Deserteuren von Schiffen und aus Australien geflohenen Sträflingen. Um eine gewisse Ordnung zu wahren, war grobe Gerechtigkeit die Regel. Bürgermeister und Sheriffs verfügten über willkürliche Befugnisse und scheuten sich nicht, davon Gebrauch zu machen. Richter Lynch war oberster Richter; und ein an einem Ast baumelndes Stück Hanf gehörte zur Ausrüstung jedes Lagers.

Mit vollem Wissen über all diese möglichen Nachteile blickte Lola Montez auf Grass Valley und stellte fest, dass es gut war. Vielleicht gefiel ihr die Atmosphäre von Bret Harte. Jedenfalls entschloss sie sich, sich vorübergehend dort niederzulassen; und mit diesem Ziel vor Augen überredete sie Hull, ein Cottage mit sechs Zimmern etwas oberhalb von Marysville zu kaufen.

Als Lola Montez – obwohl sie einen Ehering am Finger trug, ihrem Namen treu blieb – mit ihrem neuen Ehemann dort ankam, waren die Lebensbedingungen in Grass Valley etwas primitiv. Einen Telegrafendienst gab es nicht; und Briefe wurden unregelmäßig gesammelt und zugestellt. Der Transport mit der Außenwelt erfolgte per Postkutsche und Maultier- und Pony-Express. Whisky musste um Kap Hoorn herumkommen; Zucker aus China; sowie Fleisch und Gemüse aus Australien. Tatsache war, dass die frühen Siedler viel zu sehr mit der Gewinnung von Nuggets und Goldstaub beschäftigt waren, als dass sie sich mit der Produktion irgendeiner anderen Ware beschäftigt hätten.

Frau Dora Knapp, eine Nachbarin von Lola Montez in Grass Valley zu dieser Zeit, hat einige Erinnerungen an ihr Leben dort beigesteuert:

„Wir, die von ihrer schwulen Karriere bei den Königen und Nabobs wussten, waren erstaunt, dass sie ins Lager hätte gehen sollen. Sie erhielt häufig Briefe von adligen Herren aus Europa, in denen sie gebeten wurde, zurückzukommen und von ihrem reichen Kopfgeld zu leben. Das war es Nur weil sie des Prunks und des schnellen Lebens überdrüssig war, wandte sich die Gräfin mit so großer Vorliebe dem Leben in einem Bergbaulager zu.“

Für Patrick Hull waren die Attraktionen des Bezirks jedoch nicht so offensichtlich. Tinte war in seinem Blut. Er wollte zu seinem Redaktionstisch zurückkehren und zog das Pochen der Druckerpressen dem Klappern von Spaten und Spitzhacken und dem Klirren von Bohrern vor. Auch die „Liebe in einer Hütte“ gefiel ihm nicht. Als Lola sich weigerte, Grass Valley aufzugeben, bekam er einen Anfall von Schmollen und wandte sich tröstend der Whiskeyflasche zu.

Unter diesen Umständen war Eheglück unmöglich. Ein solches Leben war ein Katzen- und Hundeleben. Sein Ende kam sehr bald.

„Lola Montez und ihr neuer Ehemann", sagt die sachkundige Frau Knapp, „hatten erst ein paar Monate zusammengelebt, bevor die Probleme begannen. Als zwei solcher Geister zusammenkamen, musste es zwangsläufig zu einem Zusammenstoß kommen. Das Ergebnis war genau das." Als Lola Patrick die Treppe hinunterstieß, seinen Griff aus dem Fenster warf und ihm befahl, aufzuhören.

Mr. Hull, der einen Hinweis so gut verstand wie jeder andere Mann, „gab auf". Er hat mehr getan. Er legte sich ins Bett und starb. „In seinem Heimatstaat", heißt es in einem tränenreichen Nachruf, „wurde er von einem großen Kreis respektiert und geliebt. Die Familie von Manuel Guillen (in deren Haus er lag), beseelt von einem Gefühl echten Wohlwollens, schenkte ihm alle Zärtlichkeit." Wachsamkeit gegenüber einem geliebten Sohn und Bruder; und nichts wurde ausgelassen, was Heilung versprach oder Trost spendete."

Aber das geschah erst einige Zeit, nachdem er von Lola Montez sein abruptes *Congé erhalten hatte* .

Wieder einmal hatte Lola auf dem Heiratsmarkt eine Lücke geschlossen.

IV

Bei Adrienne Lecouvreur muss sich Lola Montez oft gefragt haben: *Que faire au monde sans goaler?* „Leben ohne zu lieben" hatte für sie keinen Reiz. Daher wurde ihr bald eine neue *Liaison* zugeschrieben (oder diskreditiert) . Diesmal fiel ihre Wahl auf einen deutschen Baron namens Kirke, der zufällig auch Arzt war. Es bestand eine besondere Bindung zwischen ihnen, denn er stammte aus München und konnte so Erinnerungen wecken und ihr von Ludwig, von Fritz Peißner und den anderen guten Kameraden der *Alemannia* und von dem Haus in der Barerstraße erzählen, in dem sie einst Königin gewesen war Es.

„Dieses vierte Eheabenteuer wurde", sagt ein Chronist, „reichlich vollzogen." Eine seltsame Wortwahl. Aber ob erfolgreich oder nicht, es war nur von kurzer Dauer. Eines schönen Tages nahm der Baron seine Waffe mit in den Wald. Er kehrte nicht zurück. „Bei einem Schießunfall ums Leben gekommen" (was zu dieser Zeit im Wilden Westen recht häufig vorkam) lautete das Urteil des Gerichtsmediziners. Dadurch hatte Lola erneut keinen männlichen Beschützer.

Die Lage war nicht frei von Gefahren, denn in der Gegend wimmelte es von gesetzlosen Banden, für die eine allein lebende Frau als faire Beute galt. Aber Lola ließ sich nicht stören. Sie hatte jede Menge Mut. Sie wusste auch, dass die Bergleute sich zu einer „Ehrengarde" formiert hatten und dass es schlecht gewesen wäre, wenn jemand versucht hätte, sie zu belästigen. Wenn die Bagger grob waren, waren sie ritterlich.

Auf eine allgemeine Einladung des Lagers hin stellte Lola mehr als einmal ihre Qualitäten als *Tänzerin zur Schau* . Obwohl die Eintrittsgebühr hundert Dollar betrug, war der Saal, in dem sie auftrat, immer bis an die Türen voll. Sie expandierte auch in andere Richtungen; und ein malerischer Bericht über ihr Leben in dieser Zeit besagt, dass sie unter den Sternen schlief („Himmeldach", wie es der Schriftsteller poetischer ausdrückte) und selbst gestrickte Wollunterwäsche trug. Ein anderes Detail besagt, dass sie in ihrem Cottage eine „wöchentliche Soiree abhielt, an der die oberen Kreise des Lagers, ein Hofstaat aus Literaten, Schauspielern und Wanderern" teilnahmen; und dass zu den Stammgästen „zwei Neffen von Victor Hugo, ein Quartett kassierter deutscher Barone und ein paar zwielichtige französische Grafen" gehörten. Offensichtlich eine etwas gemischte Versammlung. Dennoch waren die Empfänge „nur gesellige Zusammenkünfte, mit Champagner und anderem Wein, serviert mit Kuchen und Obst nach *Belieben* , und alle rauchten." Die beiden Hugo-Nachbarn waren immer da, ebenso wie ein Sohn von Preston Brooks, der Kongressabgeordneter aus South Carolina. Ein Dutzend von uns freuten sich auf den Besuch dieser *Salons* , die wir „Erlebnistreffen" nannten. Senator William M. Stewart, damals ein junger Anwalt in Nevada, sagte, er habe die Tage zwischen den einzelnen Liedern gezählt. Jedes Lied, jede Geschichte, jedes bisschen Humor oder Pathos, das einem der jungen Männer begegnete, würde für die nächste Versammlung aufbewahrt . Gelegentlich hatte unsere charmante Gastgeberin eine kleine Kostümparty in der Hütte und zeigte uns, gekleidet in die flauschigen und kurzen Kleidungsstücke, die sie einst auf der Bühne getragen hatte, dass sie sich noch an ihre Tanzschritte erinnerte."

Wenn sie sich nicht mit diesen unschuldigen Entspannungen beschäftigte, gab sich Lola anderen Beschäftigungen hin. Daher jagte, fischte und schoss sie und unternahm oft lange Reitausflüge durch die Wälder und Salbeibüsche. Da sie eine Vorliebe für alle Arten von Tieren hatte, fing sie auf einer solchen Expedition ein Bärenjunges, mit dem sie in ihre Hütte zurückkehrte und sich an die Zähmung machte. Während dieser Beschäftigung wurde sie von einem umherziehenden Geiger besucht, der ihrem Charme zum Opfer fiel und um eine Haarlocke als Andenken an diesen Anlass bat. Daraufhin schloss Lola, immer darauf bedacht, ihm zu gehorchen, einen Handel mit ihm. „Ich habe", sagte sie, „einen Grizzlybären als Haustier in meinem Obstgarten. Wenn du drei Minuten lang mit ihm ringen willst, sollst du genug von meinen Haaren haben, um einen Bogen für deine Geige zu machen. Lass mich sehen, was du tun kannst." Die Herausforderung wurde angenommen; und der verliebte

Geiger, der lediglich verlangte, dass das Tier einen Maulkorb tragen sollte, machte sich an die Arbeit und sicherte sich den begehrten Guerdon.

Vielleicht ein gewisses Risiko. Dennoch wäre es ernster gewesen, wenn Lola eine Klapperschlange behalten hätte.

Der Schein trügt und Bruin war weniger domestiziert, als Lola es sich vorgestellt hatte. Eines Tages sehnte er sich vielleicht nach frischer Nahrung, haderte mit seiner Geliebten und biss ihr in die Hand. Der Vorfall zog einen Preisträger aus der Redaktion des *California Chronicle an* , der in Silas-Wegg-Manier „in Verse verfiel":

LOLA UND IHR HAUSTIER

Eines Tages, als die Jahreszeit nieselte
und die Vergnügungen draußen nass waren,
machte die schöne Lola ihrem Grizzly den Hof
und unternahm es, ihr Haustier zu streicheln.

Aber, ach, es war nicht der Bayer
, der unter ihrer Hand so weich wurde,
kein achtzigjähriger König mit Hermelin,
sondern Bruin, der grobe Junge des Landes.

Als er all ihre Zärtlichkeiten bekämpfte,
drückte er zuerst ihre weiße, schlanke Hand und
verweigerte ihr seine Liebe, die sie streichelte, so wie sie
Pat ihre Liebe verweigert hatte !

Oh, wäre ihr Liebling der gewesen, dessen Ruhm
und Titel auf dem Feld erkämpft wurden,
wäre diese Geschichte weniger unblutig zu Ende gegangen,
leichter wäre ihre Hand *gewesen* !

Dieser Doggerel war mit „FS" signiert, Initialen, die die Identität von Frank Soule, dem Herausgeber des *Chronicle , verschleierten* .

V

Nie ohne ihre Hundepeitsche, Lola nahm sie mit in ihr Cottage in Grass Valley. Dort fand sie bald eine Verwendung dafür. Eine Journalistin war in einem Kolumnenbericht über ihre Karriere unhöflich genug, am Ende zu fragen: „Ob sie der fleischgewordene Teufel wäre?" Die einfachste Methode zur Lösung des Problems bestand darin, dass „Lola den unverschämten

Schreiberling herbeirief und ihn so verprügelte, dass er überhaupt keine
Zweifel mehr hatte.“

Kurz darauf gab es Ärger mit einem anderen Pressevertreter. Dies geschah
mit einer gewissen Henley Shipley, der Herausgeberin des *Marysville Herald*,
die ihre „Mittwochsoireen“ als „schändliche Orgien, die unserem guten Ruf
zuwiderlaufen“ beschrieben hatte, obwohl sie „regelmäßig von der *Elite des
Lagers besucht“ wurden*. Daraufhin, sagt ein Sympathisant, „nahm die verärgerte
Gastgeberin ihre Peitsche zu ihm und verteilte eine Reihe stechender und
wohlverdienter Schnitte.“

Da die Gelegenheit zu schön war, um sie zu verpassen, machte sich der
Herausgeber der *Sacramento Union* an die Arbeit und veröffentlichte eilig eine
Sonderausgabe mit einer langen Beschreibung des Vorfalls:

An diesem Vormittag wurde unsere Stadt in einen Zustand lächerlicher
Aufregung versetzt, als sich Madame Lola Montez mit der zarten
Reitpeitsche einer Dame in der einen Hand und einem Exemplar des
Marysville Herald in der anderen Hand durch die Mill Street stürmte und
„diesem Schurken“ *Rache* schwor eines Redakteurs“ usw. Sie traf ihn im
Golden Gate Saloon, eine Menschenmenge, die im *Qui Vive* in ihre
Fußstapfen trat. Sie schlug mit der Peitsche auf ihn ein und setzte dann die
beste Waffe der Frau ein: ihre Zunge. Währenddessen blieb ihr Gegenspieler
äußerst beleidigend kühl. Da all ihre Bemühungen wirkungslos waren,
appellierte die „göttliche Lola“ an die Bergleute, doch die einzige Reaktion
war ein Ausbruch von Gelächter. Mr. Shipley, der Herausgeber, zog sich
dann triumphierend zurück, nachdem er durch seine Ruhe seinen fairen
Feind völlig zermürbt hatte.

Der unmittelbare Grund für den Aufruhr war das Erscheinen verschiedener
Artikel, die aus der *New York Times kopiert* wurden und sich auf die „Lola
Montez-ähnliche Unverschämtheit, unverblümte Heuchelei und
Unverschämtheit der Königin Christina von Spanien“ bezogen. Die gesamte
Szene war ausgesprochen reichhaltig.

Man kann es sich gut vorstellen.

Lola war nie bereit, feindselige Kritik ohne Protest hinzunehmen und
schickte ihre eigene Version des Vorfalls an ein konkurrierendes Organ:

„Heute Morgen, am 21. November“, schrieb sie, „wurde mir die Zeitung wie
üblich ausgehändigt. Ich überflog sie mit wenig Interesse und sah ein paar
beleidigende Artikel, in denen mein Name nicht erwähnt wurde, dies aber,
wie mir später gesagt wurde, getan hatte.“ wurde von der klugen Feder dieses
großen Staatsmannes der Zukunft und gegenwärtigen fähigen Schriftstellers
als Höhepunkt und Auslöschung aller vergangenen und zukünftigen
Herrlichkeiten von Lola Montez vorbereitet. Ich frage mich, ob er dachte,

ich sollte ein oder zwei kühle Tausender runterbringen , um sein Vermögen aufzustocken und „Grace, Grace!" zu rufen.

„Dies ist der einzige Erpressungsversuch, dem ich in Kalifornien ausgesetzt war, und ich hoffe, es wird der letzte sein. Ich las die Zeitung weiter, bis ich meinen Namen in gutem, rundem Englisch und die Anspielungen auf meine ‚unverschämte Heuchelei' sah und Unverschämtheit.' Europa, hören Sie das! War die „Heuchelei" nicht auf der anderen Seite? Woran haben Sie gedacht, Alexandra Dumas, Beringer, Méry und alle meine Freunde, als Sie mir sagten, meine Schuld liege in meiner zu großen Freundlichkeit? Shipley hat geurteilt Ich werde endlich ein Heuchler sein. Um dich zu rächen, trage ich die Haube auf dem Kopf und die Peitsche in der Hand – diese Peitsche, die nur auf einem Pferd benutzt wurde –, um dieses Mal blamiert zu werden, indem ich auf den Rücken eines Esels FALLE ... Der Geist meiner irischen Vorfahren (ich bin zu drei Vierteln Iren, Spanier und Schotte) nahm Besitz von meiner Hand, und nach den anerkanntesten Grundsätzen von Tom Sayers ergriff ich seine, die ich – dank einiger Ringe, die ich hatte – anfertigte ein schneidender Eindruck. Dieser Möchtegern-Großvernichter beendete den Kampf mit einem gewissen Maß an Beschimpfungen, von denen er – um ihm gerecht zu werden – ein perfekter Meister ist. *Sic transit gloria* SHIPLEY! Ach, armer Yorick!"

Lola Montez, in „Lola in Bayern". Ein „Spiel mit Sinn"

Die Atmosphäre im Grass Valley kann kaum als ruhig beschrieben werden. Seine Oberfläche wurde ständig aufgerauht; und es dauerte nicht lange, bis Lola erneut in einen Zusammenstoß mit einem ihrer Nachbarn verwickelt wurde. Dieses Mal kämpfte sie mit einem methodistischen Pfarrer im Lager, Rev. Mr. Wilson, der seiner Gemeinde mit einem traurigen Mangel an christlicher Nächstenliebe mitteilte, dass dieses neue Mitglied unter ihnen „ein weiblicher Teufel ohne Scham" sei und dass der „Spinnentanz" in ihrem Repertoire ein Skandal sei." Der klerikalen Kritik waren Grenzen gesetzt. Dies war eindeutig einer von ihnen. Da sie ihre Peitsche nicht zu einem Geistlichen bringen konnte, nahm sie sich selbst. „Entschlossen, Rev. Wilson eine Lektion zu erteilen, besuchte sie ihn in ihrem Tanzkleid, während er einen Konfirmationskurs leitete."

„Ohne irgendwelche Vorbereitungen", sagt ein Mitglied der Versammlung, „außer ‚Guten Tag' zu sagen, führte sie den Tanz vor den erstaunten Blicken der Gesellschaft auf. Dann wandte sie sich an den Pfarrer und sagte: ‚Das nächste Mal, wenn Sie nachdenken Wenn Sie mich und diesen Tanz zum Thema einer Kanzeldiskussion machen, wissen Sie vielleicht besser, wovon Sie sprechen.' Dann machte sie sich auf den Weg, bevor der ehrwürdige Herr seine Sinne ausreichend sammeln konnte, um etwas zu sagen oder zu tun.

Aber trotz dieser Brüche in der Monotonie hatte Lola das Gefühl, dass sie nicht wirklich an den Alltag von Grass Valley angepasst war. Noch einmal rief das Theater sie an. Als sie den Anruf entgegennahm, wandte sie sich wieder der Sache zu. Doch auf der Rückreise nahm sie Patrick Hull nicht mit. Sie legte auch den Namen ab, den er ihr gegeben hatte, und nahm wieder den Namen Gräfin von Landsfeld an.

„Auf den Rechnungen sieht es besser aus", sagte sie, als sie Pläne für eine zukünftige Tournee besprach.

Der *Grass Valley Telegraph* gab ihr in einer überschwänglichen Kolumne einen guten „Abschied"; und die Bergleute überreichten ihr ein „Abschiedsgeschenk" in Form eines Nuggets. „Roh, wie wir", sagte ihr Sprecher, „aber der echte Artikel."

Kapitel XV

"UNTER"

ICH

Diesmal ging Lola weiter. Ein ganzes Stück weiter. Zwei Kontinente waren bereits ausgebeutet. Jetzt würde sie entdecken, was ein Frisches enthielt.

Ihr Plan war es, die Stars and Stripes zu verlassen und zum Southern Cross zu gehen. Als ersten Schritt „verkaufte sie ihren Schmuck für 20.000 Dollar an die Dame eines Modebordells." Nachdem sie sich so ausreichend Geld gesichert hatte, versammelte sie eine Reihe arbeitsloser Schauspieler und Schauspielerinnen und engagierte sie, um sie auf einer zwölfmonatigen Tournee durch Australien zu begleiten. Mit Ausnahme von Josephine Fiddes (die später die Zweitbesetzung von Adah Isaacs Menken, einem berühmten *Mazeppa , war*) und vielleicht ihrem Hauptdarsteller Charles Follard waren sie von deutlich minderwertigem Kaliber.

Die Abreise aus Kalifornien wurde ordnungsgemäß in einem an die Presse verschickten Absatz mitgeteilt:

„Wir bitten unsere Leser und die Öffentlichkeit im Allgemeinen darüber zu informieren, dass die gefeierte Lola Montez am 6. Juni San Francisco an der Spitze einer Theatertruppe außergewöhnlicher Talente verließ und sich auf den Weg ins ferne Australien machte. Die Öffentlichkeit in den Antipoden kann sich getrost auf eine freuen seltenes Vergnügen.

Die Reise über den Pazifik in einem Segelschiff war länger und dauerte von Anfang bis Ende fast zehn Wochen. Doch schließlich wurde der Anker geworfen; und am 23. August 1855 wurde im Victoria Theatre in Sydney eine „kolossale Attraktion" in „Lola Montez in Bayern" angekündigt. Dank des Interesses, das ihre Heldentaten in anderen Teilen der Welt hervorriefen, war der Neuankömmling dort ein guter Empfang sicher.

Doch den Theaterstars wurde von den Kolonisten immer ein besonderes Maß an Ehrerbietung entgegengebracht. So wurde Miss Catherine Hayes, die in einem Oppositionshaus spielte, vom Bischof von Sydney zum Mittagessen und vom Generalstaatsanwalt zum Abendessen eingeladen; und ein schottischer Zauberer, „Professor" Anderson, erhielt vom Stadtrat eine „Willkommensansprache".

Auch wenn Lola diese besonderen Ehren nicht genoss (die sich aus einem nur ihr selbst bekannten Grund dafür entschieden hatte, als „Madam Landsfeld Heald" in die Passagierliste eingetragen zu werden), wurde ihr dennoch beträchtliche Publizität zuteil. „Die exzentrische und viel beworbene Lola Montez", sagte der *Herald* am Morgen nach ihrem Debüt in New South Wales, „stürzt sich direkt aus Kalifornien auf uns, und die Aufregung ihres Besuchs leert das Oppositionstheater. Gestern Abend sah die Gräfin geradezu charmant aus." und benahm sich sehr schelmisch ... Als der Vorhang fiel, überreichte sie Herrn Lambert (der den König von Bayern spielte) eine elegante Schachtel Zigaretten.

Selbstverständlich wurde der Star von den Journalisten interviewt. „Im Victoria Theatre", sagt einer von ihnen, „hatte ich das Privileg, nach Ende der Aufführung ein Gespräch mit Madame Lola zu führen. Ich fand sie – zu meiner großen Überraschung – eine sehr einfache, wohlerzogene, Zigarrenliebende junge Dame."

Ein seltsames Bild vom Publikum in Sydney liefert der Autor von *Southern Lights and Shadows*. „Die jungen Damen Australiens", sagt er, „sind in vielerlei Hinsicht bemerkenswert. Mit dreizehn haben sie mehr Bänder, Juwelen und Liebhaber als alle anderen gleichaltrigen jungen Damen. Sie plappern von morgens bis abends fade. Das erste Mal." Als ich ein Theater besuchte, saß ich neben einer von ihnen, die mindestens ein halbes Dutzend Ringe über ihren Handschuhen trug ... Die Affektiertheit von *Ton* unter ihnen ist erstaunlich. Sie sind besondere Förderer des Dramas, und nach dem Erscheinen eines Stern, sie strömen zu Hunderten zum Kleiderkreis. Die Grube ist im Allgemeinen gut gefüllt mit Hemdsärmeln, Zinntöpfen und Babys. Die oberen Kisten werden normalerweise der Abteilung der Gemeinschaft überlassen, die eine Vorliebe für rosa Hauben und Wangen hat passend; und Flirts werden auf die schamloseste und schamloseste Art und Weise betrieben."

Der Autor dieser Skizze hat auch etwas über Sydney als Stadt zu sagen:

„Ein Teil der George Street ähnelt der Bond Street in London so sehr, wie es nur möglich ist, dass ein Ort dem anderen ähnelt. Wie die Bond Street wird sie auch stündlich von den Bucks und Brummels der Kolonie vorgeführt. Das Café François ist gut besucht." von den jungen Schwärmen und Zweigen der Stadt. Files of *Punch*, *The Times*, Sherry Coblers, eine unterhaltsame Gastgeberin und ein dickblütiger, üppiger Gastgeber sind die besonderen Momente, die mir in Erinnerung geblieben sind. In diesem Lokal werden täglich 800 Mahlzeiten serviert. Die Miete beträgt 2.400 £ pro Jahr.

II

Während dieses Engagements in Sydney organisierte Lola, die sich immer für wohltätige Zwecke interessierte, eine „Grand Sebastopol Matinée Performance", deren Erlös „unseren verwundeten Helden auf der Krim zugute kam". Da die Sache großen Anklang fand, handelte es sich bei dem Haus um ein Rekordhaus. Möglicherweise war es der Erfolg dieser *Matinée*, der dazu führte, dass ein fantasievoller Chronist hinzufügte: „Unsere verehrte Besucherin, Madame Lola Montez, Gräfin von Landsfeld, ist mit ihrer ganzen Schar von Theatersängern im Begriff, uns nach Balaclava zu verlassen." Auf besonderen Wunsch von Lord Raglan und Miss Florence Nightingale wird sie ein Theater zum Vergnügen unserer tapferen Krieger und ihrer Verbündeten eröffnen.

Ein weiterer seltsamer Leckerbissen wurde vom Theaterkorrespondenten einer Londoner Zeitung nach England geschickt. Darin hieß es, ein männliches Mitglied ihrer Kompanie sei „in den Hafen gesprungen, beschämt, als sie feststellte, dass Madame Lola einem jüngeren Bruder des Herzogs von Wellington, der ihr von Kalkutta nach Sydney gefolgt war, ein freundlicheres Gesicht zugewandt hatte." Das künstlerische Temperament.

Von Zeit zu Zeit gingen jedoch andere und besser etablierte Nachrichten aus Australien ein, die bei sich bietender Gelegenheit eine Nische in den Londoner Zeitungen fanden. Daraus geht hervor, dass mit Lolas Plänen nicht alles reibungslos verlief und dass der Beginn des antipodischen Unterfangens etwas stürmisch verlief.

„In Sydney", heißt es in einem Brief zu diesem Thema, „kam es kürzlich in dem Theater, in dem Madame Montez gespielt hat, zu einem bedauerlichen Aufruhr. Sie trat vor und versuchte, den Aufruhr zu unterdrücken, indem sie dies ankündigte, während sie selbst „eher einen guten Krach mochte." „, appellierte sie an die Tapferkeit der *Herren* im Graben und auf der Galerie, die Wünsche einer Dame zu respektieren und das Vergnügen anderer nicht durch Unterbrechung der Aufführung zu beeinträchtigen. Die Bitte stieß jedoch auf taube Ohren. Der Aufruhr hielt noch lange an einige Zeit, und wurde durch die Streitereien der Schauspieler und Schauspielerinnen untereinander auf der Bühne noch verstärkt.

Es kam zu heftigem „Streit" im Unternehmen. Seine Mitglieder waren keine glückliche Familie. Sie waren von ihrem Schulleiter beauftragt worden, sie zu unterstützen. Anstatt diese Unterstützung zu leisten, taten einige von ihnen jedoch alles, was sie konnten, um die Tour zu scheitern. Daraufhin ergriff Lola strenge Maßnahmen, entließ die Unzufriedenen und fuhr mit dem nächsten Dampfer nach Melbourne. Dass ihr Vorgehen berechtigt war, geht aus einem Brief hervor, den ihre Anwälte an die Presse schickten:

„Unsere Klientin, Frau Lola Montez, war unklug genug, zu enormen Kosten eine sehr minderwertige Gesellschaft in Kalifornien zu engagieren. Bevor sie anfing, machte sie jedem von ihnen große Vorschüsse und bezahlte ihre Überfahrten aus Amerika (wo sie fast waren). (alle hoch verschuldet) nach Australien und vertraute darauf, dass sie als Gegenleistung für ihre immensen Ausgaben zumindest wirksame Hilfe von ihnen erhalten würde. Aber diese Bande obskurer Darsteller überhäufte sie nicht nur mit Beleidigungen, während sie weiterhin von ihr lebten, sondern auch Bei ihrer Ankunft in Sydney weigerten sie sich alle, ihre zugewiesenen Aufgaben zu erfüllen.

„Als Frau Montez (von einem solchen Verhalten nicht unnatürlich verärgert) durch uns vorschlug, ihre Vereinbarungen zu angemessenen Bedingungen zu kündigen, bestanden sie auf der Erfüllung des Vertrags, den sie selbst als erste gebrochen hatten, und stellten ihr gegenüber Forderungen in Höhe von bis zu 100 % in Rechnung ca. 12.000 £. Da diese *moderate* Forderung von unserer Mandantin zu Recht abgelehnt wurde, erwirkten sie einen Haftbefehl für sie in Bezug auf eine Reihe verschiedener Klagen. Nur eine davon (eine Klage auf 100 £) wurde rechtzeitig eingereicht, sodass ein Haftbefehl gegen sie eingereicht werden konnte Als Mr. Brown, der Beamte des Sheriffs, mit dieser Mitteilung an Bord des Dampfers erschien, bot ihm Madam 500 Pfund an, die er jedoch ablehnte, und bestand darauf, dass sie auch die verschiedenen anderen Forderungen dafür begleichen sollte Er hatte keine Haftbefehle. Unser Mandant weigerte sich, das Schiff zu verlassen, für diese Weigerung sind wir als ihre Anwälte durchaus bereit, die Verantwortung zu übernehmen."

Die Tatsache, dass die Rede davon war, ein Verfahren gegen den Kapitän des Dampfers und seine Untergebenen einzuleiten, veranlasste die Anwälte, einen Nachtrag hinzuzufügen:

„Diejenigen, die die Bewegungen der *Watarah* leiteten, sind bereit, sich für ihr Verhalten zu verantworten. Sie sahen, wie einer Frau im letzten Moment wegen einer höchst ungerechtfertigten Forderung die Verhaftung angedroht wurde, sie das Fünffache des geforderten Betrags anbot und ihr Angebot abgelehnt wurde. Daher haben sie fühlte sich nicht berufen, einzugreifen."

Ein anderer Bericht über die Episode ist etwas anders. Darin heißt es, dass sie kurz vor ihrem Abflug in Sydney zwei Mitglieder des Unternehmens „mit einem Segen entlassen" habe. Da sie etwas leichter verhandelbares wollten, stellten sie einen Pfändungsbescheid aus. Als der Beamte des Sheriffs versuchte, es zuzustellen: „Madame Lola, immer bereit für den Kampf, zog sich in ihre Kabine zurück und ließ ausrichten, dass sie völlig nackt sei, der Sheriff aber kommen und sie mitnehmen könne, wenn er wollte." Eine peinliche Situation; und unvorbereitet, sich damit auseinanderzusetzen, „errötete der arme Mr. Brown und zog sich unter lautem Gelächter zurück."

Nachdem sie sich so gegen die Anwälte von Sydney durchgesetzt und die freien Stellen in ihrer Firma mit neuen und zugänglicheren Rekruten besetzt hatte, erreichte Lola ohne weitere Abenteuer die viktorianische Hauptstadt. Ein zeitgenössisches Bild der Stadt, wie sie aussah, als sie dort landete, liefert ein zeitgenössischer Autor:

„Melbourne ist großartig. Schöne breite Straßen, schöner und breiter als fast alle in London, erstrecken sich kilometerweit in alle Richtungen. Zu jeder Tageszeit kann man Tausende von Menschen dabei beobachten, wie sie mit echtem Treiben auf der billigen Seite durch sie huschen." Die Jugend von Melbourne scheint jedoch frühreif gewesen zu sein. „Ich war hocherfreut", bemerkt diese Autorität, „über den Nachwuchs aus der Kolonialzeit. Der durchschnittliche australische Junge ist ein schlanker junger Schlingel mit olivfarbener Haut, der Cavendish, Cricket und Chuck-Penny liebt und gegenüber Mädchen, Polizisten und Polizisten systematisch unverschämt ist. und neue Kumpel... Mit zwölf Jahren, nachdem er jede Phase der Bewährungsklugheit durchlaufen hat, ist er qualifiziert, als vollwertiger Busschaffner zu fungieren. Im Vorfeld der Theater befinden sich Abendessensräume (reichlich mit Gas und... freimütige Kellnerinnen) und Bum-Boat-Läden, in denen Theaterzettel, Wellhornschnecken, Orangen, Stumpen und gebratener Fisch verkauft werden.

Doch trotz dieser Annehmlichkeiten war bei Lola nicht alles in Ordnung. Die Sydney-Korrespondentin des *Argus* hatte ihre Chancen, einen positiven Eindruck zu hinterlassen, beeinträchtigt, indem sie einen etwas fantasievollen Bericht über ihre Probleme dort schrieb:

„Ich brauche Ihnen nicht zu sagen, dass die Montez nach Melbourne gegangen ist, da sie vor diesem Brief angekommen sein wird und nicht die Art von Frau ist, die ihre Ankunft geheim hält. Es ist jedoch möglicherweise nicht so allgemein bekannt, was sie gemacht hat was von hier aus im Kolonialstil als „Bolzen" bezeichnet wird ... Vielleicht dachte sie, dass Australien noch kein Teil der zivilisierten Welt sei und dass hier keine Kompanie von Spielern gefunden werden könne, und brachte eine Reihe von Komikern aus San mit Francisco. Sie waren völlig nutzlos. Man hätte vor Ort kompetentere Hilfe bekommen können."

Lola sagte nichts. Ihr Hauptdarsteller, Herr Follard, hatte jedoch etwas zu sagen und schrieb einen starken Brief an den Herausgeber:

„Gestatten Sie mir, bei allem Respekt vor dem Begriff ‚Bolzen' Ihres Korrespondenten festzustellen, dass Madame Lola Montez stillschweigend und unauffällig gegangen ist ... Der Versuch, sie daran zu hindern, Sydney zu verlassen und ihre Verlobung in Melbourne zu verhindern, war eine Zurschaustellung von Gemeinheit Jedes ehrliche Herz muss Ekel empfinden. Allein, in einem fremden Land, ohne Freunde oder Beschützer, hätte ihre Stellung als Frau sie allein vor den unmännlichen Misshandlungen bewahren sollen, die ihr angehäuft wurden, und vor der verächtlichen Haltung einiger ihrer Gesellschafter.

Ein zweiter negativer Faktor, mit dem Lola in Melbourne zu kämpfen hatte, war, dass die Preise für ihr Engagement dort verdoppelt worden waren. Dies wurde von der Öffentlichkeit als Missstand empfunden. Die Schwierigkeit passte sich jedoch von selbst an, denn das von ihr angebotene Programm erwies sich als besonders attraktiv.

„Das höchste Maß an Aufregung wurde", hieß es in der *Herald*- Kritik, „bei den Besuchern des Theatre Royal durch die tatsächliche Anwesenheit dieses außergewöhnlichen und begabten Wesens hervorgerufen, dessen Schönheit und *Esprit* die gesamte zivilisierte Welt gelobt hat ..." . Nachdem er dem Publikum mit unnachahmlicher Anmut einen Knicks gemacht hatte, zog sich der schöne *Künstler* unter einem erneuten Jubelsturm zurück."

Aber Lola, die keine Gelegenheit verpasste, ihre Meinung zu äußern, äußerte sie jetzt:

„Am Ende der Aufführung", heißt es in einem Bericht, „wurde lautstark Madame Lola Montez gerufen und wandte sich in einer lebhaften Rede an das Publikum, wobei sie einige Bemerkungen kommentierte, die in einer bestimmten Zeitschrift veröffentlicht worden waren. Als ein Herr es wagte, zu lachen, während sie Als er die politischen Vorteile aufzählte, die sie Bayern gebracht hatte, teilte ihm der Messeredner umgehend mit, dass ein solches Verhalten normalerweise nicht als höflich angesehen werde.

Das Engagement in Melbourne endete mit einer dreifachen Rechnung. Das Hauptstück war eine Neuheit, die sie hatte, der „Spinnentanz", den Lola aus Amerika mitgebracht hatte. Darin erschien sie mit Hunderten von Drahtspinnen, die auf ihren schmalen Ballettröcken aufgenäht waren; und wenn einer von ihnen herunterfiel, musste sie sich heftigen Bewegungen und Verrenkungen hingeben, um sie wieder in Position zu bringen. Die begleitenden Bewegungen ihres Körpers galten nach manchen Maßstäben als „gewagt und suggestiv". Tatsächlich sogar so sehr, dass der Vertreter des *Argus* die Nummer als „die freizügigste und unfeinste Darbietung überhaupt auf der öffentlichen Bühne" bezeichnete Leistung, in der Madame Montez hier eine Rolle spielt. Doch Sir Charles Hotham, der Gouverneur, hatte es zusammen mit Lady Hotham und ihren Gästen miterlebt, ohne ernsthaften Schaden davonzutragen. Aber vielleicht bestanden sie aus härterem Material.

Der Kritiker des *Morning Herald* zu dieser Zeit (vermutlich RH Horne, „der Jules Janin von Melbourne") war entweder weniger dünnhäutig oder aufgeschlossener als sein *Argus*- Kollege. Auf jeden Fall sah er für diese Einschränkungen nichts Besonderes. Da er der Meinung war, dass dem Neuankömmling kein faires Spiel geboten worden war, versuchte er, der geäußerten negativen Meinung entgegenzuwirken, indem er eine lobende Kolumne veröffentlichte, in der er erklärte: „Madame Montez hat die gesamte Maßnahme mit bemerkenswerter Eleganz und Präzision durchgeführt." , und der Vorhang fiel unter Salven wohlverdienten Applaus.

Überzeugt davon, dass es sich hier um einen Kritiker handelte, der sich wirklich mit seinem Fach auskannte, und um eine Freundin, auf die sie sich verlassen konnte, um ihrer Gerechtigkeit gerecht zu werden, schrieb Lola an den Herausgeber:

GRAND IMPERIAL HOTEL,
September 1855.
HERR,

Eine Kritik an meiner Aufführung des „Spinnentanzes" im Theatre Royal wurde heute Morgen in der Ausgabe von „ *Argus* " *veröffentlicht* und ist so formuliert, dass ich sie positiv beantworten muss.

Die Frömmigkeit und der Ultrapuritanismus der *Argus* könnten die Einfügung eines Briefes mit meiner Unterschrift verhindern. Deshalb wende ich mich an Sie.

Der „Spinnentanz" ist ein nationaler Tanz und wird von allen Klassen in Spanien und von beiden Geschlechtern, von der Königin bis zum Bauern, mit Freude gesehen.

Ich habe diesen Tanz immer als ein Kunstwerk hoher Kunst betrachtet; und ich weise mit entschiedener Verachtung die Unterstellung Ihres Zeitgenossen zurück, ich wolle einer krankhaften Vorliebe für das Unangemessene oder Unfeine nachgeben.

Ich werde morgen Abend auf meinem Posten sein; und wird dann einen Kurs einschlagen, der den Wert der vom *Argus vertretenen Meinung auf die Probe stellt* .

Lola als Dozentin. Von der Bühne zur Plattform
AUTOBIOGRAPHIE
UND
VORTRÄGE
VON
LOLA MONTEZ
COUNTESS OF LANDSFELD

Der versprochene „Kurs" bestand lediglich darin, eine lange Rede von der Bühne aus zu halten und das Publikum zu bitten, zu entscheiden, ob es den verärgerten Gegenstand halten sollte oder nicht. Das Publikum betonte nachdrücklich, dass sie es tun sollte; und als sie fertig war, „drückten sie ihre Ansichten zu diesem Thema aus, indem sie lautes Stöhnen für den *Argus* und lustvolle Jubelrufe für den *Herold ausstießen* ."

Ehre für Lola!

Doch der „Spinnentanz" sollte immer noch Ärger bereiten. Am nächsten Morgen erschien ein gewisser Dr. Milton, der sich als Verfechter der Moral ausgegeben hatte, vor dem Polizeigericht und beantragte einen Haftbefehl gegen Lola Montez mit der Begründung, sie habe „gegen den Anstand verstoßen".

„Ich bin in der Lage", erklärte er, „einen unbestreitbaren Beweis für die Unzulänglichkeit ihrer Leistung zu erbringen."

„Sie müssen eine Vorladung auf die richtige Art und Weise ausstellen", sagte der Richter, der offensichtlich kein Verständnis für Wichtigtuer hatte.

Doch bevor er dies tun konnte, wurde Dr. Milton eine Klage wegen Verleumdung zugestellt. Infolgedessen hörte man von der Angelegenheit nichts mehr.

Zusätzlich zu den Schlundwürmern, von denen sie in beträchtlicher Zahl befallen war, schien die Stadt Melbourne zu dieser Zeit auch andere Nachteile gehabt zu haben. Laut RH Horne war die örtliche Gesellschaft etwas seltsam zusammengesetzt. „Es gibt einen Versuch", sagt er, „im Kern einen ‚Hofkreis' zu bilden; und wenn die Innenregierung es für angebracht hält, noch ein paar australische Ritter und Baronette zu ernennen, könnte es gute Hoffnungen für die Vergrößerung des verzauberten Kreises geben." Den Melbourner „Almack's" gebührt Kompliment für den moralischen Mut, mit dem sich ihre Direktoren den Anträgen auf Aufnahme einiger wohlhabender, ungewaschener und anderer ungeeigneter Menschen widersetzt haben. Geld ist nicht alles, selbst in Melbourne."

Im Vergleich zu denen von New South Wales gab es weitere Einschränkungen der Moral von Victoria:

„Die Treffpunkte der Schurken in Sydney werden von denen in Melbourne nicht übertroffen; aber was Trunkenheit und Prostitution betrifft, ist letzterer Ort weitaus schlimmer als Sydney. Das Theatre Royal enthält in sich vier separate Trinkbars. Das Café de Paris, Im selben Gebäude gibt es zwei Bars. Im Theater selbst gibt es jeden Abend ein trinkendes Publikum, besonders wenn das Haus überfüllt ist. Zwischen jedem Auftritt ist es Brauch, dass das Publikum auf einen Schluck Brandy losgeht. Die einzigen Ausnahmen sind die Mitglieder des Kleiderkreises, insbesondere wenn der Gouverneur anwesend ist.

Aus der „Getränkeliste" geht übrigens hervor, dass den Gästen als Beweis ihrer Beliebtheit ein „Lola Montez Appetiser" bestehend aus „Old Tom, Ingwer, Zitrone und heißem Wasser" angeboten wurde.

Alkohol war nicht der einzige Gegenstand, auf den sich „Orion" Horne konzentrierte. Er missbilligte auch Cricket. „Der Wahnsinn", sagt er, „für Schläger und Bälle in der kochenden Sonne im letzten Sommer übertraf jede rationale Aufregung. Die Zeitungen wurden von der Epidemie erfasst, und obwohl sie andere weitaus nützlichere Spiele kaum zur Kenntnis nahmen, widmeten sie Kolumnen nach Kolumnen den Minutenberichten." der Spiele von hundert verschiedenen Vereinen. Die Mauern von Melbourne wurden infiziert. Nach der Rückkehr der Viktorianer aus Sydney bezeichnete ein

Reporter des *Herald* sie als „die Lorbeerbekrönten Krieger". Wenn dies keinen großen Schaden anrichtet, ist die Sache zu weit getrieben."

Für Hornes Seelenfrieden ist es vielleicht genauso gut, dass der heutige Wert, der „Ashes" beigemessen wird, nicht entstanden ist und dass ein australischer XI. England erst nach weiteren zwanzig Jahren besuchte.

III

Nach Melbourne war Geelong der nächste Schritt in Lolas Reiseroute. Das Programm, das sie dort anbot, war großzügig, denn es umfasste ein „mitreißendes Drama mit dem Titel *Maidens, Beware!* "und die elegante und erfolgreiche Komödie *The Eton Boy* , zu der noch eine „funkelnde Comedietta" und eine „lächerliche Farce" hinzukamen ." Das war ein gutes Preis-Leistungs-Verhältnis. Der Geelong-Kritiker hielt jedoch nicht viel vom Hauptpunkt dieses Gesetzentwurfs. „Es handelt sich um", stellte er feierlich fest, „eine unmögliche Verschwörung mit Situationen und Gefühlen, die für uns Barbaren völlig unverständlich sind."

Diese überhebliche Haltung wurde von den einfältigen Baggern nicht geteilt, die „ *Maiden, Vorsicht!" fanden.* ganz nach ihrem Geschmack. Aber nichts anderes hätte man erwarten können, denn es bot ein gutes Maß an allen Elementen, die bei jedem Einsatz den Erfolg sichern. Somit wird dem Helden zu Unrecht eine Reihe von Straftaten des Bösewichts vorgeworfen; Ein komischer Diener entwirrt die Handlung, wenn sie kompliziert wird. und die Heldin vermeidet „etwas Schlimmeres als den Tod" nur dadurch, dass sie beweist, dass ein Baronet, der „unwillkommene Ansprachen macht" (aber sonst nichts) ein Testament gefälscht hat.

Lola hatte eine Vorliebe für die Gesellschaft der Bagger, mit denen sie sich immer gut verstanden hatte, und begab sich als nächstes nach Ballarat. Es war ein ungünstiger Moment für ein Theaterprojekt in diesem Teil der Welt. Die Atmosphäre war etwas unruhig. Die breiten Pfeiler und Urlaubsscheinkontingente, die einen großen Teil der Gemeinde ausmachten, forderten eine Republik; und es kam zu erheblichen Unruhen. Der Mob hatte eine Rebellenfahne gehisst; und das Militär musste gerufen werden, um die Aktivitäten der „Ballarat Reform League" zu unterdrücken. Dennoch war Lola nicht die Frau, die vor Gefahren davonlief. Wie sie einem Publikum in Sydney erzählt hatte, gefiel ihr „eher ein guter Streit".

Das Kommen von Lola Montez nach Ballarat wurde durch einen einleitenden Absatz angekündigt:

„Unsere Leser werden erfreut sein zu erfahren, dass die weltberühmte Lola, eine Dame, die Könige auf ihrer Seite hatte und die in der Welt fast ebenso viel Aufruhr verursacht hat wie Helena von Troja, bald unter uns erscheinen wird. Beim Verlassen Als sie mit dem Bus nach Melbourne reiste, überreichte sie dem Buchungsmitarbeiter ein handsigniertes Exemplar eines Werkes der berühmten Mrs. Harriet Beecher Stowe. Junge Herren von Ballarat, achten Sie auf Ihre Herzen! Unter ihnen wird mit Sicherheit Chaos angerichtet werden."

Ihre farbenfrohe Karriere zog die Preisträger an. Einer von ihnen fand darin die Inspiration für eine Ballade: „Lola, vom rollenden schwarzen Auge!" das in jedem Musiksaal der Kolonie gesungen wurde. Ein zweiter Versuch betrachtete die Angelegenheit in ihren schwerwiegenderen Aspekten. Der erste Vers lautete wie folgt:

Sie ist mehr zu bemitleiden als zu tadeln,

Ihr ist mehr zu helfen als zu verachten.
Sie ist nur ein Mädchen, das sich
schlecht beraten auf den stürmischen Weg des Lebens gewagt hat.
Verachte sie nicht mit grimmigen und bitteren Worten.
Lache nicht über ihre Schande und ihren Untergang.
Halte einen Moment inne und denke darüber nach
, dass ein Mann die Ursache für alles war!

Ludwig von Bayern hatte es besser gemacht. Viel besser. Verärgert über die darin enthaltenen Anspielungen schwang Lola erneut ihre Peitsche und drohte dem Barden mit einer Schadensersatzklage.

Das Victoria Theatre in Ballarat (wo Lola Montez den Baggern eine Kostprobe ihrer Qualität geben sollte) war ein neu erbautes Haus, das, wie ein beeindruckter Reporter erklärte, „jede moderne Eleganz widerspiegelte. Vor den Logen", fuhr er fort „sind Tafeln, die schlicht mit korinthischen Girlanden geschmückt sind und einen vergoldeten Adler umgeben, der die Freiheit symbolisiert. Über dem Proszenium befindet sich eine Ellipse, die das australische Wappen zeigt. Die Decke ist mit einer Kuppel verziert, um die sich die neun Musen gruppieren Der Kronleuchter ist der größte in der Kolonie. Vom Garderobenbereich aus besteht eine direkte Verbindung zum angrenzenden United States Hotel, so dass erstklassige Erfrischungen ohne die geringste Unannehmlichkeit besorgt werden können. Es gibt sechs Umkleidekabinen und Madame Lola Montez verfügt über eine private und luxuriös eingerichtete Wohnung.

Da das von ihr angebotene Repertoire („auf besonderen Wunsch") den „Spinnentanz" umfassen sollte, schickte sie vorsichtshalber eine Beschreibung davon an den *Ballarat Star*:

Der charakteristische und faszinierende SPINNENTANZ wurde von MADAME LOLA MONTEZ mit größtem Erfolg in den Vereinigten Staaten von Amerika und vor allen gekrönten Häuptern Europas aufgeführt.

Dieser Tanz, auf dem Bosheit und Neid versucht haben, den Makel der Unmoral zu beseitigen, wurde in den anderen Kolonien in Häusern aufgeführt, die vom Boden bis zur Decke mit Rang, Mode und Schönheit vollgestopft waren. In Adelaide übertrug Seine Exzellenz der Generalgouverneur in Begleitung von Lady McDonnell und den erlesensten Damen der Stadt ihre Schirmherrschaft, während die Freien und Angenommenen Freimaurer Madame Lola Montez die besondere Ehre erwiesen, in vollem Ornat anwesend zu sein.

Am 16. Februar 1856 eröffnete Lola Montez in Ballarat. Es wurde ein großzügiges Programm geboten, denn es bestand aus „der eleganten und funkelnden Komödie „ *A Morning Call*“ , der lächerlichen Farce „ *The Spittalsfields Weaver* “, dem häuslichen Drama „ *Raffaelo, der Verworfene* “ und der Shakespeare-Tragödie „ *Antonius und Kleopatra* “, alle mit neuen und prächtige Landschaften, Kleider und Termine.

Der damaligen Mode entsprechend musste der Star einen Prolog vortragen. Ein Auszug daraus lautete wie folgt:

Es ist nur richtig, ein paar hastige Worte zu sagen,
was den Namen betrifft, den dieses Theater heute trägt,
denn ich möchte, dass Sie verstehen
, dass ich Männer aus jedem Land als Gönner suche.
Der Name der tugendhaften Königin Großbritanniens
wurde nicht nur aufgrund von Vorurteilen benannt.
Und möge Ihre großzügige Anwesenheit und Ihr Applaus Ihnen
gegenseitige Zufriedenheit und glückliche Abende bescheren!

Aber das war nur eine Einführung. Es sollte noch mehr folgen, denn die „persönliche“ Note musste noch vermittelt werden.

Was *mich betrifft* , finden Sie in Lola Montez
die Studie, wie ich meine ständige Gewohnheit erfreuen kann!
Dennoch bin ich eitel, dass ich hier der erste Stern bin, der
auf dieser Thespian-Hemisphäre scheint.
Und hoffe nur, dass wenn ich „Adieu!“ sage.
Du wirst das Gleiche gewähren, was ich dir wünsche:
Möge reicher Erfolg deine tägliche Arbeit belohnen,
weder Männer noch gegenwärtige Maßnahmen den Frieden zerstören,
und möge ich jeden Abend deine angenehmen Gesichter
mit diesen schönen Damen, deinen Begleitern, sehen!

IV

Doch trotz dieses vielversprechenden Starts war in Ballarat nicht alles fair. Wie schon an anderen Orten geriet Lola in Konflikt mit einem Kritiker, der sie verunglimpft hatte. Wütend empört und mit der Pferdepeitsche in der Hand stürmte sie in das Büro des Redakteurs und übte summarische Rache an ihm.

„Einen vollständigen Bericht über diese bemerkenswerte Angelegenheit", verkündete das Oppositionsjournal, „werden wir morgen geben. Unsere Leser können ein perfektes Vergnügen erwarten." Sie haben es auch verstanden, wenn man dem Bericht einiger „einiger ausgewählter Beobachtungen" vertrauen kann, die Lola am zweiten Abend ihrer Verlobung ihrem Publikum vorgetragen hat:

„Meine Damen und Herren, ich bin mir sehr sicher, dass Sie alle in diesem Haus meine sehr guten Freunde sind; und ich bedauere sehr, dass ich jetzt eine äußerst unangenehme Pflicht zu erfüllen habe. Das hatte ich mir vorgestellt, nach all der Freundlichkeit, die ich erfahren habe den Bergleuten in Kalifornien, ich hätte euch nie etwas Schmerzhaftes sagen sollen, aber jetzt bin ich dazu gezwungen.

„Ich spreche zu den Damen als Angehörigen meines eigenen Geschlechts und zu den Herren als meinen natürlichen Beschützern. Nun, was ich Ihnen sagen muss, ist, dass es in dieser Stadt einen bestimmten Herrn namens Seekamp gibt. Nehmen Sie einfach die E heraus." , und was von seinem Namen übrig bleibt, wird *Skamp* . Hören Sie sich meine Geschichte an und urteilen Sie dann zwischen uns. Dieser Herr Seekamp, der Herausgeber der *Ballarat Times* , hat es mir tatsächlich erzählt, vor den Anhörungen einer anderen Dame und zweier recht angesehener Damen Meine Herren, dass die Bergleute hier eine Gruppe von … waren. Nein, ich kann meine Lippen wirklich nicht mit dem schockierenden Wort besudeln, das er benutzte – und dass ich ihnen nicht glauben sollte.

„Herr Seekamp kam mit einem bestimmten Vorschlag zu mir und nahm meine Gastfreundschaft an. Sie alle wissen, dass er nur ein bisschen gern trinkt. Nun, während er bei mir zu Hause war, den Sherry, den Portwein, den Champagner und den Brandy waren nie vom Tisch. Er aß mit mir und er trank mit mir. Tatsächlich trank er so viel, dass es nur meine Selbstachtung war, die mich daran hinderte, ihn entfernen zu lassen. Aber ich sagte mir: „Immerhin ist er es." ist Redakteur; vielleicht ist das sein kleiner Weg.'

„Nun, ich habe getan, was Herr Seekamp wollte, und als Ergebnis war ich eine Zehn-Pfund-Note aus eigener Tasche. Ich war grün, aber ich wollte unbedingt vermeiden, mir unter den Redakteuren Feinde zu machen. Doch wenn sein Artikel das nächste Mal erscheint , ich werde darin als berüchtigt für meine Unmoral bezeichnet. Berüchtigt, in der Tat! Nun, ich widersetze mich jedem hier oder anderswo und sage, dass ich unmoralisch bin oder jemals war. Das wäre unwahrscheinlich, wenn ich es gewollt hätte Sei unmoralisch, ich sollte schuften und mein Brot durch harte Arbeit verdienen. Was meinst du?

„Meine Damen und Herren, ich appelliere an Sie. Ist es fair oder großzügig von dieser Seekamp-Person, sich mir gegenüber so zu verhalten? Die Wahrheit ist, dass mein Manager, der wusste, dass er ein nichtsnutziger Kerl war, meine Druckaufträge erteilt hat ein anderer Redakteur. Aus Rache sagt der wütende Seekamp, er werde mich aus dieser Stadt vertreiben. Meine Damen und Herren, ich bitte Sie um Schutz.

„Und hier“, fügt der Bericht hinzu, „zog sich die unerschrockene Lola unter ohrenbetäubendem Applaus zurück. Drei herzliche Jubelrufe gab es für Madame und drei lustvolle Stöhnen für ihren feigen Verräter.“

Am darauffolgenden Abend gab es weitere Reden. Diesmal beschwerte sich Lola beim Publikum darüber, dass sie von dem anstößigen Seekamp frisch beschimpft worden sei. „Ich habe angeboten“, sagte sie, „obwohl es sich nur um eine Frau handelt, ihn mit Pistolen zu treffen, aber der Köter, der den Charakter einer Dame angreift, läuft vor meiner Herausforderung davon. Er sagt, er wird mich aus den Diggings vertreiben. Nun, ich habe vor, mich umzudrehen.“ „Ich bedaure sehr“, fügte sie hinzu, „dass ich gezwungen war, mich auf Kosten von Herrn Seekamp durchzusetzen, aber es war wirklich nicht meine Schuld. Seine Angriffe auf meine Kunst waren.“ äußerst unfein. Ich habe ihn zu einem Duell herausgefordert, aber der Poltroon wollte nicht akzeptieren.

In bester Tradition der *Eatanswill Gazette* bezeichnete der *Ballarat Star die Ballarat Times* als „unseren wahrhaftigen zeitgenössischen und tapferen Gegner“ und spielte auf die „unerrötende Verschwendung ihrer redaktionellen Kolumnen“ an. Der Besitzer des United States Hotels und Anwalt von Lola Montez mischte sich ebenfalls in die Kontroverse ein und forderte Herrn Seekamp auf, „seine Worte zu essen“. Diese Person war jedoch nicht an einer solchen Diät interessiert und weigerte sich, so etwas zu tun.

Damit war die Sache aber noch nicht erledigt, und mehrere Korrespondenten griffen im Namen von Lola Montez zu den Knüppeln.

„Ist es möglich“, schrieb einer von ihnen an den Herausgeber des „ Star “, „dass Herr Seekamp in seinem Bemühen, den guten Ruf einer Frau zu verunglimpfen, unterstellen kann, dass er sich auch der schockierendsten Unmoral schuldig gemacht hat?“ Ich werde rot es zu denken. Es gab auch einen Brief in einem ähnlichen Stil aus „John Bull" und einen weiteren aus „An Eton Boy", in dem es um Mr. Seekamps Grammatik ging.

Da sie sich in ihrem Ruf geschädigt fühlte, bestand Lolas nächster Schritt darin, ihren Anwalt anzuweisen, eine Klage wegen Verleumdung gegen Seekamp einzureichen. Der Richter verwies den Fall an das Obergericht in Geelong zurück. Doch als eine Entschuldigung angeboten und angenommen wurde, hörte man nichts mehr davon.

Dies war jedoch nicht das Ende ihrer Probleme in Ballarat, denn wieder sollten Pferdepeitschen in der Luft pfeifen. Aber dieses Mal bekam Lola mehr, als sie erwartet hatte. Sie benutzte ihre Peitsche gegen einen Mr. Crosby, den Leiter des dortigen Theaters, als dessen Ehefrau – eine willensstarke und muskulöse Frau – ihr die Waffe entriss und sie auf ihren Rücken legte.

Der Bericht eines Augenzeugen ist etwas anders. „In Ballarat", sagt er, „prallte Lola gegen eine tapfere Amazone, die es versäumt hatte, ihr den gebührenden Respekt zu erweisen, und versetzte ihr einen Schlag auf den Hintern."

„Gekreuztes Gesäß" scheint ein Ausdruck zu sein, der den Wörterbuchmachern bisher entgangen ist.

In anderen Teilen der Kolonie machte Lolas Empfang jedoch die kleinen Unannehmlichkeiten in Ballarat mehr als wett. „Ihre Popularität", sagt William Kelly, ein australischer Hausbesetzer, „beschränkte sich nicht nur auf der Bühne. Sie wurde auf den Goldfeldern mit Begeisterung begrüßt, und umso mehr wegen der liberalen Art, mit der sie ‚schrie', als sie die Gastfreundschaft erwiderte." die Bagger. Auch ihr Mut erfreute sie, denn sie stieg mit so viel Lässigkeit in die tiefsten Schächte hinab, als würde sie ein Boudoir betreten."

Von Sandhurst reiste Lola Montez nach Bendigo, wo die Tour endete. Dort, sagt ein Pressesprecher, „lebte sie in herzlichster Freundschaft mit der gesamten Bevölkerung und ohne einen einzigen störenden Vorfall, der die Ruhe des Verkehrs stören könnte."

V

Nachdem Lola Montez ihre Tour durch Australien mit beträchtlichem Gewinn abgeschlossen hatte, löste sie ihre Firma auf und kehrte im Herbst 1856 nach Europa zurück. Sie hatte mehrere Angebote aus London; Da sie jedoch der Meinung war, dass eine Pause wohlverdient sei, verließ sie das Schiff in Marseille und bezog eine Villa in St. Jean de Luz. Während ihres Aufenthalts scheint sie eine gewisse öffentliche Aufmerksamkeit erregt zu

haben. Jedenfalls druckte Émile de Girardin, die es für eine gute „Kopie"
hielt, in *La Presse einen Brief ab, den sie an die Estafette* geschrieben hatte :

ST. JEAN DE LUZ ,
3. September 1856.
Sir: Die französischen und belgischen Zeitungen verkünden als positive
Tatsache, dass der Selbstmord von Monsieur Mauclerc (der sich absichtlich
von der Spitze der Klippe Pic du Midi stürzte) durch verschiedene Probleme
verursacht wurde, die ich ihm verursacht hatte. Wenn er noch leben würde,
würde Monsieur Mauclerc dieser Verleumdung mit Sicherheit
widersprechen.

Es ist wahr, dass wir verheiratet waren; Da wir jedoch nach acht Tagen
feststellten, dass unsere Verbindung wahrscheinlich nicht glücklich werden
würde, trennten wir uns im gegenseitigen Einvernehmen. Die Geschichte
meiner Verantwortung für das Pic du Midi-Geschäft existiert nur im
fantasievollen Gehirn eines Journalisten, der es genießt, tragische Details zu
liefern. Wie auch immer, Herr Herausgeber, ich zähle auf Ihr Mitgefühl, um
mich von jeglicher Beteiligung an dem melancholischen Ereignis zu befreien.
– Ihre LOLA MONTEZ .

Mauclerc war jedoch noch lange nicht tot, sondern noch sehr lebendig und
sonnte sich gerade in Bayonne. Nachdem er diesen Brief gelesen hatte,
antwortete er in der nächsten Ausgabe:

Ich habe gerade in den Kolumnen von *La Presse* einen Brief von Lola Montez
gesehen. Dies ist der Bericht über einen absichtlichen Sprung von der Spitze
einer Klippe und über eine Ehe mit mir selbst als Hauptakteur in jeder
Katastrophe. Ich kann dazu nur sagen, dass ich von diesen wichtigen
Ereignissen nichts weiß. Ich versichere Ihnen, mein Herr, ich habe nie den
Wunsch verspürt, mich zu „stürzen", weder vom Pic du Midi noch von
irgendwo anders; noch habe ich jemals die Ehre gehabt, auch nur acht Tage
lang der Ehemann der berühmten Gräfin von Landsfeld zu sein. –
MAUCLERC. Dramatischer Künstler.

9. September 1856.

Lola ignorierte diese *Verrücktheit* . Möglicherweise las sie es jedoch nicht,
denn sie plante gerade eine weitere Reise nach Amerika.

Kapitel XVI

Abschied vom Rampenlicht

ICH

Nachdem Lola dort mehrere Engagements gebucht hatte, landete sie im Dezember 1857 zum zweiten Mal in New York. Als sie das Schiff verließ, wurde sie von einer Schar Reporter umringt. Sie verpasste nie die Chance, eine Rede zu halten und gab ihnen genau das, was sie wollten.

„Amerika", sagte sie, während sie ihre Notizbücher herausholten, „ist die letzte Zuflucht, die den Opfern der Tyrannei und Unterdrückung in der alten Welt blieb. Es ist das schönste Denkmal der Freiheit, das jemals unter dem Baldachin des Himmels errichtet wurde."

Für ihren Wiederauftritt bot sie der Öffentlichkeit *Lola Montez in Bayern an* , die bereits gute Dienste geleistet hatte. Zu diesem Zeitpunkt war es jedoch schon etwas ausgefranst.

„Das Drama stellt sie als kokette und rücksichtslose Frau dar", war die wohlüberlegte Meinung eines Kritikers. „Wir versichern unseren Lesern, dass sie nichts dergleichen ist."

Dieser Erfahrungsbericht war eine Hilfe. Dennoch konnte es einem Stück, das offensichtlich seine Popularität überdauert hatte, kein neues Leben einhauchen. Daher änderte sie bald die Rechnung für ein Doppelstück, *The Eton Boy* and *Follies of a Night* . Aber die Cash-Ergebnisse waren nicht viel besser; und als sie New York verließ und ihr Glück in Boston versuchte, betrugen die Wocheneinnahmen kaum zweihundert Dollar. Dies bedeutete im Theaterjargon, „nicht aufs Gas zu gehen".

Als ihr klar wurde, dass sie den Halt verlor, suchte sie nach einer neuen Methode, um die Öffentlichkeit anzulocken. Es dauerte nicht lange, bis sie auf eines stieß. Da sie sich in einem demokratischen Land befand, würde sie aus ihrem „Titel" Kapital schlagen. Bald war ein Plan ausgereift. Hier sollten „Empfänge" abgehalten werden, bei denen jeder willkommen war, der bereit war, einen Dollar zu zahlen.

Ein Dollar für ein zehnminütiges Gespräch mit einer echten Gräfin und für weitere 50 Cent das Privileg, ihr die Hand zu schütteln. Ein Schnäppchen. Der Tarif gefiel Tausenden. Unter ihnen Charles Sumner, der angesehene Jurist, der über Lola Montez sagte: „Sie war bei weitem die anmutigste und entzückendste Frau, die ich je getroffen habe."

Ihr nächster Plan, den finanziellen Wind zu steigern, bestand darin, ihren Stift einzusetzen. Zwar waren ihre in Paris aneinandergereihten „Memoiren" aufgrund der Kleinmütigkeit des Herausgebers von „ *Le Pays* " *ins Wanken geraten* , aber eine vollständige „Autobiographie" hätte ihrer Meinung nach bessere Aussichten. Auch abgesehen von anderen Überlegungen gab es nun mehr Material, auf das man zurückgreifen konnte. Eine peinliche Menge davon. Sie könnte einiges – viel – über die Ereignisse in Bayern, in Frankreich, in Kalifornien und in Australien sagen. Alles gute Sachen und ein bisher unberührtes Feld.

Da die Feder jedoch noch eine ungewohnte Waffe war, bediente sie sich fremder Hilfe; und praktisch die gesamte *Autobiographie von Lola Montez* wurde (auf Grundlage einer Gewinnbeteiligungsvereinbarung) von einem geistlichen Mitarbeiter, Rev. Chauncey Burr, für sie geschrieben.

Die Geschichte der Odyssee – wie sie in dieser Gemeinschaftsproduktion dargelegt wird – stellte den Kontakt zu glitzernden Kreisen und dem Atmen parfümierter Luft her. In seinen Kapiteln drängeln sich Kaiser, Könige und Fürsten gegenseitig; Szenen wechseln ständig von Hauptstadt zu Hauptstadt; und Handlungsstränge folgen atemlos auf Gegenhandlungen. Doch diejenigen, die das Buch in der festen Überzeugung kauften, es würde sich als Analyse eines modernen Aspasia herausstellen, wurden enttäuscht. Tatsächlich stand darin so gut wie nichts, was eine Ausschusssitzung der Band of Hope verärgert hätte. Dies lag jedoch vor allem daran, dass Rev. Mr. Burr, ein Experte im Schlittschuhlaufen auf dünnem Eis, solche Ereignisse ignorierte oder mitteilte, die seinem Untergebenen nicht zugutekamen.

Lola Montez im mittleren Leben. Eine charakteristische Pose

Die „Autobiographie" (angeblich) endet mit einer hohen Note:

„Seit den Ereignissen, mit denen Lola Montez in Bayern in Verbindung gebracht wurde, sind zehn Jahre vergangen; und doch ist die Bosheit der diffusen und immer wachsamen Jesuiten so frisch und aktiv wie in der ersten Stunde, als sie sie überfiel. Es ist nicht allzu viel." Ich kann sagen, dass nur wenige Künstler ihres Fachs jemals mit so wenig Tadel davongekommen sind, und sicherlich standen keinem Künstler jemals die Türen zu höchstem gesellschaftlichem Ansehen so allgemein offen wie ihr bis zu der Zeit, als sie nach Bayern ging. Und das bestreitet sie dort Es gab irgendetwas in ihrem Verhalten dort, das sie vor der Welt hätte gefährden sollen. Ihre Feinde griffen sie an, nicht weil ihre Taten schlecht waren, sondern weil sie keine andere Möglichkeit wussten, ihren Einfluss zu zerstören.

Obwohl zu bescheiden, um es anzuerkennen, ist diese Passage offensichtlich wörtlich von Rev. Chauncey Burr.

Ein Angebot, einen Teil der „Autobiographie" in den Kolumnen von *Le Figaro zu veröffentlichen* , wurde angenommen. Bei der Korrektur der Korrekturabzüge hielt Lola immer noch an der früheren Darstellung fest, die bereits in den „Memoiren" von *Le Pays Eingang gefunden hatte* . Aber sie hat es mit frischen Stickereien verschönert. Um die spanische Verbindung aufrechtzuerhalten, beanspruchte sie nun die Marquise de Pavestra und die Marquise de Villa-Palana als ihre Tanten, zusammen mit einem ebenso imaginären Onkel Juan; Außerdem schenkte sie ihrer Schulfreundin Fanny Nicholls zum ersten Mal eine Schwester Valerie.

Die „Autobiographie" war ursprünglich von Anténon Joly für *Le Pays angenommen worden*. Als jedoch kurz darauf MM. Als de la Guéronnière und de Lamartine die Zeitschrift erwarben, lehnten sie den Vertrag ab. Daher seine Übertragung auf *Le Figaro* . Aber auch dieses Organ bekam plötzlich ein mulmiges Gefühl und lehnte es nach dem Erscheinen der ersten paar Teile ab, den Rest zu drucken, mit der Begründung, sie seien „zu skandalös". Einige Zeit später sicherte sich Eugéne de Mirecourt die unterbrochenen Teile und machte sie zur Grundlage eines Kapitels über Lola Montez in seinen „ *Les Contemporains* " . Dieses Kapitel ist durchweg von heftiger Missbilligung geprägt. So beginnt es:

„Die Frau, die im 19. Jahrhundert die Skandale von Jeanne Vaubernier wieder aufleben lässt, gehört zu unserer Galerie, und der erbärmliche Materialismus, der ihr Fehlverhalten begleitet, wird auf den folgenden Seiten enthüllt."

De Mirecourt war mit seiner selbsternannten Aufgabe nicht allzu zufrieden. Wie alles andere aus seiner Feder ist auch der gesamte Abschnitt ausgesprochen fantasievoll. So erklärt er, dass Lola, während sie in Madrid lebte, „von fünf oder sechs großen englischen Lords unterstützt" wurde; und neben anderen amourösen Vorfällen heißt es, dass sich ein Brahmanenpriester in sie verliebt habe; dass sie eine „skandalöse Intrige" mit einem jungen französischen Diplomaten führte, der Depeschen an den Kaiser von China überbrachte; und dass ihr Ehemann, Leutnant James, einmal einen zärtlichen Übergang zwischen ihr und einem Rajah abgefangen hatte. Weitere Stickereien behaupten, dass Lolas Vater der Sohn einer Lady Gilbert war und dass ihre Mutter die Tochter eines „maurischen Kriegers war, der dem Heidentum abschwörte". Zu diesem Geschwätz fügt er hinzu, dass sie in ein Internat in Bath geschickt wurde, das von einer Mrs. Olridge betreut wurde, wo sie schon früh eine *Verbindung* mit dem Zeichenmeister hatte.

Vielleicht war es für de Mirecourt und andere seinesgleichen gut, dass zu den Gefahren der Autorenschaft damals nicht auch Verleumdungsklagen hinzukamen. Aber selbst wenn sie es getan hätten, hätte sich Lola nicht die Mühe gemacht, eins mitzubringen. Es war schwierig, in Amerika ein Verfahren gegen einen in Frankreich lebenden Mann einzuleiten. Außerdem war sie zu diesem Zeitpunkt bereits so sehr an gezielte Falschdarstellungen und vorsätzliche Unwahrheiten gewöhnt, dass sie sich weigerte, einzugreifen.

„Es spielt keine Rolle, was die Leute über mich sagen", bemerkte sie verächtlich, als sie von einer Freundin in Paris auf die Freiheiten hingewiesen wurde, die ihr Name mit sich bringt.

Obwohl sie (außer wenn sie es selbst in die Hand nahm) sich gerne vom Gesetz fernhielt, war dies nicht immer möglich. Ein solcher Fall ereignete sich im März 1858, als ein Herr Jobson aus New York eine Klage gegen sie wegen einer angeblichen Schuld einreichte. Das Verfahren scheint in einer Weise geführt worden zu sein, die der Zeit und dem Ort eigen war; und um sie zu diskreditieren, wurde sie einem Kreuzverhör unterzogen, das nun als „dritten Grades" bezeichnet werden würde.

„Wurden Sie nicht", begann der Anwalt des Klägers, „in Montrose als Tochter einer gewissen Molly Watson geboren?"

Als dies abgelehnt wurde, stellte er seine nächste Frage.

„Wie viele Intrigen hatten Sie im Laufe Ihrer Karriere?"

„Keine", war die Antwort.

„Das werden wir sehen, Madam", erwiderte der andere und konsultierte seinen Auftrag. „Waren Sie nicht zunächst einmal die Geliebte König Ludwigs?"

„Du bist ein vulgärer Bösewicht", rief Lola empört aus. „Ich kann auf die Bibel, die ich jeden Abend lese, schwören, aber das tun Sie nicht, dass ich nie eine, wie Sie es nennen, ,Intrige' mit ihm hatte. Tatsächlich habe ich ihm viel Gutes getan."

"Inwiefern?" fragte der Richter interessiert.

„Nun, ich habe seinen Geist auf die Liebe zur Freiheit ausgerichtet."

„Bevor Sie mit Ihrem ersten Mann durchgebrannt sind", fuhr der Anwalt fort, „waren Sie nicht als Zimmermädchen beschäftigt?"

„Niemals", war die nachdrückliche Antwort. „Und lassen Sie mich Ihnen sagen, Herr Anwalt, es ist überhaupt keine Schande, Zimmermädchen zu sein. Wenn ich als solche geboren worden wäre, würde ich mich für eine viel angesehenere Frau halten, als ich es bin."

Als ihr eigener Anwalt zu Hilfe kam und Mr. Jobson einen „Burschen" nannte, kam es, um es mit den Worten eines Reporters auszudrücken, zu „einem unziemlichen Aufruhr". Aus gegenseitigen Beschimpfungen kam es zwischen den rivalisierenden Anwälten zu Handgreiflichkeiten; die Zuschauer und Funktionäre beteiligten sich am Kampf; und ein Tintenfass wurde von dem wütenden Jobson auf die Insassen der Geschworenenloge geschleudert. Da dies als Missachtung des Gerichts gewertet wurde, wurde er verhaftet, und der Richter sammelte seine Papiere ein, verließ das Gericht und kündigte an, dass die weitere Anhörung vertagt werde.

II

Nach dieser Erfahrung entwickelte Lola eine neue Aktivität. Wie eine moderne Jeanne d'Arc verkündete sie plötzlich, dass sie „Stimmen" gehört habe und dass sie auf deren Anweisung hin die Bühne für die Bühne räumen würde. Ihre Pläne wurden bald fertiggestellt; und am 3. Februar 1858 bestieg sie das Podium und debütierte als Dozentin an der Hope Chapel in New York.

Es gab bieriges Lachen von den Reportern, die über diese Bemühungen „berichterstattungen". „Lola Montez auf der Kanzel der Kapelle macht richtig Spaß", lautete die Schlussfolgerung, zu der einer von ihnen kam; und ein anderer überschrieb seine Kolumne mit „A Desperado in Dimity".

Nach seinem Bericht über dieses erste Beispiel (einen Vortrag über „Schöne Frauen") zu urteilen, nahm der Vertreter der *Tribune* es nicht sehr ernst:

„Mäßigkeit, Bewegung und Sauberkeit, predigte Lola, die Mutige; leichte Abendessen und angemessene Stunden; lustige lange Spaziergänge in dicken Stiefeln und kuscheligen Umhüllungen zum Wohle des Teints. Daraus, sagte Lola, resultieren eine gute Verdauung, gute Laune und gute Laune Und das ist der Weg, meine liebe Flora, um gesund und wohlhabend zu sein – mit Krinolinen und im roten Unterrock – und weise zu sprechen."

Lola war ihrer Zeit voraus. Heute hätte sie sich als „Beauty-Spezialistin" einen Namen gemacht. Hätte sie das getan, hätte sie sich ein großes Einkommen aus dem Verkauf von Cremes und Parfümen, Pudern und Farben, Farbstoffen und Salben und all den anderen Heilmitteln gesichert, mit denen Frauen versuchen, ihre verlorenen Reize wiederzugewinnen. Aber anstatt eine Praktikerin zu werden, wurde sie Autorin und verfasste ein Handbuch mit dem Titel „ *The Arts of Beauty, or Secrets of a Lady's Toilet*". Dieser ging sehr ausführlich auf das Thema ein und enthielt hilfreiche Hinweise zu „Teintbehandlung", „Haarkultur", „Faltenentfernung" und dem, was damals schüchtern als „Brustentwicklung" bezeichnet wurde. Auch dem „Intellekt" wurde große Bedeutung beigemessen, da er ein souveränes Mittel zur Behebung der Verwüstungen der fortschreitenden Jahre darstellt. „Ein schöner Geist", verkündete der Autor, „ist das Erste, was man für ein schönes Gesicht braucht."

Lolas Licht stand unter keinem Scheffel. Eine amerikanische Verlagsfirma war davon überzeugt, dass in so etwas Geld steckte, machte ein akzeptables Angebot und gab das Werk mit einer vorläufigen Inschrift heraus:

TO
ALL MEN AND WOMEN
OF EVERY LAND
WHO ARE NOT AFRAID OF THEMSELVES
WHO TRUST SO MUCH TO THEIR OWN SOULS THAT THEY DARE TO
STAND UP
IN THE MIGHT OF THEIR
OWN INDIVIDUALITY
TO MEET THE TIDAL CURRENTS OF THE WORLD, THIS BOOK IS
RESPECTFULLY DEDICATED BY
THE AUTHOR

Allen
Männern und Frauen aller Länder, die keine Angst vor sich selbst haben
und so sehr auf ihre eigene Seele vertrauen, dass sie es wagen, sich der
Macht ihrer eigenen Individualität zu stellen, um den Gezeitenströmen der
Welt zu begegnen, ist dieses Buch vom Autor mit Respekt gewidmet

Die Titelseite dieser Arbeit lautete wie folgt:

THE
ARTS OF BEAUTY
OR
SECRETS OF A LADY'S TOILET
WITH HINTS TO GENTLEMEN
ON THE
ART OF FASCINATION
BY MADAME LOLA MONTEZ
COUNTESS OF LANDSFELD
NEW YORK
DICK AND FITZGERALD, PUBLISHERS
18 ANN STREET

DIE
KÜNSTE DER SCHÖNHEIT, GEHEIMNISSE DER TOILETTE
EINER DAMEN, MIT ANWEISUNGEN AN GENTLEMENON, DIE
KUNST DER FASZINATION, VON MADAME LOLA MONTEZ,
GRÄFIN VON LANDSFELDNEW YORK, DICK UND
FITZGERALD, VERLAG 18 ANN STREET

Ein kanadischer Verleger, John Lovell, der auf der Suche nach einer Neuheit war, las diese Arbeit und schlug vor, dass ein Freund von ihm, Émile Chevalier aus Paris, eine Ausgabe von Lolas Arts of Beauty zum Verzehr auf den Boulevards sponsern *sollte* . „Ich bin ein zu großer Bewunderer der begabten Autorin", war die Antwort von M. Chevalier, „um die Arbeit in Angriff zu nehmen, ohne sie zu konsultieren." Daraufhin nahm er Kontakt zu Lola auf und bot an, eine Übersetzung anfertigen zu lassen. „Danke", antwortete sie, „aber ich möchte es selbst tun. Sie können jedoch alle Korrekturen vornehmen, die Sie für notwendig halten. Ich habe seit dem Tod des armen Bon-Bon [Dujarier] nichts mehr auf Französisch geschrieben, und Ich möchte sehen, ob ich mich noch an die Sprache erinnere. Anscheinend tat sie dies, denn kurz darauf wurde das Manuskript über den Atlantik geschickt und an M. Chevalier übergeben. Innerhalb eines weiteren Monats war es in den Buchhandlungen erhältlich. „Ich habe es nur sehr wenig retuschiert", sagt der Herausgeber in seinem Vorwort, „da ich darauf bedacht war, Madame Lolas unverwechselbaren Originalstil zu bewahren. Ihre Feder ist so scharf wie ihre Hundepeitsche."

M. Chevalier war von der Art und Weise, wie Lola sich verhalten hatte, entzückt und schrieb ihr in New York üppige Dankesbriefe. Mit einem ergänzenden Vortrag zum Thema „Anleitung für Herren in der Kunst der Faszination", der das Buch ergänzte, zeigte er sich sehr beeindruckt. „Dies", sagt er, „zeigt eine profunde Kenntnis des menschlichen Herzens und ist insgesamt eine der schönsten und pikantesten Kritiken an amerikanischen Manieren, die ich kenne." „Wer", fährt er fort und erwärmt sich für seine Arbeit, „ist besser qualifiziert, über die Entwicklung und Erhaltung natürlicher Schönheit zu diskutieren als die Gräfin von Landsfeld?"; und in einem einleitenden Satz fügt er hinzu: „Diese Beobachtungen sind sehr vernünftig und in Europa ebenso anwendbar wie in Amerika. Ich bin der Meinung, dass sie sich unauslöschlich in das Gedächtnis aller vernünftigen Frauen einprägen sollten."

Vielleicht waren sie es. Auf jeden Fall war das Ergebnis des Unternehmens von Herrn Chevalier ein voller Erfolg, und die Pariser Buchhandlungen waren bald 50.000 Exemplare los. Tatsächlich wäre „Lola" beinahe ein Bestseller geworden.

Zusätzlich zu ihren Expertenmeinungen zum Thema „Schöne Frauen" hatte Lola noch viele andere Themen auf Lager, die sie in eine Reihe von Vorträgen einbauen wollte. Die Liste deckte ein breites Spektrum ab, denn sie umfasste so unterschiedliche Überschriften wie „Damen mit Vergangenheit", „Heldinnen der Geschichte", „Romanismus", „Wits and Women of Paris", „Comic Aspects of Love" und „Galantry". Zu all diesen Themen hatte sie viel zu sagen. Auf manchen von ihnen war es ziemlich viel, denn sie umfassten durchschnittlich ein Dutzend eng gedruckter Seiten und dauerten, wenn sie öffentlich vorgetragen wurden, drei Stunden. In dem Buch über „Schöne Frauen" wurden genaue Angaben zu den zufälligen Ursachen gemacht, die zu ihrer eigenen Sylphenfigur, ihrem glänzenden Haar, ihren perlmuttfarbenen Zähnen usw. beigetragen haben, und es wurden auch eine Reihe von Rezepten angeboten. Sie empfahl, diese zu Hause herzustellen. „Für ein paar Schilling und ein wenig Mühe", betonte sie, „kann sich jede Dame einen ausreichenden Vorrat an all diesen Dingen sichern, bestehend aus Materialien, die den teuren Präparaten, die man in Drogisten kauft, weit überlegen sind." und die Rezepte, so betonte sie, „waren von ihr selbst aus dem französischen, spanischen, deutschen und italienischen Original übersetzt worden". Unter diesen waren *Beaume à l'Antique* , *Unction de Maintenon* und *Pommade de Seville* ; und „eine pensionierte Schauspielerin in Gibraltar" war insbesondere dafür verantwortlich, „Kahlheit abzuwehren". Lola drückte es in zwei Worten aus: „Vermeiden Sie Schlummertrunke." Aber sie hatte Verständnis für die Probleme mit der Kopfhaut. „Ohne feines Haar kann keine Frau wirklich schön sein... Die Hunde würden sie auf der Straße anbellen und davonlaufen." Obendrein gut bedeckt zu sein, sei ihrer Meinung nach „für das andere Geschlecht genauso wichtig." „Wie ein Narr oder ein Raufbold", bemerkte sie, „zeigen sich die edelsten männlichen Züge, wenn die Kopfbehaarung schlecht ist. Manch ein Dandy, der kaum Verstand oder Mut genug hat, ein Schaf zu fangen, hat die Herzen von Hunderten versklavt." Mädchen mit seinen Hyperion-Locken!"

Obwohl sie nominell die Autorin dieser Vorträge war, wurden diese Vorträge, wie auch ihr vorheriger Flug, in Wirklichkeit von diesem geistlichen „Geist", Rev. Chauncey Burr, ins Leben gerufen, mit dem sie bei ihren „ Memoiren" zusammengearbeitet hatte. Mit gezückter Feder legte er großen Wert darauf, denn die Kapitel waren reich gespickt mit ausgewählten klassischen Zitaten und eleganten Auszügen der Dichter, zusammen mit Anspielungen auf Aristoteles und Theophrastus, auf Madame de Staël und Washington Irving.

Im Vortrag über „Galanterie" lobte Lola König Ludwig herzlich.

„Seine Majestät", informierte sie ihr Publikum, „ist einer der raffiniertesten und kultiviertesten Herren der alten Manierenschule. Er ist auch einer der gelehrtesten und genialsten Männer in ganz Europa. Ihm ist die Kunst mehr zu verdanken." als für jeden anderen Monarchen, der jemals gelebt hat. König Ludwig ist Autor mehrerer Gedichtbände, die von seinem natürlichen Genie und seinem kunstvoll kultivierten Geschmack zeugen verursacht durch seine Liebe zur Kunst. Er war der größte und beste König Bayerns, den es je gab."

An einer anderen Stelle hatte sie einen Seitenhieb auf die katholische Kirche:

„Eine böse Stunde brachte den despotischsten und illiberalsten aller Jesuiten in Ludwigs Rat. Durch den Einfluss seiner Minister wurde die natürliche Liberalität des Königs ständig vereitelt; und die Regierung degenerierte zu einer kleinlichen Tyrannei, in der der Einfluss der Priester alles aussaugte." Lebenselixier des Volkes."

Ihre Beobachtungen zum „Romanismus" (den sie als „einen Abgrund des Aberglaubens und der moralischen Verschmutzung" bezeichnete) waren mehr als nur eine Doktrinärin, sie hätten einem modernen Gospelprediger von den Lippen fallen können. „Wer", fragte sie ihre Zuhörer, „soll die betäubenden und brutalisierenden Auswirkungen einer solchen Religion errechnen? Wer wird es wagen, mir zu sagen, dass diese schreckliche Kirche nicht wie eine riesige, unhandliche und beleidigende Leiche am Schoß der Gegenwart liegt?" Amerika erkennt noch nicht, wie viel es dem protestantischen Prinzip verdankt. Es ist dieses Prinzip, das der Welt die vier größten Tatsachen der Neuzeit beschert hat – Dampfschiffe, Eisenbahnen, Telegraphen und die Amerikanische Republik."

Diese etwas neuartige Definition der „vier größten Tatsachen der Neuzeit" wurde von den Zuhörern mit Begeisterung aufgenommen.

Trotz gewisser Verspottungen seitens einiger Rezensenten zogen die Vorträge weiterhin das Publikum an. Die Neuheit von Lola Montez am Podium lockte überall ein großes Publikum an; und sie hatte keine Schwierigkeiten, eine lange Tour zu organisieren. Als es zu Ende ging, hatte sie das Gefühl, dass auf der anderen Seite des Atlantiks ein ähnlicher Erfolg erzielt werden könnte, und beschloss, England zu besuchen.

Kurz bevor sie zu diesem Zweck Amerika verließ, schrieb sie an einen ehemaligen Münchner Bekannten, der damals ein New Yorker Magazin herausgab:

YORKVILLE,
20. August 1858.
    MEIN LIEBER HERR LELAND,

Ich möchte Ihnen für die sehr freundliche Bekanntmachung meines ersten Buches in Ihrer interessanten Zeitschrift danken und habe die Herren Dick und Fitzgerald, meine Verleger, gebeten, ein Exemplar von „Arts of Beauty" an Ihre Privatadresse zu *senden*. Ich hoffe, dass die *Kritik* als „nicht gewollt" befunden wird (ich meine nicht „nicht gewollt").

Herzlichen Glückwunsch zu unserem Freund Caxton. und in der Hoffnung, von Ihnen zu hören, bevor ich nach Europa aufbreche, was in ein paar Monaten der Fall sein wird, bleibe ich, ob nah oder fern, Ihr Freund,

LOLA MONTEZ.

Natürlich gab es ein Nachwort:

„Das Thema meiner Vorträge in Europa wird Amerika sein. Das dürfte sich als attraktiv erweisen.“

Ein weiterer Brief deutet darauf hin, dass ein Termin mit Leland nicht eingehalten wurde:

Ich hätte Sie gerne vor meiner Abreise nach Irland am Dienstag mit der Pacific gesehen, aber ich kann die Umstände nicht kontrollieren, wissen Sie; und deshalb bitte ich Sie bis zu meiner Rückkehr im nächsten Juli nur um einen „Platz in Ihrer Erinnerung“. Vielleicht schreibe ich Ihnen, vielleicht auch nicht. Aber was auch immer ist, seien Sie sicher, dass *Sie* von Yrs nicht vergessen werden.

Lola Montez.
Nochmals das unvermeidliche Nachwort:

> „Grüßen Sie *unseren Freund herzlich und herzlich* . Sagen
> Sie ihm, dass ich seine Kolumnen sicherlich mit noch
> vielen weiteren Zeitungsvorträgen füllen werde.“

Laut eigener Aussage betrachtete Lola den jungen Amerikaner mit etwas mehr als nur Freundschaft. „Einmal“, erzählt er in seinen Erinnerungen, „hat sie vorgeschlagen, mit mir nach Europa zu fliegen, was ich abgelehnt habe. Das Geheimnis meines Einflusses“, fügt er selbstgefällig hinzu, „war, dass ich sie immer mit Respekt behandelt habe, und das nie.“ Liebe gemacht."

III

Ende November 1858 landete Lola erneut im Vereinigten Königreich. Sie begann ihren Feldzug dort in Dublin, wo sie vierundzwanzig Jahre zuvor als junge Braut gelebt, im Schloss getanzt und mit den Adjutanten des Vizekönigs geflirtet hatte. In der Zwischenzeit war ein überfülltes Kapitel voller Farbe, Leben und Bewegung geschrieben worden.

Da alle bereit waren, wurde die Öffentlichkeit durch eine Anzeige ordnungsgemäß über ihre Pläne informiert:

> **MADAME LOLA MONTEZ, COUNTESS OF LANDSFELD, will give** a Lecture on " America and its People," at the Round Room, Rotundo, on Wednesday evening, December 8. Reserved seats, 3s. ; unreserved, 2s. 6d.

Das Debüt dürfte ein großer Erfolg gewesen sein. „Die Ankündigung des Vortrags", heißt es in einem Bericht am nächsten Morgen, „erregte in der Dubliner Öffentlichkeit ein nahezu beispielloses Interesse. Das Podium wurde regelmäßig von einer Schar von Bewunderern getragen, so dass Madame Lola Montez kaum Platz hatte, ihren Schreibtisch zu erreichen." Man hörte ihr mit begeisterter Aufmerksamkeit und warmen Bekundungen der Zustimmung zu"; und „ganz richtig, ein schlecht erzogener Bursche, der in regelmäßigen Abständen ‚Hihi' rief, wurde lautstark ausgezischt."

„Vorträge und Leben." Von der Bühne zur Plattform

Aus irgendeinem Grund war Lola ständig mit Journalisten beschäftigt. So hatte sie während ihres Dublin-Besuchs einen Streit mit einem von ihnen, der einige schädliche Kritiken über ihr Leben in Paris veröffentlicht hatte. Daraufhin schrieb sie einen wütenden Brief an den Herausgeber des *Daily Express*. Da sie jedoch auf Ereignisse anspielte, die fast fünfzehn Jahre zuvor stattgefunden hatten, war ihre Erinnerung etwas fehlerhaft. Daher bestand sie darauf, dass sie, als Dujarier starb, im Haus eines Dr. und einer Frau Azan lebte; und auch, dass „die gute Königin von Bayern bitterlich weinte, als sie München verließ."

Doch während Lola Montez nicht sehr zuverlässig war, war der Herausgeber des *Dublin Daily Express* in seinen Kommentaren ähnlich schlampig. „Mittlerweile ist es erwiesen", erklärte er, „dass Lola Montez 1824 geboren wurde und ihr Vater der Sohn eines Baronets war."

Auf der Reise von Irland nach England unternahm Lola vor ihrem Auftritt in London eine Tournee durch die Provinzen. Am 8. Januar 1859 trat sie in der Free Trade Hall in Manchester auf, wo ihr Thema „Porträts englischer und amerikanischer Charaktere" war. Dies kam sehr gut an, obwohl John Bright zu ihrer Enttäuschung ablehnte, den Vorsitz zu übernehmen. In Liverpool hingegen „brach das Publikum vor Aufregung fast aus"; und infolgedessen belief sich ihr Anteil an den Kasseneinnahmen auf 250 £. Doch obwohl sie den Mob anzog, gelang es ihr, die Empfänglichkeit der Kritiker zu erschüttern. „Einige von Madams Anspielungen", erklärte ein schockierter Zuhörer, „waren von fragwürdigem Geschmack, und als sie ihre Ansprache hielt, fielen mehreren Zuhörern die Beinamen ‚grob'."

Ein Besuch in Chester, der auf den Besuch in Liverpool folgte, war von einem unglücklichen Vorfall geprägt:

„Mit Bedauern erfahren wir", sagte ein Augenzeuge, „dass die Dame am letzten Donnerstag in einer unserer ehrwürdigsten Kathedralen, wenn nicht amerikanische, aber ganz sicher keine englischen Manieren eingeführt hat. Als sie in Begleitung einer männlichen Eskorte die Kathedrale betrat Als sie das heilige Gebäude betrat, zögerte der Herr (?), seinen Hut abzunehmen. Während sie über diesen Punkt der Etikette stritten, versuchte Madams Schoßhund, sich ihr anzuschließen. Als sie vom Küster darüber informiert wurde, dass eine solche Hundebegleitung unzulässig sei, wurde ihre Wut geweckt und sie zog sich mit großer Mühe zurück."

Die Provinztour war umfangreich; und dabei stieß sie auf eine gewisse Konkurrenz. So war sie in Bristol zwischen Barnum und einem vierteljährlichen Treffen der Bibelgesellschaft eingeklemmt. Dennoch „wurde die schöne Lola von einer Reihe angesehener Bürger sehr herzlich aufgenommen." Doch in einer Stadt musste sie einen Rückschlag erleiden, der viele Erinnerungen an ihre Kindheit wecken musste. Dies war Bath, wo sie in den Versammlungsräumen auftrat. Die Haltung der Presse war ausgesprochen feindselig. „Wir müssen sagen", lautete ein scharfer Kommentar, „dass wir seit langem keinen größeren *Verkaufsschlager mehr erlebt haben. Alles, was das Publikum für sein Geld bekam, waren ein paar Bemerkungen der banalsten und albernsten Art. Sie dauerten etwa eine Stunde.*", und selbst das war eine Stunde zu viel. Dennoch machte Brighton, wo die Tour endete, Bath mehr als wett; und sie war dort so erfolgreich, dass „der Pavillon bis auf den letzten Platz gefüllt war und zusätzliche Vorträge gehalten werden mussten". So endete alles gut.

Ein provinzieller Triumph war es wert. Lola jedoch hatte es sich zum Ziel gesetzt, London zu erobern. Zu diesem Zweck schickte sie daher einen Gesandten voraus, um die vorläufigen Vorbereitungen zu treffen. Theaterangebote wurden ihr überschüttet. Einer stammte von dieser bemerkenswerten Persönlichkeit, Edward Tyrell Smith. Unter seiner Führung wäre sie wahrscheinlich gut zurechtgekommen, denn niemand verstand sich besser auf Showkunst als dieser britische Barnum. In dieser Richtung konnte er von niemandem etwas lernen. Nachdem er seine Karriere als Seemann begonnen hatte, war er bald des Lebens auf der Meereswelle überdrüssig und hatte die Aussicht, ein zweiter Nelson zu werden, aufgegeben und sich als bescheidener Polizist der Polizei angeschlossen. Aber er blieb nicht lange einer; und wurde wiederum Gastwirt in der Fleet Street, Besitzer eines Nachtlokals in Haymarket, Auktionator, Bilderhändler, Wechseldiscounter (mit einem Nebenerwerb im Wuchergeschäft) und Herausgeber einer Sonntagszeitung. Als nächstes zog das Theater seine Energie an; und 1852 sicherte er sich einen Pachtvertrag für Drury Lane zu einem moderaten Mietpreis von 70 Pfund pro Woche. Am Boxing-Night bot er dort sein erstes Programm an. Diese bestand aus „*Uncle Tom's Cabin*" (mit „Fierce Bloodhounds Complete"), gefolgt von einer abendfüllenden Pantomime und einer „brüllenden Farce". Ein gutes Preis-Leistungs-Verhältnis in jenen glorreichen Tagen. Aber als Unternehmer war Herr Smith seiner Zeit immer voraus. Daher schaffte er die übliche Buchungsgebühr ab; und anstatt sie zu erhöhen, senkte er seine Preise, wenn er Erfolg hatte; und es ist ihm auch zu verdanken, dass er Matinées eingeführt hat.

Ein solcher Manager hätte es verdient, weit zu kommen. Dieser hat es weit gebracht. Nachdem er seine Nische entdeckt hatte, war der aufdringliche Smith schon bald in mehreren anderen Aufgabengebieten tätig. So ging er von Drury Lane zur Alhambra und von der Alhambra zu Astley's, mit dazwischenliegenden Aufenthalten im Lyceum und im Elephant and Castle. Er nahm auch Her Majesty's und Cremorne auf seine Kosten. Alles, was er in sein Netz fing, waren Fische. Einige waren natürlich Elritzen, andere waren Tritonen. Charles Mathews und die beiden Keans dienten zusammen mit Giuglini und Titiens unter seinem Banner, ebenso wie Akrobaten,

Zauberkünstler und Faustkämpfer. Er „betrieb" gleichzeitig Opern, Zirkusse, Spielhöllen und „moralische Wachsfigurenkabinette"; Und da ihm diese Tätigkeitsbereiche nicht ausreichten, erweiterte er sie, indem er für das Parlament kandidierte (gegen Samuel Whitbread) und die *Sunday Times herausgab* . Da er immer ein einfallsreicher Mann war, steckte er, wenn er ein Wirtshaus leitete, seine Bardamen in „Blüher". Dieser gewagte Streich hatte seinen Lohn; und indem er den Bierkonsum steigerte, steigerte er sein Bankguthaben spürbar. Daher ist es vielleicht nicht unnatürlich, dass solch weit verbreitete Aktivitäten zu einem lyrischen Apostroph geführt haben:

Wach auf, meine Muse, mit Inbrunst und mit Kraft, um das Lob des Pächters Edward Smith zu singen!

Doch so schlau er auch war, einmal wurde Mr. Smith selbst gebissen. Während seiner Zeit als Geldverleiher diskontierte er (zu einem seiner Meinung nach „geschäftlichen" Zinssatz) einige Scheine über 600 Pfund, von denen Prinz Louis Napoleon, der sich damals in London aufhielt, von einigen Falschspielern um den berüchtigten Betrag betrogen worden war Richter- und Juryclub. Am nächsten Morgen kam das Opfer zur Besinnung und ging zur Polizei, und die Polizei ging zu den Scharfschützen. Daraufhin wurden die Mitglieder der Bande verhaftet und die Rechnungen annulliert. Da er das Gefühl hatte, einen echten Groll zu hegen, da er durch die Transaktion völlig aus der Tasche gezogen worden war , wartete er, bis eine Drehung des Schicksalsrads Louis-Napoleon in den Tuilerien etabliert hatte. Anschließend schrieb er ihm um die Erlaubnis, in Paris einige Vergnügungsgärten nach dem Vorbild derjenigen zu eröffnen, die er in Cremorne geleitet hatte. Die gewünschte Genehmigung wurde jedoch verweigert.

„Keine Dankbarkeit", sagte der enttäuschte Bewerber.

IV

So verlockend die Aussichten, die er ihr bot, auch waren, kam Lola nach einiger Diskussion zu dem Schluss, dass sie es aus finanzieller Sicht ohne die Hilfe von Herrn ET Smith besser machen könnte. Dementsprechend traf sie ihre eigenen Vorkehrungen und mietete die St. James's Hall, wo sie am 7. April 1859 den ersten einer Reihe von vier Vorträgen hielt.

Obwohl seit ihrem letzten Aufenthalt in London eine beträchtliche Zeit vergangen war, hatte die Öffentlichkeit die dramatischen Umstände nicht vergessen, unter denen sie damals vor dem Polizeigericht in der Marlborough Street erschienen war. Diese Tatsache, gepaart mit der Verlockung ihres Themas „Schöne Frauen", reichte aus, um jeden Teil des Gebäudes mit einem interessierten und erwartungsvollen Publikum zu füllen. Sie kamen aus allen Teilen. Clapham und Highgate waren nicht weniger auf Führung bedacht als Kensington und Belgravia. Wenn zu diesem Zeitpunkt eine Vergnügungssteuer erhoben worden wäre, wären die Einnahmen erheblich gestiegen. „Der Auftritt des Messedozenten auf dem Podium", heißt es in einem Bericht, „war für die umfangreichste Ausstellung von Operngläsern verantwortlich, die in London seit dem Besuch der Kaiserin Eugénie in der Oper gesehen wurde."

die Premiere in der St. James's Hall mit einer anderen Attraktion anderswo zusammen. Dies war an diesem Abend die Bestätigung des düsteren Königs von Bonny durch den Bischof von London. Dennoch gelang es einer beträchtlichen Anzahl, an beiden Veranstaltungen teilzunehmen; und von beiden erwies sich der Vortrag als die größere Anziehungskraft.

Lola warnte gleich zu Beginn und sagte ihren Zuhörern zunächst: „Es ist die Strafe der Natur, dass junge Mädchen verblassen und genauso schrumpelig werden müssen wie ihre Großmütter." Aber sie hatte eine Botschaft der Hoffnung zu überbringen, denn, wie sie sagte: „Falten können abgewehrt und Herbststrähnen gepflegt werden, damit sie ihre makellose Frische bewahren." Die Heilung bestand lediglich in einer sorgfältigen Diät und der „Abschaffung schädlicher Kosmetika und des gesundheitsschädlichen Mieders". Sie maß ihr Publikum und schmeichelte ihr mit einer Kelle. „Ihr müsst", versicherte sie ihnen, „nur in die Reihen der Oberschicht blicken, um um euch herum die schönsten Frauen Europas zu sehen; und wenn es darum geht, muss ich dem Adel Englands den Vorzug geben." Zu den von ihr zur Bewunderung hochgehaltenen Vorbildern gehörten die Herzogin von Sutherland – „das Vorbild und Vorbild der britischen Aristokratie" – und „die sehr üppige Lady Blessington". Die Zustimmung zur Herzogin von Wellington war jedoch weniger ausgeprägt, da Lola zwar ihre körperlichen Reize zugab, sie jedoch als „wenig intellektuell und so kalt wie eine Skulptur" bezeichnete.

Lola behauptete, die Türkei besucht zu haben (ohne zu sagen, wann) und bot einen Gegenstand an, der in den Archiven der dortigen britischen Botschaft nicht verzeichnet war:

„In der Türkei habe ich nur sehr wenige schöne Frauen gesehen. Die Herren der Schöpfung in diesem Teil der Welt behandeln das andere Geschlecht wie Gänse – stopfen sie aus, um sie dick zu machen. Durch die Höflichkeit von Sir Stratford Canning, englischer Botschafter in Konstantinopel, I Mir wurde freundlicherweise gestattet, den Harem des Sultans so oft zu besuchen, wie ich wollte, und dort die „Lichter der Welt" zu betrachten. Diese „Lichter der Welt" bestanden aus fünfhundert Körpern unhandlicher Avoirdupois. Die

Damen des Harems blickten mit mitfühlendem Staunen auf meine Magerkeit."

Der Vortrag endete mit einem Höhepunkt:

„Es war mir eine Ehre, einige der berühmtesten Schönheiten zu sehen, die an den vergoldeten Höfen der Mode auf der ganzen Welt glänzen – von St. James's bis St. Petersburg, von Paris bis Indien – und doch kenne ich keine Qualität, die das kann." Sühne für das Fehlen eines ungeschliffenen Geistes und eines unschönen Herzens. Eine bezaubernde Aktivität der Seele ist die wahre Quelle der Schönheit einer Frau. Sie ist das, was ihrem Gesicht den süßesten Ausdruck verleiht und ihre *Persönlichkeit* erleuchtet .

Bezüglich der Öffentlichkeitsarbeit hatte Lola nichts zu beanstanden; und am nächsten Morgen wurden Dutzende beschreibender Kolumnen veröffentlicht.

Das Debüt von Madame Lola Montez (kündigte der *Star an*) im Beisein einer großen und eleganten Versammlung war ein voller Erfolg. Jeder Teil des geräumigen und eleganten Gebäudes war vollständig gefüllt. Madame präsentierte sich in diesem schwarzen Samtkostüm, das für Damen, die als historisch gelten wollen, die einzige Alternative zu weißem Musselin zu sein scheint. Nicht Marie Stuart selbst hätte es besser machen können als Lola Montez. Ihr Gesicht, ihre Miene, ihre Haltung und ihre Ausdrucksweise sind durch und durch und verblüffend weiblich. Ihre vielleicht klügste und glücklichste Bemerkung war die, in der sie mit hübschem Gehabe sagt: „Wenn ich ein Gentleman wäre, hätte ich gerne eine junge amerikanische Dame zum Flirten, aber ein typisches englisches Mädchen als Ehefrau." Dieses Diktum wurde mit großem Applaus aufgenommen.

Das kann man durchaus glauben.

Ein anonymer Anführer, der aber aufgrund seiner blumigen Akzente offensichtlich aus der Feder von George Augustus Sala stammt, ging auf Lolas Persönlichkeit ein:

Für einige Enttäuschung dürfte der Auftritt des Messedozenten gesorgt haben. Man hätte nach einer Semiramis, einer Zenobia, einer Kleopatra in wunderbaren Gewändern aus Gold- und Silbergewebe suchen können; aber in Wirklichkeit saß auf dem Podium eine sehr hübsche Dame mit einer sehr bezaubernden Stimme und einem sehr gewinnenden Lächeln ... Madame Lola Montez hält sehr gute und sehr natürliche Vorträge. Einige werden den versierten Redner hören; andere werden neidisch sein, die Frau von Captain James und den albernen Mr. Heald zu sehen; der Freund von Dujarier und

Beauvalon; die *Cara Sposa* König Ludwigs. Phryne ging als Venus ins Bad –
und Madame Lola Montez hielt Vorträge in der St. James's Hall.

Era ein professionelles Interesse an allem hatte, was auch nur entfernt mit
dem Drama zusammenhängt (und mehr Zeit dafür hatte), bot es seinen
Lesern eine ausführlichere, wohlüberlegte Meinung:

Wenn irgendjemand unter dem voll besetzten und eleganten Publikum, das
ihrem ersten Auftritt beiwohnte, glaubte (mit einer lebhaften Erinnerung an
bestimmte skandalöse Chroniken in den Zeitungen, die ihre Vorgeschichte
berührten), dass er im Begriff war, eine furchterregend aussehende Frau von
amazonischer Kühnheit und spürbarer Stärke zu erblicken – Da sie sowohl
handgelenkig als auch willensstark waren, muss ihre Enttäuschung
schmerzlich gewesen sein; größer, wenn sie die legendäre Bulldogge an ihrer
Seite, die traditionellen Pistolen in ihrem Gürtel und die Pferdepeitsche in
ihrer Hand erwarteten. Die Lola Montez, die denjenigen, die ihr am
Donnerstagabend einen so herzlichen und ermutigenden Empfang
bereiteten, eine anmutige und beeindruckende Verbeugung darbrachte,
erschien einfach wie eine gutaussehende Dame in der Blüte ihrer
Weiblichkeit, gekleidet in ein schlichtes schwarzes Kleid und mit lockeren,
hemmungslosen Manieren. ... Der Vortrag könnte ein Zeitungsartikel, das
erste Kapitel eines Reisebuchs oder die Rede eines langatmigen
amerikanischen Botschafters bei einem Abendessen im Mansion House
gewesen sein. Alles war äußerst anständig und diplomatisch, hier und da
leicht vergoldet mit den alltäglichen Lobpreisungen, die ein britisches
Publikum zu patriotischen Lobpreisungen anregen. Eine harmlosere
Unterhaltung kann man sich kaum vorstellen; und als die sechs Abschnitte,
in die die Dame ihre Rede unterteilt hatte, erschöpft waren und ihre letzte
Verbeugung einen erneuten Applaus hervorrief, der ihren Eintritt begleitet
hatte, muss der Eindruck auf die abreisenden Besucher der gewesen sein, als
hätten sie eine Stunde in Gesellschaft verbracht mit einer wohlinformierten
Dame, die nach Amerika gereist war, dort viel Bewundernswertes gesehen
hatte und bei ihrer Rückkehr am Teetisch das Gespräch des Abends für sich
geführt hatte. Was auch immer die künftigen Vorträge der Gräfin von
Landsfeld sein mögen, es besteht kaum ein Zweifel, dass viele wegen der
besonderen Berühmtheit des Vortragenden dorthin gehen werden, um sie
anzuhören.

Dazu fügte der *Era*- Reporter naiv hinzu: „Ihr ausländischer Akzent könnte
zu jeder Sprache gehören, von Irisch bis Bairisch.“

Lola hatte das Feld nicht ganz für sich allein. Während sie dem Publikum in
der St. James's Hall erzählte, wie sie ihr Aussehen zu sehr geringen Kosten
verbessern könne, kündigte eine konkurrierende Praktikerin mit einem *Salon*
in der Bond Street in den Anzeigenspalten der Morgenzeitungen an, dass sie

bereit sei, die notwendigen Utensilien bereitzustellen bei einem sehr hohen Wert. Dies war eine „Madame Rachel", von der sich einige von ihren Duplikaten bis zu fünfhundert Guineen trennten, unter der Voraussetzung, dass sie sie „für immer schön" machen würde!

Wie Lola Montez brachte „Madame Rachel" eine Broschüre heraus, in der sie die Aufmerksamkeit auf ihre Besonderheiten lenkte. Diese Inszenierung übertraf die Bemühungen von Rev. Chauncey Burr, denn sie war voller Bezüge zur Bibel und zu Shakespeare, zu Grace Darling und Florence Nightingale. Zu ihren Heilmitteln gehörte eine Flasche „Jordan Water", die sie für den bescheidenen Preis von 15 15 Pfund verkaufte. eine Flasche. Die chemische Analyse ergab jedoch, dass es nicht aus Palästina, sondern aus der Themse stammte. Außerdem stellte sie zu erpresserischen Bedingungen verschiedene Medikamente und „medizinische Behandlungen" zur Verfügung, deren Beschreibung das Gesetz stark missbilligt. Daraufhin verließ „Madame Rachel" die Bond Street und ging zum Dock des Old Bailey, wo sie wegen Betrugs zu einer Zuchthausstrafe verurteilt wurde.

Im Vortrag „Wits and Women of Paris" vergaß Lola ihre alten Freunde nicht. Sie hatte ein gutes Wort für Dumas:

„Von den literarischen Glanzlichtern während meines Aufenthaltes in Paris war Alexandre Dumas der erste, wie er in jeder Stadt überall sein würde. Er war nicht nur der Segensgefährte der Fürsten, sondern er war der Prinz der Segensgefährten. Er ist jetzt etwa fünfzig." -Fünf Jahre alt, ein großer, gutaussehender Mann mit intellektueller Stirn. Von allen Männern, die ich je getroffen habe, ist er der brillanteste im Gespräch. Bei geselligen Abendessen ist er immer gefragt und wird immer gerne dabei sein ihnen."

Vielleicht hielt sie ihre Diskretion davon ab, etwas über Dujarier und die Tragödie seines Todes zu sagen. Dennoch hatte sie etwas über Roger de Beauvoir zu sagen, den sie als „einen der drei Männer bezeichnete, die Paris am Leben hielten, als ich dort war". Ihre Erinnerung an Jules Janin war beunruhigend. „Er war", sagte sie, „ein bösartiger und bissiger Kritiker. Jeder fürchtete ihn, und jeder verhielt sich aus Angst höflich zu ihm. Ich kenne niemanden (nicht einmal seine Frau), der ihn in Paris liebt." Aber Eugéne Sue war in einer anderen Kategorie. „Er war ein ehrlicher, aufrichtiger, wahrheitsliebender Mann; und es wird lange dauern, bis Paris den Platz einnehmen kann, den sein Tod frei gemacht hat."

In der Vorlesung „Heroines of History" wurde dem Publikum gesagt, dass „die gesamte Geschichte voller verblüffender Beispiele weiblichen Heldentums ist, die beweisen, dass das Herz einer Frau aus ebenso starkem Stoff und aus ebenso mutigem Metall besteht wie das, was in den Rippen schlägt." das gröbere Geschlecht." Aber so feministisch sie auch war, Lola hatte kein Verständnis für den Vorschlag, ihnen das Wahlrecht zu gewähren.

„Frauen, die sich in Parteitagen zusammenschließen, um Männer zu verdrängen, werden niemals etwas erreichen", erklärte sie. Sie können Gesetze nur durch ruhige und vernünftige Beratung durchsetzen. Diese Frauen auf Parteitagen sind sehr schlechte Politiker."

Die letzten Vorträge der Reihe befassten sich mit „Comic-Aspekten der Liebe" und „Starke Frauen". Zu den typischen Exemplaren, die zur Auswahl angeboten wurden, gehörten so unterschiedliche Persönlichkeiten wie Semiramis, Königin Elizabeth, die Gräfin von Derby, George Sand und Mrs. Bloomer. Im Diskurs über „Die komischen Aspekte der Liebe" reichte die Spanne von Aristoteles und Platon bis hin zu Mohammed und den Mormonen. Hätte es die BBC gegeben, wäre Lola zweifellos für einen „Talk" gebucht worden. So wurden zwei der Vorträge in *The Welcome Guest abgedruckt* , „einem Magazin für Freizeitlektüre für alle", zu dessen Mitwirkenden Robert Browning, Charles Kingsley und Monckton Milnes zählten. Ein unternehmungslustiger Verleger glaubte, einen Markt zu haben, und brachte eilig den Band „ *The Lectures of Lola Montez*" heraus . Als ein Exemplar den Herausgeber erreichte, wurde es vom *Athenæum auf typisch elefantenartige Weise rezensiert* :

„Wir können uns vorstellen, dass die unbekannten Damen der Fifth Avenue voller Staunen einer Dozentin zuhören, die mit allen gekrönten Häuptern Europas Hand in Hand gelebt zu haben scheint und die ihnen nicht nur sagen kann, wer wer ist, sondern auch ihre Gespräche wiederholen kann." , kritisieren ihr persönliches Erscheinungsbild und beschreiben die geheimen Künste, mit denen die Männer ihre Kräfte und die Frauen ihre Schönheit bewahren.

Kapitel XVII

DER VORHANG FÄLLT

ICH

Ende des Jahres 1859 war Lola, wieder einmal ein Zugvogel, auf dem Rückweg nach Amerika und nahm frisches Material für eine weitere Vortragskampagne mit. Dies mit dem Titel „John Bull at Home" fiel sehr flach aus; und anstatt wie bisher vor überfüllten Sälen zu sprechen, fand sie nun überall dort, wo sie gebucht war, nur spärliche Versammlungen vor. Selbst als der Eintrittspreis von ursprünglich einem Dollar auf 25 Cent gesenkt wurde, verbesserte sich das „Geschäft" nicht. Uncle Sam machte deutlich, dass er sich weder zu Hause noch anderswo für John Bull interessierte.

Amerika interessierte sich jedoch gerade sehr lebhaft für etwas anderes, das zufällig mit John Bulls Land zusammenhing. Dies war der Besuch des Prinzen von Wales. Ein einfallsreicher Journalist hatte angekündigt, dass HRH während seiner Tour von John Camel Heenan, sonst dem „Benicia Boy", „gesteuert" werden sollte. Der angesehene Gast landete jedoch unter der strengeren Anleitung von General Bruce an den amerikanischen Küsten. Bloße Prosa reicht nicht aus, um den historischen Vorfall aufzuzeichnen, den sich ein Preisträger vorgenommen hat:

Er kam! Ein schlanker Jüngling und schön! Eine höfische, vornehme
Gnade – die Gnade Gottes! Die Amtszeit seiner Mutter auf dem Thron
und der Ruhm großer Männer saßen wie ein funkelndes Juwel auf seiner
Stirn. Ach, Albert Edward! Wenn Sie nach Hause segeln , nehmen Sie eine
heilsame Lektion mit, die Sie hier lernen können, und bewahren Sie sie in
Ihrer Seele auf !

Während er in New York war, veranstaltete das „Committee of Welcome" einen Ball zu Ehren des Prinzen im Opernhaus. Dies inspirierte einen zweiten Preisträger, Edmund Clarence Stedman:

Aber als ALBERT EDWARD , jung und blond,
auf dem überdachten Podiumsstuhl stand
und aus dem dort drängelnden Kreis
auf die Länge und Breite der äußeren Szene schaute,
dachte er vielleicht an seine Mutter, die KÖNIGIN :
(Lange möge ihre Macht bestehen.) heiter!
Möge sich der Erbe Englands noch lange als

treu und zärtlich erweisen; möge er
ihrer Liebe nicht weniger Treue erweisen
als dem Zepter ihrer Herrschaft!)

Der Besuch des Prinzen von Wales war nicht die einzige Attraktion, die die Popularität von Lola Montez zu dieser Zeit in Frage stellte. Es gab eine weitere Rivalin, und zwar eine, die in direkterer Konkurrenz zu ihr selbst stand. Das war Sam Cowell, ein Music-Hall-„Star" aus England. Als Komiker mit echtem Talent eroberte er Amerika mit ein paar Balladen im Sturm: „The Rat-Catcher's Daughter" und „Villikins and his Dinah". Das Publikum strömte zu Tausenden herbei, um ihm zuzuhören. Lolas Vorträge fielen sehr flach aus. Selbst frisches Material und reduzierte Preise konnten nicht als Lockmittel dienen. Die Lage wurde ernst.

Doch während ihr Manager betrübt dreinschaute, als er die Zahlen an den Kinokassen untersuchte, war Lola nicht verärgert, denn sie hatte plötzlich eine andere Aktivität entwickelt, und zwar eine, der sie ihre ganze Aufmerksamkeit widmete. Das war das Okkulte. Die „Stimmen", auf deren Geheiß sie ein paar Jahre zuvor die Bühne verlassen hatte, bestanden nun darauf, dass sie die Bühne verlassen sollte; und indem sie sich den „Geistern" anschließt, kommt sie mit einer geheimnisvollen Region in Kontakt, die vage als „das Jenseits" bezeichnet wird.

Es war eine Zeit, in der der Spiritualismus wie ein grüner Lorbeerbaum blühte. Mrs. Hayden („die Frau eines angesehenen Journalisten") und die Fox Sisters hatten jahrelang ihre Streiche gespielt und Dollars von Betrügern im ganzen Land eingesammelt; und ihre Rivalen, die Davenport Brothers, mit Daniel Dunglas Home (Brownings „Sludge, the Medium"), verleumdeten Harvard-Professoren, Finanzmagnaten und Richter des Obersten Gerichtshofs; Und um nicht hinterherzuhinken, riefen andere Experten (gegen eine Barzahlung) Kolumbus, Shakespeare und Napoleon an, die bei Séancen so bereitwillig mit ihnen sprachen, als wären sie am Ende eines Telefons, aber mit ausgeprägtem amerikanischen Akzent.

Gräfin von Landsfeld. Ein Lieblingsporträt (Harvard Theatre Collection)

Lolas erste Reaktion war alles, was man sich nur wünschen konnte. Es gab nie einen vielversprechenderen oder aufgeschlosseneren Rekruten. Sie war durchaus bereit, den „Stimmen" ihr Vertrauen zu schenken und großzügig zur „Sache" beizutragen, und besuchte eine Reihe von Hellseherzirkeln, die von Stephen Andrews und anderen Scharlatanen organisiert wurden; lauschte dem geheimnisvollen Klopfen und Klopfen, das aus der Dunkelheit drang; spürte, wie leblose Gegenstände durch den Raum gehoben wurden; hörte, wie unsichtbare Hände Tamburine rasselten; und zweifelsohne alle traditionellen Dummheiten geschluckt, die ein wesentlicher Bestandteil solcher „Phänomene" zu sein scheinen.

Dieser Zustand hätte auf unbestimmte Zeit andauern können. Durch ein unglückliches Unglück ging jedoch ein „Medium", von dem viel erwartet wurde, in seinem Bemühen, Genugtuung zu geben, etwas zu weit. Ohne ein wachsames Auge auf die Ereignisse in Europa zu haben, verkündete er bei einer solchen Versammlung, dass der „Geist", der sich an die Versammlung wandte, der von Ludwig dem Bayern sei. Da sich Ludwig jedoch noch im Land der Lebenden befand (wo er übrigens noch mehrere Jahre blieb), war es ein schwerer Ausrutscher. Das Ergebnis war, dass Lola ihren Glauben erschüttert fühlte und, überzeugt davon, dass sie ausgebeutet wurde, ihre Handtasche verschloss und sich von der versprochenen „Führung" zurückzog.

II

Unter emotionalem Stress greifen manche Frauen zur Flasche; andere zur Bibel. Bei Lola Montez hingegen ging es von Bunkum nach Boanerges, vom Kreis zum Konventikel. Der Spiritualismus war ausprobiert und für mangelhaft befunden worden. Auf der Suche nach etwas, mit dem sie die leere Nische füllen und ihr Gleichgewicht wiederherstellen könnte, wandte sie sich auf der Suche nach Trost der Religion zu. Die Marke, die sie wählte, war die von den Methodisten bevorzugte Marke. Man kann sich kaum vorstellen, dass Little Bethel sie besonders angesprochen hätte. Aber vielleicht erwies sich gerade seine Eintönigkeit und Abgeschiedenheit von der Welt des Rampenlichts als willkommene Erleichterung.

Nachdem Lola „die Religion angenommen" hatte, klammerte sie sich mit charakteristischem Eifer daran. Es beschäftigte alle ihre Gedanken; und dabei entwickelte sie bald etwas, was man heute einen ausgeprägten Minderwertigkeitskomplex nennen würde.

„Herr", schrieb sie zu dieser Zeit, „Deine Barmherzigkeit ist groß für mich. Oh! Wie gering sind sie verdient, du dreckiger Wurm, der ich bin! Oh! Damit der Heilige Geist meine Seele mit Gebeten erfüllt! Herr, erbarme dich." Dein müder Wanderer, und gewähre mir alles, was ich von Dir erflehe! Oh! gib mir ein sanftmütiges und demütiges Herz. Amen."

Ein Arzt, hätte sie gerade einen konsultiert, hätte ihr wahrscheinlich eine blaue Pille verschrieben.

Es gibt eine Theorie, dass das „Licht" als Ergebnis eines zufälligen Besuchs in Spurgeons Tabernakel gewährt wurde, als sie das letzte Mal in England war. Obwohl Spurgeon selbst nie eine solche Behauptung aufgestellt hat, enthält ein Tagebuch, das Lola damals führte, einen bedeutsamen Eintrag:

London ,
10. September 1859.
Wie viele, viele Jahre meines Lebens wurden Satan und meiner eigenen Liebe zur Sünde geopfert! Was habe ich mir in diesen Jahren des Elends nicht in Gedanken und Taten schuldig gemacht! Oh! Ich traue mich nicht, an die Vergangenheit zu denken. Was bin ich nicht gewesen! Ich habe nur für meine eigenen Leidenschaften gelebt; und was ist an Gutem selbst im besten natürlichen Menschen! Was würde ich nicht dafür geben, dass meine schreckliche und furchteinflößende Erfahrung als eine schreckliche Warnung für solche Naturen wie meine eigene gilt!

Eine Woche später, als sich die Situation in der Pause nicht verbessert hatte, zog sie eine detailliertere Bestandsaufnahme ihrer Lage:

Ich habe manchmal Angst, dass ich zu gut von mir selbst denke. Aber lassen Sie mich nur in die Vergangenheit zurückblicken. Oh! Wie bin ich gedemütigt ... Wie vielfältig sind meine Sünden und wie viele Jahre lang habe ich ein Leben voller böser Leidenschaften ohne Kontrolle geführt!

Morgen (der Tag des Herrn) ist der Tag des Friedens und des Glücks. Einmal schien es mir alles andere als ein glücklicher Tag zu sein. Aber jetzt hat sich in meinem Herzen alles auf wunderbare Weise verändert ... Diese Woche habe ich vor allem durch Übereiltheit und Lieblosigkeit gegenüber meinem Nächsten gesündigt. Oh! dass ich nur Liebe für andere und Hass auf mich selbst haben könnte!

Eine andere Passage lautete:

Morgen ist Sonntag, und ich werde in die arme kleine, bescheidene Kapelle gehen und dort meine Gebete mit dem eifrigen Pfarrer und den Guten und Wahren vermischen. Dabei gibt es weder Prunk noch Zeremonie. Alles ist einfach. Keine feinen Kleider, keine weltliche Zurschaustellung, aber der ehrliche Methodist spricht ein aufrichtiges Gebet, und ich spüre große Einheit der Seelen.

Die „Bekehrung" von Lola Montez war keine Eintagsfliege oder das Ergebnis eines plötzlichen Impulses. Es war eine echte Erfahrung, tief, aufrichtig und nachhaltig. Ihre früheren Triumphe auf der Bühne und im Boudoir waren zu Staub und Asche geworden. Im Vergleich zu ihrer neu entdeckten Freude an der Religion war alles andere Eitelkeit und Leere.

„Ich kann mein Französisch und Deutsch und alles andere, was mir wichtig war, vergessen", soll sie zu einem Journalisten gesagt haben, der, als er eine „Nachrichtengeschichte" witterte, sofort in ihre Fußstapfen trat, „aber ich kann mein Deutsch nicht vergessen." Christus."

Sie war „Montez der Prächtige" gewesen. Jetzt war sie „Montez die Magdalena". Die Frau, deren üppige Schönheit und ungezügelte Leidenschaft Throne umgeworfen und die Herzen der Männer entzündet hatten, war nun mit der Rettung von Seelen beschäftigt. Daher beschloss sie, „das Wort" unter anderen Menschen zu verbreiten, denen es weniger gut ging. Zu diesem Zweck predigte sie in Konventikeln und besuchte Krankenhäuser, Anstalten und Gefängnisse, um allen, die eine solche Hilfe annehmen wollten, und insbesondere den „Unglücklichen" ihres eigenen Geschlechts, eine helfende Hand anzubieten. Sie hatte ihre Enttäuschungen. Aber weder Brüskierungen noch Rückschläge, weder Spott noch Spott konnten sie von dem Weg abbringen, den sie eingeschlagen hatte.

„Im Laufe meiner langen Erfahrung als christlicher Geistlicher", sagt ein Geistlicher, dem sie in dieser Zeit begegnete, „glaube ich nicht, dass ich jemals eine tiefere Reue und Demut, eine echte Reue der Seele und bitterere Selbstvorwürfe gesehen habe als." in dieser armen Frau.

„Mit einem Herzen voller großzügigem Mitgefühl für die armen Ausgestoßenen ihres eigenen Geschlechts", fügt er in einem ölhaltigen kleinen Traktat zu diesem Thema hinzu, verbrachte sie die letzten Monate ihres Lebens damit, sie im Magdalenen-Asyl in der Nähe zu besuchen New York ... Sie bemühte sich, ihnen nicht nur die schreckliche Schuld einzuprägen, die mit dem Verstoß gegen das göttliche Gesetz verbunden ist, sondern auch den unvermeidlichen irdischen Kummer, den diejenigen, die in gedankenloser Verzweiflung auf sündigen Wegen verharrten, mit Sicherheit für sich selbst anhäuften."

Aber abgesehen von denen, die ihre Nächstenliebe und Selbstaufopferung erlebten, gab es nur wenige, die ein gutes Wort für Lola Montez in ihrer Rolle als Magdalena hatten. Menschen, die ihr in den Tagen ihres Erfolgs geschmeichelt hatten, spotteten und spotteten nun und gaben vor, an der Realität ihrer Reue zu zweifeln. „Einmal ein Sünder, immer ein Sünder", erklärten sie; und „Lola auf der Kanzel ist reich!" war ein weiterer Stachelschacht.

Indem Lola Montez den Buskin zugunsten der Bibel aufgab, folgte sie einem Beispiel und gab ein anderes. Das Beispiel, dem sie folgte, war das von Mlle Gautier von der Comédie Française, die, nachdem sie über den Horizont von Maurice de Saxe (und mehreren anderen) gehuscht war, das Rampenlicht verließ und sich in ein Kloster zurückzog. „Es ist wahr", sagt sie in ihren Memoiren, „dass ich während meiner Theaterlaufbahn einer Reihe von Menschen begegnet bin, deren Moral ebenso tadellos war wie ihre Talente, aber ich selbst gehörte nicht dazu." Das war – nun ja – milde ausgedrückt, denn laut Le d'Hoefer „war ihre Bühnenkarriere von einer bis zur Grenze der Zügellosigkeit getriebenen Verhaltensfreiheit geprägt."

In der Schwesternschaft, der sie beitrat, war Schwester Augustine unter dem neuen Namen Mlle Gautier tätig. Als solche lebte sie zweiunddreißig Jahre lang als Karmelitin. Doch die Zeit lastete ihr nicht schwer, denn neben religiösen Übungen und häuslichen Aufgaben beschäftigte sie sich mit dem Malen von Miniaturen und dem Verfassen von Versen. „Ich bin hier so glücklich", schrieb sie aus ihrer Zelle, „dass ich es sehr bereue, zu lange mit dem Betreten dieses heiligen Ortes gezögert zu haben. Die wahre Ruhe und der Frieden, die ich jetzt entdeckt habe, haben mich mein ganzes bisheriges Leben als einen bösen Traum vorstellen lassen."

Dem Beispiel, das Lola Montez gab, sollte fünfzig Jahre später ein weiteres Mitglied ihrer Berufung folgen. Das war Eve Lavallière, die sich nach einer ausgesprochen hektischen Karriere aus dem Rampenlicht von Paris löste und das Missionsfeld Nordafrika betrat. „Hier zu deinen Füßen", sagt sie in einem ihrer Briefe, „liegt das abscheulichste, niedrigste und verächtlichste Objekt auf Erden, ein Wurm aus dem Misthaufen, das berüchtigtste, das schmutzigste aller Geschöpfe. Herr, Ich bin nur ein armes Schaf in deiner Herde!"

Es gibt auch eine gewisse Parallele zwischen der Karriere von Lola Montez und der von Theodora, die einst in der Manege des Zirkus war und anfangs eine Dame von ausgesprochen tugendhafter Qualität war, später aber die Gemahlin des Kaisers Justinian wurde und die seine teilte Thron. Wie Lola versuchte auch Theodora, ihre frühen Fehler wiedergutzumachen, indem sie freiwillig den Pomp und die Macht aufgab, die sie einst genossen hatte, und sich der Erlösung „gefallener Frauen" hingab.

III

Vielleicht ärgerten sich die „Geister" darüber, dass sie sie kurzerhand im Stich ließ; Vielleicht hatte sie ihre Kräfte überstrapaziert, weil sie bei jedem Wetter Versammlungen im Freien hielt. Wie auch immer, und was auch immer der Grund sein mochte, während sie im Winter 1860 auf dem Land unterwegs war, wurde Lola Montez plötzlich von einer mysteriösen Krankheit heimgesucht. Da es den Krankenhausärzten ein Rätsel war, musste sie nach New York zurückgebracht werden. Anstatt dass es ihr dort besser ging, ging es ihr allmählich schlechter, es kam zu einer Schwindsucht, gefolgt von einer teilweisen Lähmung.

„Was für eine Studie für Gedankenlose; was für eine Predigt über das unvermeidliche Ergebnis menschlicher Eitelkeit!" war der gruselige Kommentar eines Schreibers.

Rufus Blake, ein Unternehmer, unter dessen Banner sie einst die Hauptrolle gespielt hatte, hat einige Erinnerungen an sie aus dieser Zeit. „Sie lebte", sagt er, „strikt zurückgezogen, las religiöse Bücher und bereitete sich stetig, ruhig und hoffentlich auf den Tod vor, fest davon überzeugt, dass die Schwindsucht die Säulen ihres Lebens zerbrochen hatte und dass sie bald ihren endgültigen Ausstieg vollziehen würde."

Nach einer Weile erreichte England durch einen Ausschnitt aus einer Theaterzeitung die Nachricht von Lolas Zusammenbruch. Dort scheint es eine lange schlummernde mütterliche Saite berührt zu haben. „Mrs. Craigie", sagt ein Paragraf, „kam plötzlich in Amerika an und war als nächste Verwandte darauf bedacht, das Eigentum ihrer Tochter zu sichern. Als sie jedoch entdeckte, dass es keines gab, eilte sie zurück und hinterließ eine Summe von drei." Pfund für Medikamente und andere Notwendigkeiten."

Von ihren Schönwetterfreunden verstoßen, ihres Aussehens beraubt, von Armut geplagt und von einer heimtückischen Krankheit heimgesucht, war die Situation von Lola Montez in diesem Winter 1860 eine, die bei den strengsten Richtern Mitleid erregte. Unter Zwang geriet sogar ihr neu gewonnenes Vertrauen in die Vorsehung ins Wanken. War das Gebet, fragte sie sich einsam, ein ebenso vergebliches Mittel wie alles andere? Plötzlich jedoch, als die Dinge am dunkelsten waren, wurde eine helfende Hand angeboten. Eines bitteren Abends, als sie grübelnd in der elenden Unterkunft saß, in der sie sich eine vorübergehende Unterkunft gesichert hatte, bekam sie Besuch von einer Frau Buchanan, die behauptete, sie sei eine Freundin aus längst vergangener Zeit. Die Jahre fielen zurück; und mit Mühe erkannte Lola in der Besucherin ein Mädchen, inzwischen eine reife Matrone, das sie zuletzt in Montrose getroffen hatte.

Das Mitgefühl von Mrs. Buchanan, das ihr Mann, ein wohlhabender Kaufmann, in vollem Umfang teilte, war praktischer Natur. Obwohl man mit den vielen Fehlern in Lolas Karriere vertraut war, zählten sie nichts außer der Tatsache, dass sie in großer Not war. Vergangenheit war Vergangenheit. Frau Buchanan bestand darauf, dass die betroffene Frau ihre elende Umgebung verlassen sollte, nahm sie in ihrem eigenen, gut ausgestatteten Haus auf, stellte Ärzte und Krankenschwestern zur Verfügung und tat alles, was möglich war, um ihr den Weg zu ebnen. Da sie selbst zutiefst religiös war, gewann sie bald ihren schwankenden Glauben zurück und rief einen Geistlichen, Rev. Dr. Hawks, zu sich, um sie auf das unvermeidliche und schnell näherkommende Ende vorzubereiten.

Ein selbstgefälliges kleines Büchlein, „ *The Story of a Penitent: Lola Montez* “, das unter der Schirmherrschaft der „Protestant Society for the Promotion of Evangelical Knowledge“ veröffentlicht wurde, wurde später von diesem Hirten geschrieben. Da sein Name nicht auf der Titelseite erschien, konnte er mehrere salbungsvolle Anspielungen auf sich selbst machen.

„Am akzeptabelsten“, sagt er in einer charakteristischen Passage, „waren seine Dienste. Erfrischend für seinen eigenen Geist waren auch seine Interviews mit ihr.“

„Es war“, fährt er fort, „in der zweiten Hälfte des Jahres 1860 erhielt ich eine Nachricht von der unglücklichen Frau, die der Öffentlichkeit unter dem Namen Lola Montez so gut bekannt ist, in der sie mich eindringlich bat, sie zu besuchen und sich um ihre spirituellen Bedürfnisse zu kümmern.“ Sie war von einer Lähmung ihrer linken Seite betroffen. Einige Tage lang war sie bewusstlos, und ihr Tod schien nahe zu sein. Sie hatte sich jedoch versammelt und eine äußerst gütige christliche Frau, die ihre Schulkameradin in Schottland gewesen war in den Tagen ihrer Kindheit und kannte sie gut, war hervorgetreten und hatte für den zeitlichen Trost der leidenden Gefährtin ihrer Kindheit gesorgt. Der wahre Name von Lola Montez war Eliza G., und sie stammte aus einer angesehenen Familie in Irland, wo Sie wurde geboren."

Aber weder Rev. Mr. Hawks mit seiner Öligkeit und selbstgefälligen Frömmigkeit noch Mrs. Buchanan mit ihrem wahren weiblichen Mitgefühl und Verständnis konnten Lola Montez wieder gesund machen, genauso wenig wie sie es – trotz all ihrer Pillen und Säuberungskuren – konnte Ärzte und Krankenschwestern um ihr Bett. Sie lag Tag für Tag da und war sich ihrer Anwesenheit bewusst, konnte sich aber weder bewegen noch sprechen. Dennoch fähig zu denken. Gedanken drängten sich in einer Reihe aufblitzender Bilder auf sie ein; eine verwirrende Phantasmagorie, die aus den Schatten kommt und ihr zuwinkt. Kindheitserinnerungen an Indien; heiße Sonnen, marschierende Männer, Sänften und Elefanten; Montrose und ein mürrischer Calvinismus; Bath und Sir Jasper Nicolls; der junge Traum der Liebe; Leutnant James und die außer Kontrolle geratene Ehe in Dublin; ein weiteres Erlebnis des Korallenstrandes Indiens; der gutherzige Captain Craigie und der hartherzige George Lennox; das Verfahren vor dem Konsistoriumsgericht; Fiasko im Theater Ihrer Majestät; Ranelagh und Lumley; *Wanderjahre* und Odyssee; Paris und Dujarier; Ludwig und die Stufen eines Thrones; Leidenschaft und Poesie; Intrigen und Liebschaften; Cornet Heald und Patrick Hull; Reisen von der alten Welt in die neue; Bergbaulager und Hinterwälder; Paläste und Konventikel; glitzernde Triumphe und erbärmliche Misserfolge. Und jetzt, keuchend und um Atem ringend, das Ende.

Der Sand ging zur Neige. Die Tage vergingen und mit ihnen auch die letzte Lebenskraft der Frau, die einst so voller Leben und Lebensfreude gewesen war.

Die Ärzte taten, was sie konnten. Aber es war sehr wenig, denn Lola Montez konnte ihnen nicht helfen. Das Ende war schnell vor der Tür. Es kam mit barmherziger Schnelligkeit. Am 17. Januar 1861 wandte sie ihr Gesicht zur Wand und atmete zitternd ein letztes Mal ein.

„Ich bin sehr müde", flüsterte sie.

Die Beerdigung fand zwei Tage später statt. „In Begleitung einiger unserer angesehensten Bürger und ihrer Familien", sagt ein Augenzeuge, „verließ das Gefolge das Haus von Mrs. Buchanan in Richtung Green-Wood-Friedhof."

„Der Rev. Dr. Hawks", fügt ein zweiter Bericht hinzu, „war ständig am Krankenbett von Lola Montez und gewährte ihr die Wohltaten seiner Seelsorge so großzügig, als wäre sie ein Mitglied seiner eigenen Herde. Er führte sie. " Trauerfeiern auf beeindruckende Weise; und Mr. Brown, sein Assistent, der zu seiner Zeit selbst an so vielen Beerdigungen und Hochzeiten teilgenommen hatte, wischte sich die Tränen aus den Augen, als er hörte, wie der ehrwürdige Herr Mrs. Buchanan gegenüber bemerkte, dass er hatte noch nie ein Beispiel echter Reue erlebt."

„Ist das nicht ein Brand, der aus dem Feuer gerissen wurde?" fragte Rev. Mr. Hawks, als er vor der um das Grab versammelten Gesellschaft sprach. Ihm selbst wurde versichert, dass die Beschreibung durchaus auf die dort liegende Frau zutrifft.

„Ich habe nie", erklärte er, „eine demütigere Büßerin gesehen. Als ich mit ihr betete, konnte nichts die Inbrunst ihrer Hingabe übertreffen; und nie hatte ich einen wachsamen und aufmerksameren Zuhörer, als ich die Heilige Schrift las …" Wenn jemals eine reuige Seele vergangene Sünden verabscheute, dann glaube ich, dass es bei ihr der Fall war.

Da es kaum Mrs. Buchanan gewesen sein kann, war es möglicherweise dieser geistliche Wichtigtuer, der für die Inschrift auf Lolas Grabstein verantwortlich war:

MRS. ELIZA GILBERT

DIED

JANUARY 17, 1861.

„Mrs. Eliza Gilbert
starb am 17. Januar 1861.

Eine seltsame Maske, unter der die Identität der begabten Frau verborgen bleiben sollte, die, nachdem sie bei der Taufe den Namen Marie Dolores Eliza Rosanna erhalten hatte, auf drei Kontinenten als Lola Montez, Gräfin von Landsfeld, aufgetaucht war.

IV

Lola Montez wurde so falsch dargestellt, wie sie es in ihrem Leben schon gewesen war, und nach ihrem Tod wurde sie noch falscher dargestellt. Kaum war ihr der Atem ausgegangen, als eine Flut feiger Skurrilitäten aus der Dachrinnenpresse ergoss. Ihre guten Taten waren vergessen; nur ihre Versäumnisse blieben im Gedächtnis.

Eine solche Todesanzeige begann:

„Eine Frau, die im vollen Licht des 19. Jahrhunderts alle Skandale erneuerte, die das Mittelalter beschämten, und sich mit einer Kühnheit, die ihresgleichen sucht, auf die Stufen eines Throns setzte, verdient Erwähnung, wenn auch nur um zu zeigen, inwieweit das Laster manchmal triumphieren kann und zu welchem Niedergang es schließlich kommen kann.“

Grab von Lola Montez auf dem Green-Wood Cemetery, New York
(Foto von Miss Ida U. Mellen, New York)

Ein Leitartikel, der in einer der New Yorker Zeitungen veröffentlicht wurde, enthielt einige seltsame Passagen:

„Zu den glühendsten Bewunderern von Lola Montez gehörte ein junger Schotte, ein Mitglied des berühmten Hauses Lennox, der von seiner Familie mit Mühe daran gehindert wurde, ihr die Hand anzubieten. In London führte der Verstorbene ein fröhliches Leben und wurde von ihr umworben Graf von Malmesbury und andere angesehene Adlige. Wohin sie auch ging, wurde sie von allen Beobachtern beobachtet und eroberte die Herzen der Männer aller Länder durch ihre Schönheit und Schmeicheleien und ihre Bewunderung durch ihre unerschütterliche Unabhängigkeit des Charakters und ihre überlegenen intellektuellen Begabungen.

Der Tod von Lola Montez blieb in England nicht unkommentiert. Der Nekrologe *von Athenæum* schenkte ihr eine halbe Nachrufspalte, in der sie als „diese hübsche Pikaroon-Frau, deren Name in keiner Chronik Bayerns fehlen darf" beschrieben wurde.

Ein Hacker aus der Grub Street, angestellt vom seltsam benannten *Gentleman's Magazine* , hat eine Kolumne voller Beschimpfungen und Lügen zusammengestellt, die auf Schanksklatsch basiert:

sic) , von einer Schule in der Nähe von Cork weg, der sie heiratete und nach Indien mitnahm. Aufgrund ihres schlechten Verhaltens dort war er bald verpflichtet um sie nach Europa zurückzuschicken. Sie versuchte es zunächst als Beruf auf der Bühne, doch als ihr dies nicht gelang, schlug sie schließlich eine berüchtigte Karriere ein."

Ein Schriftsteller in *Temple Bar* hat sich im Großen und Ganzen mit ziemlichem Erfolg bemüht, das Gleichgewicht zu wahren:

„Mit mehr Gutem und mehr Bösem in ihrer Komposition als in der der meisten ihrer Schwestern hat Lola Montez ihr Leben ruiniert, indem sie letzteren die Zügel überließ; und sie sticht als herausragendes Beispiel für die Unmöglichkeit hervor." eine Frau, die sich von der Verantwortung ihres Geschlechts loslöst, mit dem Ziel, einen dauerhaften Gewinn für sich selbst oder die Gesellschaft zu erzielen. Ihre leidenschaftliche, enthusiastische und liebevolle Art war ihre Stärke, die, indem sie alle faszinierte, die mit ihr in Berührung kamen, auch ihre Schwäche war."

Cameron Rogers fasst in seinem Buch „Gay and Gallant Ladies" die Karriere von Lola Montez geschickt zusammen:

„So ging jemand vorüber, der als Kleopatra und Aspasia des 19. Jahrhunderts bezeichnet wurde. Eine sehr galante und mutige Dame, gewiss; und obwohl sie ihre Schönheit und ihren Geist nicht im Einklang mit dem Dekalog einsetzte, war sie dennoch würdig, als solche in Erinnerung zu bleiben Vieles gilt für die hervorragende Kraft des Letzteren, ebenso wie für die Perfektion des Ersteren. Über individuelle Verdammnis oder Erlösung in einem solchen Fall wie dem ihren ist strenge Meinungsfrage; aber für Lolas Auftrag bis zum Jüngsten Gericht gibt es ein uraltes Etikett, das vielleicht nie mehr sein wird treffend angehängt. Wie die Moral ihres Lebens ist es äußerst abgedroschen – Quia multum amavit .

Das ist gut ausgedrückt.

V

Selbst nachdem sie darin war und man hätte sie, wie man meinen könnte, dort in Frieden gelassen haben, durfte die tote Frau nicht ruhig in ihrem Grab ruhen. Einige Jahre später wurde ihre Rolle unverschämt von einer angeblichen Schauspielerin übernommen, die sich selbst „Gräfin von Landsfeld" nannte und eine Vortragsreise durch Amerika unternahm. Wenn sie keine andere Gabe hatte, dann war diese ganz sicher die der Vorstellungskraft. „Ich wurde in Florenz geboren", sagte sie zu einem Reporter, und meine Mutter, Lola Montez, war tatsächlich mit dem König Ludwig von Bayern verheiratet. Diese Ehe war streng gültig, und der Titel einer Gräfin meiner Mutter wurde mir später verliehen . Die frühesten Erinnerungen, die ich habe, stammen aus der Zeit, in der ich von einigen Nonnen in einem Kloster im Schwarzwald erzogen wurde. Ohne die Hilfe des guten Dr politische Interessen."

Dieser Unsinn wurde eifrig geschluckt; und für einige Zeit zog die Pseudo-„Gräfin" eine Anhängerschaft an und erntete eine reiche Ernte. Erst durch diplomatische Vertretungen wurde ihre Karriere gestoppt.

Am Weihnachtstag 1898 verkündete ein New Yorker Nachruf den Tod einer Frau, Alice Devereux, der Frau eines Zimmermanns in ärmlichen Verhältnissen. Weiter hieß es, sie sei die „Tochter der berüchtigten Lola Montez und möglicherweise auch die Enkelin von Lord Byron". Dazu fügte es hinzu: „Die Gesellschaft hat hinsichtlich der Abstammung von Lola Montez eine sorgfältige und wohltätige Zurückhaltung bewahrt. Zu diesem Thema ist nur sicher bekannt, dass ein fuchsjagender irischer Gutsbesitzer, Sir Edward Gilbert, der Ehemann ihrer Mutter war." " So wird „Geschichte" geschrieben.

Auch die „Geister" ließen die arme Lola nicht in Ruhe. Im Jahr 1888 behauptete eine „Mediumfrau", die sich Madam Anna O'Delia Diss DeBar nannte (aber unter Druck mehrere *Decknamen zugab*), eine Tochter von Lola Montez zu sein. Als solche führte sie eine Reihe von Séancen durch und beschwor als Gegenleistung für Bargeld den Geist ihrer angeblichen Mutter. Ein Teil des Geldes wurde aus der Tasche eines leichtgläubigen Anwalts, eines gewissen Luther Marsh, entnommen. Da er glaubte, für seine Dollars keinen fairen Gegenwert gehabt zu haben, verklagte er Madam schließlich wegen Betrugs und ließ sie ins Gefängnis schicken.

Sie wurde erst im Winter 1929 wieder gestört, als ein österreichisches „Medium", Rudi Schneider, mit, um den Jargon seines Fachs zu übernehmen, einer „Trance-Persönlichkeit" namens Olga (die vorgab, eine Inkarnation von Lola Montez zu sein) Er hielt einige Séancen in London. Dem Erlöschen der Lichter und dem Pfeifen eines Grammophons folgten die üblichen „Erscheinungen". So flatterten Vorhänge, Bücher fielen von Stühlen, in verschlossenen Schränken rasselten Tamburine, Glocken läuteten usw. Aber Lola Montez selbst war zu schüchtern, um aufzutauchen.

Dennoch verkündeten einige „Wissenschaftler" (alle namentlich nicht genannt) im Nachhinein, dass „alles sehr zufriedenstellend" sei.

Herr Harry Price, Direktor des National Laboratory of Psychical Research, war der Meinung, dass diese Behauptungen, mit den Toten in Kontakt zu treten, einer angemesseneren Prüfung unterzogen werden sollten, und veranlasste, dass Rudi Schneider einem Expertenausschuss eine Probe seiner Kräfte vorlegte . Als überzeugenden Test schlug Major Hervey de Montmorency (ein Neffe von Mr. Francis Leigh, mit dem Lola einst in Paris gelebt hatte) vor, die gebildete „Olga" nach dem Namen seines Onkels zu fragen (der sich von seinem eigenen unterschied). und die Umstände, unter denen sie sich getrennt hatten. Dies geschah, und „Olga" versprach, in der nächsten Sitzung ausführliche Angaben zu machen. Doch das Versprechen wurde nicht gehalten. „Sie hat praktisch jede Frage zurückgestellt", heißt es im offiziellen Bericht. Insgesamt fiel die Aktie von Rudi Schneider.

VI

Der Leichnam von Lola Montez, Gräfin von Landsfeld und Kanonikerin des St.-Thérèse-Ordens, zerbröckelt nun seit über siebzig Jahren im Staub eines fernen Grabes, weit entfernt von ihren eigenen Verwandten und Verwandten. Ihr Name wird jedoch noch in Erinnerung bleiben, wenn der anderer Frauen, die eine Nische in der Geschichte besetzt haben, in Vergessenheit geraten sein wird.

Lola Montez war keine gewöhnliche Abenteurerin. Durch ihre Schönheit, Intelligenz und Anziehungskraft verzauberte sie nahezu alle, die in ihren Umkreis kamen. Noch nie war jemand ihres Geschlechts so gut wie dieser. Wäre sie im Mittelalter geboren, hätte der Aberglaube behauptet, dass Venus selbst in neuem Gewand die Orte der Männer besuchte. Aber dann wäre sie wahrscheinlich auf dem Scheiterhaufen umgekommen, weil sie von ihren politischen Gegnern der Hexerei beschuldigt worden wäre. Sogar im Jahr 1848 forderte ein Herrscher, dass ein professioneller Exorzist „den Teufel aus ihr austreiben" sollte.

Lola Montez in ihrem wahren Wert darzustellen und das Gleichgewicht zwischen ihren Vorzügen und ihren Fehlern herzustellen, ist eine schwierige Aufgabe. Eine Frau mit hundert gegensätzlichen Facetten; von seltener Kultur und Charme und von Launen und Fantasien und seltsamen Begeisterungen, die miteinander kämpfen. So abwechselnd zärtlich und gefühllos, hitzig und weichherzig; in manchen Dingen kindisch einfach und in anderen erstaunlich klug; vertrauensvoll und misstrauisch; arrogant und bescheiden, aber dennoch äußerst gleichgültig gegenüber der öffentlichen Meinung; Sie ist dankbar für ihre Freundlichkeit und loyal gegenüber ihren

Freunden, vergisst aber weder eine Verletzung noch verzeiht sie sie. Männer hatten sie schlechter behandelt als sie sie selbst.

Im Übrigen eine strahlende, lebendige Persönlichkeit, voller Ressourcen und großem Mut, die harten Stößen und Stößen stets mit Gleichmut begegnet. Lola Montez hatte jeden Moment ihres Lebens gelebt. Nur wenige Frauen hätten im Laufe ihrer Karriere eine größere, farbenfrohere und glamourösere Karriere machen können. Ihre Schönheit und Intelligenz lagen weit über dem Durchschnitt. Die ganze Welt war ihre Bühne gewesen; und sie hatte viele Rollen darin gespielt. Einige davon hatte sie besser gespielt als andere; aber alle hatte sie mit Bravour gespielt. Sie hatte den Kompass so verpackt, wie noch nie eine Frau ihn verpackt hatte. Von der Abenteurerin zur Evangelistin; Coryphée, Kurtisane und Konvertit, jeweils nacheinander. Zu Beginn eine Mischung aus Cleopatra und Aspasia; und am Ende ein weiblicher Pelagianer. Ebenso zu Hause in der Gesellschaft von Fürsten, Dichtern, Diplomaten und Demireps, erklomm sie in den zwanzig Jahren, die sie vor der Öffentlichkeit stand, Höhen und Tiefen. So hatte sie es in Palästen und Lagern zur Königin gemacht; tanzte in Opernhäusern und spielte in Kabinen; sie hatte Monarchen und Politiker ihrem Willen unterworfen; sie hatte auf den Stufen eines Throns und am Rand einer Dachrinne gestanden; Sie hatte Prunk und Macht, Reichtum und Armut, überwältigende Erfolge und erbärmliche Misserfolge erlebt; Sie hatte Dutzende von Liebschaften, Liebschaften und Intrigen geführt; sie hatte in zwei Hemisphären Geschichte geschrieben; ein König hatte seine Krone für sie aufgegeben; Männer hatten für sie gelebt; und Männer waren für sie gestorben.

Wie wir alle hatte auch Lola Montez ihre Fehler. Volles Maß davon. Aber sie hatte auch ihre Tugenden. Sie war galant, großzügig und wohltätig. Im schlimmsten Fall beherrschte ihr Herz ihren Kopf; und wenn sie auch manches Dumme tat, tat sie nie etwas Gemeines.

Letzten Endes, wenn die letzte Bilanz gezogen ist, wird dies sicherlich ihr zugute kommen.

ANHANG I

AUSZÜGE AUS „ARTS OF BEAUTY"

VON MADAME LOLA MONTEZ ,

GRÄFIN VON LANDSFELD

EIN WUNDERSCHÖNES GESICHT

Wenn es wahr ist, „dass das Gesicht der Index des Geistes ist", muss das Rezept für ein schönes Gesicht etwas sein, das die Seele erreicht. Was kann man für ein menschliches Gesicht tun, in dessen Zügen ein träger, mürrischer, arroganter und wütender Geist steckt? Ein gewohnheitsmäßig bösartiger, unzufriedener Geist prägt das Gesicht mit den unvermeidlichen Spuren seines eigenen Lasters. So gut geformt oder wie strahlend der Teint auch sein mag, kein solches Gesicht kann jemals wirklich schön werden. Wenn die Seele einer Frau ohne Kultivierung, ohne Geschmack, ohne Vornehmheit, ohne die Süße eines glücklichen Geistes ist, können nicht alle Geheimnisse der Kunst ihr Gesicht jemals schön machen. Und andererseits ist es unmöglich, den Glanz eines eleganten und geschliffenen Intellekts zu dämpfen. Der Glanz eines bezaubernden Geistes durchdringt alle Deformationen der Gesichtszüge und behauptet dennoch seine Herrschaft über die Welt der Zuneigungen. Es war mir eine Ehre, die berühmtesten Schönheiten zu sehen, die an allen vergoldeten Höfen der Mode auf der ganzen Welt glänzen, von St. James's bis St. Petersburgh, von Paris bis Hindustan, und doch habe ich keine Kunst gefunden, die dafür büßen könnte ungeschliffener Geist und ein unschönes Herz. Diese züchtige und entzückende Aktivität der Seele, diese spirituelle Energie, die dem tierischen Körper Lebendigkeit, Anmut und lebendiges Licht verleiht, ist schließlich die wahre Quelle der Schönheit einer Frau. Es ist *das , was der Sprache ihrer Augen Beredsamkeit verleiht, was den süßesten zinnoberroten Mantel auf die Wangen schickt und das gesamte Personal* erleuchtet, als würde ihr Körper denken. Das, meine Damen, ist das Zeichen der Schönheit und der Vorbote der Reize, die den Betrachter mit Sicherheit mit reagierender Emotion und unbändiger Freude erfüllen werden.

FARBEN UND PULVER

Wenn Satan jemals einen direkten Einfluss darauf hatte, eine Frau dazu zu bringen, ihre eigene Schönheit zu verderben oder zu verfälschen, dann muss es gewesen sein, sie dazu zu verleiten, *Farben* und *Emaille zu verwenden* . Nichts schreibt so wirkungsvoll *ein Memento Mori!* auf der Wange der Schönheit als diese lächerliche und strafbare Praxis. Damen sollten wissen, dass es ein echter Verderber der Haut ist, und guter Geschmack sollte sie lehren, dass es die natürliche Schönheit des „göttlichen menschlichen Antlitzes" furchtbar verfälscht und verfälscht. Der größte Reiz der Schönheit liegt im *Ausdruck* eines schönen Gesichts; in diesen göttlichen Blitzen von Freude, Gutmütigkeit und Liebe, die im menschlichen Antlitz strahlen. Aber welchen Ausdruck kann ein mit weißer Farbe bemaltes und emailliertes Gesicht haben? Keine Freude, kein Hoffnungsschimmer, kein Licht der Liebe kann durch den verkrusteten Schimmel scheinen. Ihr Gesicht ist so ausdruckslos wie das einer bemalten Mumie. Und keine Frau soll glauben, dass die Männer diese giftige Maske nicht sofort auf der Haut erkennen würden. Oft habe ich einen Herrn davor zurückschrecken sehen, eine brillante Dame zu begrüßen, als wäre es ein Totenkopf, den er küssen müsste. Das Geheimnis bestand darin, dass ihr Gesicht und ihre Lippen mit Farben bemalt waren.

Eine heftig geschminkte Frau ist ein widerlicher Anblick. Das übermäßige Rot im Gesicht verleiht jedem Gesichtszug eine Grobheit und dem Gesicht eine allgemeine Wildheit, die die elegante Modedame in einen vulgären Harridan verwandelt. Aber auf keinen Fall darf *Rouge* von Damen verwendet werden, die das Lebensalter überschritten haben, in dem Rosen für die Wangen natürlich sind. Eine *geschminkte* alte Frau ist ein schrecklicher Anblick – eine Verzerrung der Harmonie der Natur!

Farben sind nicht nur schädlich für die Haut, sondern auch schädlich für die Gesundheit. Ich weiß, dass paralytische Erkrankungen und vorzeitiger Tod auf ihren Gebrauch zurückzuführen sind. Aber leider! Ich fürchte, dass es nie eine Zeit gegeben hat, in der sich viele Schwule und Modebewusste meines Geschlechts nicht durch diesen abscheulichen Trick sowohl verächtlich als auch lächerlich gemacht haben.

Lassen Sie jede Frau sofort verstehen, dass Farbe nichts für Mund und Lippen tun kann. Der durch das künstliche Rot gewonnene Vorteil ist tausendmal größer als der Verlust durch die sichere Zerstörung dieses zarten Charmes, der mit der Idee der „taufrischen Lippe der Natur" verbunden ist. Auf einer bemalten Lippe darf kein *Tau sein* . Und es gibt keinen Mann, der vor dem Gedanken, ein Paar bemalte Lippen zu küssen, nicht vor Abscheu zurückschreckt. Keine Frau soll sich mit der Vorstellung täuschen, dass die Männer die Farbe auf den Lippen nicht sofort erkennen.

EIN WUNDERSCHÖNER BUSEN

Ich bin mir bewusst, dass dies ein Thema ist, das mit großer Sorgfalt behandelt werden muss; Aber mein Buch wäre unvollständig, wenn ich nicht auf diesen „höchsten Anspruch einer schönen Frau" hingewiesen hätte. Und außerdem ist es zweifellos wahr, dass eine angemessene Diskussion dieses

Themas nur den vulgärsten Menschen beiderlei Geschlechts *vorbehalten sein dürfte.* Wenn es wahr ist, wie der alte Dichter sang, dann

„Der Himmel ruht auf diesen beiden wogenden Schneehügeln"

Warum sollte eine Frau nicht angemessen in den richtigen Umgang mit solch außergewöhnlichen Reizen eingewiesen werden?

Das erste, was einer Dame in den Sinn kommt, ist, dass sehr tief ausgeschnittene Kleider äußerst geschmacklos sind und bei einem Gentleman, gelinde gesagt, mit Sicherheit eine zweideutige Vorstellung hinterlassen. Ein Wort an die Weisen zu diesem Thema genügt. Wenn eine junge Dame keinen Vater, Bruder oder Ehemann hat, der ihren Geschmack in dieser Angelegenheit lenkt, tut sie gut daran, sich hinzusetzen und sich die obige Aussage einzuprägen. Es ist ein Zauber, den eine Frau, die sich selbst versteht, nicht der Öffentlichkeit, sondern seiner Fantasie überlassen wird. Sie weiß, dass *Bescheidenheit* der göttliche Zauber ist, der das Herz des Menschen für immer an sie bindet. Aber meine Beobachtung hat mich gelehrt, dass nur wenige Frauen gut über den physischen Umgang mit diesem Teil ihres Körpers informiert sind. Der Busen, den die Natur mit exquisiter Symmetrie in sich selbst und bewundernswerter Anpassung an die Teile der Figur, mit denen er verbunden ist, geformt hat, wird oft in eine Form umgewandelt und an einen Ort verpflanzt, der ihn seiner ursprünglichen Schönheit und Harmonie beraubt der Rest der Person. Diese deformierende Metamorphose wird durch steife Stützen oder Korsetts bewirkt, die das Teil aus seiner natürlichen Position zwingen und die natürliche Spannung und Festigkeit zerstören, in der so viel von seiner Schönheit besteht. Einer jungen Dame sollte beigebracht werden, dass sie nicht einmal zulassen darf, dass ihre eigene Hand zu grob darauf drückt. Vor allem aber gilt es, insbesondere in jungen Jahren, den ständigen Druck harter Substanzen wie Fischbein und Stahl zu vermeiden; Denn abgesehen von der Zerstörung der Schönheit können sie auch alle schrecklichen Folgen von Abszessen und Krebs hervorrufen. Sogar die Polsterung, die Damen verwenden, um bei fehlendem Busen ein volles Aussehen zu erzielen, wird mit Sicherheit in kurzer Zeit die gesamte natürliche Schönheit der Teile vollständig zerstören. Sobald sich herausstellt, dass dem Busen aufgrund seiner übrigen Form die runde Fülle fehlt, sollte er, anstatt zu versuchen, den Mangel durch künstliche Polsterung auszugleichen, möglichst locker bekleidet werden, um den geringsten künstlichen Druck zu vermeiden. Durch diese Tricks wird nicht nur sein Wachstum gestoppt, auch sein Teint wird verdorben. Lassen Sie das Wachstum dieses schönen Teils so unbeschränkt wie die junge Zeder oder wie die Lilie des Feldes.

SCHÖNHEIT DES VERHALTENS

Es ist wichtig, dass jede Dame versteht, dass die schönste und am besten gekleidete Frau nicht *charmant sein wird* , wenn nicht alle ihre anderen Reize durch ein anmutiges und faszinierendes Verhalten hervorgehoben werden. Ein hübsches Gesicht kann man überall sehen, schöne und prächtige Kleider sind alltäglich, aber wie selten treffen wir auf ein wirklich schönes und bezauberndes Auftreten! Es war dieser Charme des Benehmens, der dem französischen Kardinal den Ausdruck „das heimische Paradies der Engel" nahelegte. Das erste, was man über die Kunst des Benehmens sagen muss, ist, dass das, was in einem Alter angemessen ist, in einem anderen höchst unangemessen und lächerlich sein würde. Für ein junges Mädchen zum Beispiel wäre es lächerlich genug, so ernst und steif zu sitzen wie „ihre in Alabaster geschnittene Großmutter", aber nicht so sehr, als dass eine alte Frau die ausgelassene Heiterkeit des Mädchenalters annehmen würde. Sie würde zu Recht nur Verachtung und Gelächter auf sich ziehen.

Tatsächlich macht eine bescheidene Miene eine Frau immer charmant. Bescheidenheit ist für die Frau das, was der grüne Mantel für die Natur ist – ihr Schmuck und höchste Schönheit. Was für ein wunderwirkender Charme in einem Rouge liegt – welche Sanftheit und Majestät in der natürlichen *Einfachheit* , ohne die Prunk verächtlich und die Eleganz selbst unanmutig ist.

Es besteht kein Zweifel daran, dass der größte Anreiz zur Liebe in der Bescheidenheit liegt. Weise Frauen dieser Welt wissen das so gut, dass sie sich unendlich viel Mühe geben, den Anschein davon zu tragen, mit dem gleichen Takt und mit dem gleichen Motiv, mit dem sie sich in attraktive Kleidung kleiden. Sie haben eine Lehre von Sir Joshua Reynolds übernommen, der sagt: „Menschen sind wie bestimmte Tiere, die nur dann fressen, wenn es nur wenig Futter gibt, und die nur mit Mühe durch die Gitterstäbe eines Gestells hindurchkommen, sich aber weigern, es zu berühren, wenn sie dort sind." ist eine Fülle vor ihnen." Es ist sicherlich wichtig, dass alle Frauen dies verstehen; und es ist nicht mehr als gerecht, dass sie es praktizieren, da die Menschen sie in dieser Angelegenheit immer mit unaufrichtiger Unwahrheit behandeln. Männer mögen sich mit einem lauten, laut lachenden, geschwätzigen Mädchen vergnügen; Es ist das ruhige, verhaltene, bescheidene und scheinbar schüchterne Benehmen, das die größte Chance hat, ihre Herzen zu erobern.

ANHANG II

AUSZÜGE AUS „LOLA MONTEZ' VORTRÄGEN"

SCHÖNE FRAUEN

Die letzte und schwierigste Aufgabe, die Psyche auferlegt wurde, bestand darin, in die unteren Regionen hinabzusteigen und einen Teil von Proserpines Schönheit in einer Kiste zurückzubringen. Die allzu neugierige Göttin, getrieben von Neugier oder vielleicht auch von dem Wunsch, ihren eigenen Reizen noch mehr zu verleihen, hob den Deckel, und siehe da, es trat heraus – ein Dampf, der alles war, was von dieser wundersamen Schönheit übrig war.

Bei dem Versuch, Schönheit zu definieren, habe ich die Kraft dieses klassischen Gleichnisses schmerzlich gespürt. Wenn ich mich in Paris auf einen Schönheitsstandard festlege, werde ich feststellen, dass dieser in Konstantinopel nicht ausreichen wird. Persönliche Qualitäten, die gegensätzlichsten, die man sich vorstellen kann, werden in verschiedenen Ländern und sogar von verschiedenen Menschen desselben Landes als schön angesehen. Was in New York Deformität ist, kann in Peking Schönheit sein. An einer Stelle sieht der seufzende Liebhaber „Helena" in einer ägyptischen Stirn. In China sind schwarze Zähne, bemalte Augenlider und gezupfte Augenbrauen wunderschön; Und wenn die Füße einer Frau groß genug sind, um darauf zu laufen, gelten ihre Besitzer als Monster der Hässlichkeit.

Bei den modernen Griechen und anderen Völkern an den Küsten des Mittelmeers ist Korpulenz die Vollkommenheit der Form einer Frau; Gerade die Attribute, die den Westeuropäer abstoßen, bilden den höchsten Reiz einer orientalischen Messe. Es ist die gewöhnliche und bewunderte Figur seiner Landsfrauen, die Reubens in seinen Bildern mit einer vulgären und fast abscheulichen Fülle entzückt. Er scheint keine Vorstellung von Schönheit unter zweihundert Pfund zu haben. Seine Gnaden sind alle fett.

Haare sind ein wunderschöner Schmuck der Frau, aber es war schon immer umstritten, welche Farbe sie haben sollen. Ich glaube, dass die meisten Menschen heutzutage einen roten Kopf mit Missfallen betrachten – aber zu Zeiten von Königin Elizabeth war es in Mode. Maria von Schottland trug, obwohl sie selbst über exquisites Haar verfügte, rote Haarteile als Kompliment an die Mode und die rothaarige Königin von England.

Diese berühmte Schönheit, Kleopatra, war ebenfalls rothaarig; und die venezianischen Damen haben bis heute gefälschtes gelbes Haar.

Gelbes Haar hat noch eine höhere Autorität. DER ORDEN VOM GOLDENEN VLIES wurde von Philipp, Herzog von Burgund, zu Ehren einer gebrechlichen Schönheit mit gelbem Haar gestiftet.

Also, meine Damen und Herren, diese Sache der Schönheit, über die ich sprechen möchte, hat ihren eigenen etwas wandernden und wankelmütigen Standard. Alle Liebhaber der Welt werden trotz mir ihre eigene Vorstellung davon haben.

Doch wo finden wir diese besondere Kraftquelle? Oft wahrhaftig in einem Grübchen, manchmal unter dem Schatten eines Augenlids oder vielleicht zwischen den Locken einer kleinen fantastischen Locke!

Ich kannte einmal einen Adligen, der versuchte, sich weise zu machen und sein Herz von der Knechtschaft einer berühmten Schönheit des Hofes zu befreien, indem er sich ständig wiederholte: „Aber es ist nur von kurzer Dauer", „Das wird es nicht." zuletzt – es wird nicht von Dauer sein!"

Ach, ich! das ist zu wahr – es wird nicht von Dauer sein. Schönheit hat ihre Zeit, und es ist die Strafe der Natur, dass Mädchen verblassen und schrumpelig werden müssen, wie es ihre Großmütter vor ihnen getan haben.

Wenn wir einer jungen Dame beibringen, sich elegant zu kleiden, müssen wir ihr zunächst klar machen, dass die Symmetrie der Figur immer mit einer Harmonie der Kleidung einhergehen sollte und dass es eine gewisse Angemessenheit in der Kleidung gibt, die an Form, Hautfarbe und Alter angepasst ist. Die Erhaltung der Gesundheit der menschlichen Form ist das erste Ziel der Überlegung, denn ohne sie kann man weder ihre Symmetrie aufrechterhalten noch ihre Schönheit verbessern. Aber der Grundstein für ein gerechtes Verhältnis muss schon im Kindesalter gelegt werden. „Wenn der Zweig gebogen wird, neigt sich der Baum." Für ein ungehindertes Wachstum ist eine leichte Kleidung unerlässlich, die den Funktionen des Lebens Freiraum gibt. Wenn die jungen Fasern nicht durch Hindernisse der Kunst unterbrochen werden, werden sie harmonisch in die Form schießen, die die Natur gezeichnet hat. Die Kleidung der Kindheit sollte in jeder Hinsicht einfach sein – ihre Bewegungen dürfen nicht durch Ligaturen an der Brust, den Lenden, den Beinen oder den Armen behindert werden. Durch diese Freiheit werden wir sehen, wie die Muskeln der Gliedmaßen allmählich die feine Schwellung und Einfügung annehmen, die nur durch uneingeschränkte körperliche Betätigung hervorgerufen werden kann. Die Brust wird sich anmutig auf der fest sitzenden Taille wiegen und in edler und gesunder Weite anschwellen, und die ganze Figur wird im blühenden Alter der Jugend nach vorn streben und früh zur Reife der Schönheit heranreifen.

Die so erzogene, oder vielmehr ihrem natürlichen Wachstum überlassene liebliche Gestalt der Frau nimmt eine Vielzahl reizender Charaktere an. In einer jugendlichen Figur sehen wir die Züge einer Waldnymphe, eine in allen Teilen schlanke und elastische Gestalt. Die Form:

„Nach und nach kleiner und schöner kleiner,
vom weichen Busen bis zur schlanken Taille!"

Ein Fuß so leicht wie der von ihr, deren fliegender Schritt kaum den „unbeugsamen Mais" berührte, und Gliedmaßen, deren bewegliche Anmut sich im Einklang mit den Rundungen ihres Schwanenhalses und dem Strahlen ihrer funkelnden Augen bewegte.

Um diese Verwüstungen zu reparieren, bedarf es der Hilfe von Polstern, um dort Form zu schaffen, wo keine sind, von Stützen, um das anschwellende Chaos des Fleisches in Form zu bringen, und von Farben in allen Farbtönen, um den schmuddeligen Teint zu korrigieren; aber nutzlos sind diese Versuche – denn wenn Ausschweifung, späte Stunden, Maßlosigkeit und Nachlässigkeit die Schönheit weiblicher Reize zerstört haben, liegt es nicht in der Macht von Äskulap selbst, die zerschmetterte Rinde oder die Syrenen mit all ihren Liedern wiederherzustellen und List, um seine ramponierten Seiten vor den Felsen zu retten und es wieder in tapferem Gewand über das Meer reiten zu lassen. Die schöne Dame, die ihr Streben nach Vergnügen nicht so mäßigen kann, dass das Fest, die Mitternachtsstunde, der Tanz nicht zu oft wiederkehren, muss die Hoffnung aufgeben, ihre Reize bis zum Verfall der Natur zu bewahren. Nach dieser Mäßigung im Genuss des Vergnügens ist die nächste Maßnahme zur Bewahrung der Schönheit die sanfte und tägliche Bewegung an der frischen Luft. Die Natur lehrt uns in den Spielen und der Sportlichkeit der niederen Tiere, dass körperliche Anstrengung für das Wachstum, die Kraft und die Symmetrie des Tierkörpers notwendig ist; während der zu fleißige Gelehrte und der träge Luxusmensch an sich selbst die schädlichen Folgen des Mangels an körperlicher Betätigung erkennen lassen.

Manche reiche Dame würde Tausende von Dollar für diesen vollen runden Arm und die Pfirsichblüte auf der Wange ihrer Küchenmagd geben. Nun, hätte sie nicht beides haben können, wenn sie sich genauso viel bewegte und genauso einfach lebte?

Aber ich bin des Themas Kosmetika überdrüssig, so wie jede Frau mit Verstand am Ende ihrer Verwendung überdrüssig wird. Es ist eine Lektion, die wir mit Sicherheit lernen werden; Aber im Leben der meisten modischen Damen besteht kaum eine Chance, dass es gebraucht wird, bis zu der unaussprechlichen Zeit, in der die Männer aufhören, Schmuck und Spielzeug daraus zu machen. Die meisten Frauen brauchen zwei Drittel ihres Lebens, um herauszufinden, dass Männer sich über sie amüsieren, ohne sie zu respektieren. und jede Frau kann zu dem Schluss kommen, dass sie

Verdienste besitzen muss, um wirklich respektiert zu werden; Sie muss Geistes- und Herzensleistungen haben, und ohne diese kann es keine wahre Schönheit geben. Wenn die Seele ohne Kultivierung, ohne Vornehmheit, ohne Geschmack, ohne die Süße der Zuneigung ist, können nicht alle Geheimnisse der Kunst das Gesicht schön machen; und andererseits ist es unmöglich, den Glanz eines eleganten und gebildeten Geistes zu dämpfen; Sein Glanz durchdringt die Hüllen der Deformität und behauptet seine Herrschaft über die Welt der Gefühle.

GALANTERIE

Eine Geschichte vom Beginn der Herrschaft der Galanterie würde uns zurück zur Erschaffung der Welt führen; Denn ich glaube, dass der Mann nach seiner Erschaffung als erstes damit begonnen hat, mit der Frau zu schlafen.

Es gab also keine Diskussion über „Rechte der Frau" oder „den Einfluss der Frau" – die Frau hatte, was ihre Seele begehrte, und ihr Wille war die Losung für Kampf oder Frieden. Liebe war ein ebenso ausgeprägtes Merkmal des ritterlichen Charakters wie Tapferkeit; und wer es verstand, eine Lanze zu brechen, aber nicht, wie man eine Dame eroberte, wurde für nur einen halben Mann gehalten. Er kämpfte darum, ihr Lächeln zu gewinnen – er lebte, um ihrer Liebe würdig zu sein.

Damals war es keine bloße Einbildung, „eine Dienerin der Damen" zu sein – und verliebt zu sein war kein müßiger Zeitvertreib; sondern zutiefst, wütend, fast lächerlich ernst zu sein. Für den Kavalier war die Frau ein Wesen mit mystischer Macht. Wie in den alten Wäldern Deutschlands hatte man ihr wie einem Waldgeist zugehört, melodiös, feierlich und orakelhaft. Als das Rittertum zur Institution wurde, warf die Vorstellung von etwas übernatürlich Schönem in ihrem Charakter einen Schatten auf ihr Leben, und sie wurde nicht nur geliebt, sondern auch verehrt. Und nie waren Männer ihren schönen Damen gegenüber treuer als in den stolzesten Tagen des Rittertums.

So etwas wie echte Galanterie gibt es weder in Frankreich noch in England. In Frankreich ist das Verhältnis zwischen den Geschlechtern zu wankelmütig, wechselhaft und unaufrichtig, als dass man sich der Galanterie näher als dem Flirt nähern könnte; während in England die Aristokratie, die einzige Klasse in diesem Land, die das echte Gefühl der Galanterie haben könnte, zu Ladenbesitzern und Händlern wird. Die Smiths und Joneses, die auf den Schildern zu sehen sind, haben den Adel als stille Teilhaber hinter sich. Die Geschäftsgewohnheiten der Vereinigten Staaten und die Beispiele für schnelles Vermögen in diesem Land haben John Bull ziemlich den Kopf verdreht, und er entwickelt sich sehr schnell zu einem scharfsinnigen, sparsamen und geldgierigen Yankee. Ein Geschäfts- und Handelsvolk hat keine Muße, jene Gefühle und Romantik zu pflegen, die die Grundlage der Galanterie bilden. Die Aktivitäten der menschlichen Natur suchen nach anderen, praktischeren und nützlicheren Kanälen der Erregung. Anstatt ihr Leben der Verehrung und dem Dienst an den schönen Damen zu widmen, bauen sie Telegraphen, Eisenbahnen, Dampfschiffe, bauen Finanzsysteme auf und erweitern den Bereich der praktischen Zivilisation.

HELDINNEN DER GESCHICHTE

Beim Versuch, eine Definition von willensstarken Frauen zu geben, halte ich es für notwendig, zwischen gerechten Vorstellungen von Stärke und dem, was die moderne Frauenrechtsbewegung so ansieht, zu unterscheiden.

Eine sehr achtbare Frau namens Mrs. Bloomer erlangte den Ruf einer willensstarken Frau, indem sie ihre Röcke um sechs Zoll kürzte, ein Kompliment, das in meinem Herzen sicherlich kein neidisches Gefühl hervorruft; Denn ich frage mich philosophisch, wie das Abschneiden des Kleides einer Frau um 15 Zentimeter die Höhe ihres Kopfes erhöhen kann.

Ein oder zweihundert Frauen, die zu einer Versammlung zusammenkommen und beschließen, dass sie eine missbrauchte Gemeinschaft sind und dass alle Männer große Tyrannen und Schurken sind, beweisen deutlich genug, dass sie – die Frauen – irgendwie unzufrieden sind und dass sie vielleicht eine … Sie verfügen über ein gewisses Maß an Mut, aber ich kann mir nicht vorstellen, dass dies ein Beweis dafür ist, dass sie über eine bemerkenswerte Geistesstärke verfügen.

Wirklich willensstarke Frauen sind keine Frauen der Worte, sondern der Taten; nicht von Vorsätzen, sondern von Taten. Die Geschichte lehrt mich nicht, dass sie jemals viel Zeit mit Kongressen und der Verabschiedung von Resolutionen über ihre Rechte verbracht haben; aber sie waren sehr schnell dabei, ihre Rechte geltend zu machen, sie auch zu verteidigen und die Konsequenzen einer Niederlage zu tragen.

So ist die gesamte Geschichte voll von verblüffenden Beispielen weiblichen Heldentums, die beweisen, dass das Herz der Frau aus ebenso starkem Stoff und ebenso mutig ist wie das, was in den Rippen des gröberen Geschlechts schlägt. Und wenn es uns erlaubt wäre, von dieser hohen Ebene der öffentlichen Geschichte in die Privathäuser der Welt hinabzusteigen, in welchem Geschlecht würden wir dann wohl den reinsten Geist des Heldentums finden? Wer erträgt Kummer und Schmerz mit dem größten Heldenmut des Herzens? Wer hält inmitten von Armut, Vernachlässigung und erdrückender Verzweiflung am tapfersten durch den schrecklichen Kampf und gibt nicht einmal den furchtbaren Anforderungen der Notwendigkeit nach, bis der Tod ihr die letzte Waffe der Verteidigung entreißt? Ach, wenn all dieser ungeschriebene Heldentum der Frau ans Licht gebracht werden könnte, würde sogar der Mann selbst seinen stolzen Kranz des Ruhms zu ihren Füßen niederwerfen!

Rousseau behauptet, dass „alle großen Revolutionen den Frauen zu verdanken waren". Die Französische Revolution, das letzte große und bewegende Ereignis, auf das die Welt zurückblickt, ereignete sich, wie Burke es bösartig ausdrückt, „inmitten des Geschreis und der Gewalt der Frauen". Wir akzeptieren das Kompliment, das Burke hier der Macht der Frau macht, und führen die Grobheit seiner Sprache auf die bittere Abneigung zurück, die jeder Engländer jener Zeit gegen alles hatte, was Französisch war. Nein, Herr Burke, die großen Frauen Frankreichs halfen dieser mächtigen Revolution nicht durch „Geschrei und Gewalt", sondern durch die vereinte Kraft von Intellekt und Schönheit. Auch Frauen, die sich zu Kongressen zusammentun, um Männer zu beschimpfen, werden nie etwas erreichen. Sie können die Gesetzgebung nur durch stillen und umsichtigen Rat bewirken, mit Mitteln, die das Urteilsvermögen und das Herz der Gesetzgeber kontrollieren. Und die Erfahrung der Welt hat ziemlich gut bewiesen, dass das Urteil eines Menschen ziemlich leicht kontrolliert werden kann, wenn sein Herz einmal überzeugt ist.

KOMISCHER ASPEKT DER LIEBE

Mein Thema heute Abend ist der komische Aspekt der Liebe. Zweifellos haben die meisten von Ihnen ein wenig Erfahrung gehabt, zumindest mit der sentimentalen und seufzenden Seite der zärtlichen Leidenschaft; und was ich vorschlage, ist, Ihnen die humorvolle oder komische Seite zu vermitteln. Vielleicht sollte ich damit beginnen, die Damen um Verzeihung zu bitten, wenn sie eine so heilige Sache wie Liebe auf komische Weise behandeln oder die lächerliche Seite einer so bezaubernden Sache, wie sie Liebe finden, den Blicken der Männer zuwenden – aber ich Ich möchte davon ausgehen, dass ich vernünftige oder rationale Liebe nicht so behandeln werde. Von diesem schönen Gefühl, weniger warm als Leidenschaft, aber doch zärtlicher als Freundschaft, werde ich keinen Moment respektlos sprechen; Von dieser reinen, uneigennützigen Zuneigung, die das eine Geschlecht für das andere empfindet – so bezaubernd sie auch vernünftig ist – kann ich nicht leichtfertig sprechen. Aber es gibt eine bestimmte romantische, sinnlose Art von Liebe, wie sie manchmal von Dichtern gefeiert wird und Männer und Frauen vortäuschen, die ein legitimes Ziel für Spott darstellt. Diese Art von Liebe ist phantasievoll und töricht; es ist nicht das Produkt des Herzens, sondern der Fantasie. Ich weiß, dass großzügige Taten und die Verachtung des Todes diese Torheit manchmal mit einem Schleier verdeckt haben. Die Künste haben ihm einen fantastischen Kranz geflochten, und die Musen haben ihn mit den süßesten Blumen geschmückt: Aber das macht es nicht weniger lächerlich und gefährlich. Liebe dieser romantischen Art ist eine Abstraktion, die viel zu leicht und subtil ist, um inmitten der hektischen Beziehungen dieser geschäftigen Welt eine greifbare Existenz aufrechtzuerhalten. Es ist eine bloße Blase, die durch die Leidenschaften und Fantasien der Menschen an die Oberfläche geworfen wird und durch den Kontakt mit den harten Fakten des täglichen Lebens bald zerplatzt. Es ist eine Sache, die nur wenig Handhabung verträgt. Der Deutsche Wieland, ein großer Anhänger der Liebe, war der Meinung, dass „ihre metaphysische Wirkung mit dem ersten Seufzer begann und mit dem ersten Kuss endete!" Platon lag nicht weit daneben, als er es „einen großen Teufel" nannte; und der Mann oder die Frau, die wirklich davon besessen sind, werden es sehr schwer finden, es auszutreiben.

Von den Feinheiten der Liebe kann die große Masse der Menschen nichts wissen. Die Wahrheit ist, dass sentimentale Liebe so sehr eine Sache der Vorstellungskraft ist, dass Unkultivierte kein natürliches Feld haben, um sie zu zeigen. In Amerika kann man die volle Tragweite dieser Wahrheit kaum erkennen, weil die Klassenunterschiede erfreulicherweise nahezu ausgelöscht sind. Hier scheint die intellektuelle Kultur etwa gleichmäßig auf alle Klassen verteilt zu sein. Ich nehme an, dass es in diesem Land nichts Ungewöhnliches ist, den ärmsten Schuster, dessen kleine Baracke neben der stolzen Villa eines Millionärs steht, als einen Mann mit wirklich größeren geistigen Fähigkeiten zu finden als sein reicher und hochmütiger Nachbar; In diesem Fall wird der Millionär gut daran tun, darauf zu achten, dass der Schuster nicht mit seiner Frau Liebe macht; Und wenn er es tut, braucht es niemanden groß zu kümmern, denn der Millionär wird sich mit Sicherheit revanchieren.

Das große Gesetz „Tit-for-Tat" ist, glaube ich, gleichermaßen das Gesetz aller Nationen; Außerdem ist die Liebe ein großartiger Vermittler von Unterscheidungen, und in dieser Nivellierungsmission vollführt sie einige ihrer lächerlichsten Possen. Wenn die Tochter eines reichen Mannes mit dem Kutscher ihres Vaters durchbrennt, was gelegentlich vorkommt, bricht das ganze Land in schallendes Gelächter aus. Es gibt eine angeborene, verbreitete Wahrnehmung des Lächerlichen, aber jeder sieht und spürt, dass es in solchen Fällen fehl am Platz und grotesk ist. Jeder merkt, dass das Herz der Frau den Biss in den Mund genommen hat und mit ihrem Gehirn davonläuft. Aber da die Komödie oft fast mit der Tragödie verbunden ist, wird die Trauer mit Sicherheit kommen, sobald die kleinen Flitterwochen vorbei sind. Diese romantische Liebe kann auf dem Boden der Armut und Not nicht gedeihen. Tatsächlich können alle Stimulanzien, die Stolz und Luxus ihm geben können, ihn kaum am Leben erhalten. Das reiche Fräulein, das mit einem Mann durchbrennt, der in Bildung und Bildung weit unter ihr steht, muss nach einem kurzen Traum unweigerlich in einem Zustand aufwachen, der ihr ein Leben lang Pech gemacht hat; und er, der arme Mann, wird nicht weniger elend sein, wenn sie ihm nicht genug Geld gebracht hat, um ihm Muße und Gelegenheit zu geben, seinen Fantasien in der Gesellschaft nachzugehen, die seinem eigenen Geschmack und seiner Bildung entspricht.

WITZE UND FRAUEN VON PARIS

Die französischen Witzbolde erzählen die lächerliche Geschichte eines unerfahrenen Engländers, der bei seiner Landung in Calais von einer schmollenden rothaarigen Gastgeberin empfangen wurde, als er sofort in sein Notizbuch schrieb: „Alle französischen Frauen sind schmollend und rothaarig." "

Wir haben nie gehört, ob dieser Engländer später seine ersten Eindrücke von französischen Frauen korrigiert hat, aber sehr wahrscheinlich hat er es nie getan, denn es gibt nichts Schwierigeres auf der Welt, als für einen Engländer seine ersten Eindrücke zu verarbeiten, und das gilt insbesondere für alles in Frankreich. Ein aristokratischer Engländer kann Jahre in Paris leben, ohne wirklich etwas darüber zu wissen. Zunächst begibt er sich mit Empfehlungsschreiben an das Faubourg St. Germain dorthin, wo er nur die fossilen Überreste der alten *Noblesse findet*, vermischt mit einem kleinen Teil der tatsächlichen Intelligenz des Landes, und hier zieht er umher die stagnierenden Kreise des historischen Frankreichs, und es ist ein Wunder, wenn er auch nur einen Blick auf das lebendige, fortschrittliche Paris erhaschen kann. Es gibt nichts auf der Erde, außer einer dreitausend Jahre alten Mumie, das so grimmig und steif und verschrumpelt ist wie der reine alte französische Adel. Frankreich besitzt derzeit drei verschiedene und gegensätzliche Adelsgeschlechter. Erstens gibt es den Adel des Kaiserreichs, den napoleonischen Adel, der auf militärischem und bürgerlichem Genie beruht; zweitens gibt es den Adel von Orleans, die Familie des verstorbenen Louis-Philippe, vertreten durch den jungen Comte de Paris; Drittens die Legitimisten oder die alte Aristokratie des Bourbonenstamms, vertreten durch Heinrich V., Herzog von Bordeaux, der jetzt etwa fünfzig Jahre alt ist und behaglich im italienischen Exil lebt.

Keine Beschreibung, die ich geben kann, kann einen angemessenen Eindruck von der Faszination vermitteln, die die Gesellschaft für Geister wie Dejazet ausübt; und nirgendwo findet man diese Art von Gesellschaft so vollständig wie in Paris. Nirgendwo sonst trifft man so viele geistreiche und geniale Frauen auf die Versammlungen und festlichen Anlässe literarischer Männer. und ich möchte hinzufügen, dass in keinem Teil der Welt die literarische Gesellschaft so kultiviert, so brillant und so charmant intellektuell ist wie in Paris. Es ist ein großer Kontrast zur literarischen Gesellschaft in London oder Amerika. Hören Sie sich das folgende Geständnis von Lord Byron an: „Ich habe eine Versammlung voller großer Namen der *Haute-Ton* in London verlassen, in der es außer Namen nur wenige gab, um Erleichterung von der

Langeweile zu suchen , die mich überwältigte Apfelweinkeller! und habe dort mehr Stoff für Spekulationen gefunden als in den faden Kreisen glitzernder Langeweile, die ich hinterlassen hatte.

Eine der bemerkenswertesten und bekanntesten Personen, die man in Paris trifft, ist Madame Dudevant, allgemein bekannt als Georges Sand. Sie ist jetzt etwa fünfzig Jahre alt (es ist kein Verbrechen, vom Alter einer Frau ihres Genies zu sprechen), eine große, maskuline Frau mit groben Gesichtszügen, aber mit schönen Augen und offen, locker, offenherzig und herzlich auf ihre Art zu Freunden. Einem anspruchsvollen Geist werden ihre Schriften eine korrekte Vorstellung von der Frau vermitteln. Man trifft sie überall in Männerkleidung an – ein Brauch, den sie sich nicht aus bloßer Laune oder Eigensinnigkeit zu eigen macht, sondern aus dem Grund, weil sie in dieser Kleidung in die Lage versetzt wird, zu gehen, wohin sie will, ohne Neugier zu wecken und zu sehen und zu hören, was am meisten ist nützlich und wesentlich für sie beim Schreiben ihrer Bücher. Sie ist zweifellos der männlichste Geist Frankreichs der Gegenwart. Durch die Torheit ihrer Beziehungen wurde sie früh mit einem Narren verheiratet, verließ ihn jedoch bald voller Abscheu und schloss anschließend eine Freundschaft mit Jules Sandeau, einem Romanautor und klugen Kritiker. Er war es, der ihr Genie entdeckte und sie zum Schreiben brachte. Den Namen dieses Autors, Jules Sandeau, änderte sie in Georges Sand um – ein Name, den sie unsterblich machte.

In Gesellschaft schweigt Georges Sand, und außer wenn das Gespräch eine sympathische Saite in ihrem Wesen berührt, neigt sie wenig zur Demonstration. Dann wird sie ernsthaft über große Dinge sprechen, im Allgemeinen über Philosophie oder Theologie, aber vergeblich werden Sie versuchen, sie in ein Gespräch über die kleinen Dinge des gewöhnlichen Geplauders einzubeziehen. Sie lebt in einem kleinen Freundeskreis, wo sie sagen und tun kann, was sie will. Ihr Sohn ist ein armes, schwachhirniges Geschöpf, das Tag und Nacht die ganze Nachbarschaft damit verärgert, dass er auf einer riesigen Trommel schlägt. Sie hat eine Tochter, die mit Chlessindur, dem berühmten Bildhauer, verheiratet ist, der ihrer talentierten Mutter jedoch nur wenig ähnelt. Madame Georges Sand hatte ein Leben voller wilder Stürme und nur wenige Sonnenstrahlen, die ihren Weg erhellten; und wie die meisten Reformatoren der Gegenwart ist sie, insbesondere wenn sie das Unglück hat, eine Frau zu sein, ein Ziel, das in eine auffällige Position gebracht werden muss und auf das von allen dunklen, unaufgeklärten Menschen geschossen werden kann, die möglicherweise besondere Motive dafür haben den Fortschritt des Geistes bremsen; Aber es ist in diesem glorreichen neunzehnten Jahrhundert ebenso absurd, zu versuchen, die Gedankenfreiheit und die Souveränität des Einzelnen zu zerstören, wie es ist, den Fall von Niagara aufzuhalten.

Es gab eine begabte und modische Dame (die Gräfin von Agoult), selbst eine versierte Autorin, über die und Georges Sand eine merkwürdige Geschichte erzählt wird. Sie waren gute Freunde und der berühmte Pianist Liszt war der Bewunderer beider. Eine Zeit lang verlief alles reibungslos, ganz *in der Farbe der Rose* , als Lizst und Georges Sand eines schönen Tages plötzlich aus Paris verschwanden, nachdem sie sich vorgenommen hatten, im Sommer gemeinsam eine Tour durch die Schweiz zu machen. Die Empörung der schönen Gräfin über diese doppelte Desertion war groß; und als sie nach Paris zurückkehrten, ging Madame d'Agoult zu Georges Sand und forderte den großen Schriftsteller sofort zu einem Duell heraus, wobei die Waffen Fingernägel usw. sein sollten. Die arme Lizst rannte aus dem Zimmer und schloss sich ein Er versteckte sich im dunklen Schrank, bis die tödliche Schlägerei beendet war, und übergab dann seinen Körper einem Freund, um ihn, wie er sagte, für den verbleibenden Angreifer aufzubewahren. Madame d'Agoult war mit einem alten Mann verheiratet, einem Bücherwurm, der sich nur um seine Bibliothek kümmerte; Er wusste nicht einmal, wie viele Kinder er besaß, und der alte Philosoph kümmerte sich so wenig um die Sache, dass er, wenn ein Fremder ins Haus kam, beim Erscheinen der Familie immer sagte: „Erlauben Sie mir, es Ihnen vorzustellen." die Kinder meiner Frau"; und das alles mit dem mildesten Lächeln und der zufriedensten Miene.

ROMANISMUS

Ich weiß nicht, dass die Geschichte etwas Wunderbareres zu bieten hat als die Rolle, die die katholische Kirche in den verschiedenen Zivilisationen der Welt gespielt hat.

Was für eine wunderbare Struktur es ist, mit seiner Hierarchie, die sich über lange Jahrhunderte erstreckt, fast von der apostolischen Zeit bis zu unserer Zeit; in den mehr als fünfzehnhundert Jahren seines Bestehens Seite an Seite mit Formen der Zivilisation und Unzivilisation leben, die vielfältigsten und widersprüchlichsten; Durchsetzung einer wirksamen Kontrolle über Meinungen und Institutionen; mit seinem Pontifikat (wie behauptet wird), das auf den Fischer von Galiläa zurückgeht und noch immer dort in der Stadt herrscht, die den heiligen Petrus predigen hörte und den sie als Märtyrer sah; gottlos vorgab, auf seinem Stuhl zu sitzen und seine Schlüssel zu tragen; erschüttert, verbannt, immer wieder gebrochen durch Schisma, durch lutherische Aufstände und französische Revolutionen; doch es richtet sich immer wieder auf und stellt eine Vitalität wieder her, die weder Gewalt noch Meinung bisher auslöschen konnten. Einst stand es mit dem Fuß im Nacken von Königen, hatte das Schicksal von Weltreichen in seinen Händen und beaufsichtigte dennoch den großartigsten kirchlichen Mechanismus, den der Mensch je gesehen hat. die Anordnung von Fasttagen und Festtagen und die Regulierung der Ernährung von Millionen von Menschen mit allmächtigem

Fiat; Es gab zahllose Gruppen religiöser Soldaten, die so ausgebildet, organisiert und befehligt wurden, dass es eine solche Armee weder vorher noch nachher gegeben hat. und gestützt auf eine Unfehlbarkeit, die sich der Vernunft widersetzt, eine Inquisition, um den Willen zu beugen oder zu brechen, und einen Beichtstuhl, um alle Herzen zu öffnen und die tiefsten Geheimnisse aller Gewissen zu meistern. Das war die mächtige Kirche Roms, und sie steht immer noch da, zwar von dem, was sie einst war, herabgestuft, aber noch nicht zerstört; verwirrt über die Vielfalt und Freiheit einer intellektuellen Zivilisation, die sie hasst und vergeblich zu zerstören versucht; mühsam versucht, sich an das Europa des 19. Jahrhunderts anzupassen, wie es einst an das Europa des 12. Jahrhunderts der Fall war; Er verlängerte seine Schnüre und verstärkte seine Pfähle, vergrößerte den Platz seines Zeltes und breitete die Vorhänge seiner Wohnungen aus, bis hin zu dieser Republik der Neuen Welt.

Das einzige Wunder ist, dass eine solche Kirche in der Lage sein sollte, ihre Geschicke so weit in das Zentrum der modernen Zivilisation zu treiben, mit der sie kein Mitleid empfinden kann und die sie nur zerstören will. Ich gestehe, es fällt mir schwer zu glauben, dass eine totale Lüge so vielen Millionen Seelen Trost und Hilfe spenden könnte; und die Erklärung ist zweifellos, dass das alles keine totale Lüge ist; denn selbst seine schlimmeren Lehren basieren auf bestimmten großen Wahrheiten, die vom gemeinsamen Herzen der Menschheit akzeptiert werden.

Es gibt so etwas wie eine universelle Wahrheit, und es gibt so etwas wie eine apostolische Sukzession, die nicht durch Edikte, Bullen und Kirchenkanonen, sondern durch ein göttliches und wahres inneres Leben geschaffen wird. Aber all dies hat Rom pervertiert, indem es den diffusen Geist der Wahrheit zu einem Mechanismus verhärtet hat, der in eine Form gegossen wurde, in der er gewaltsam gehalten wurde; und indem sie immer falscher und falscher wurde, je älter und weiser die Welt wurde, bis die Universalität nur noch ein anderer Name für einen engen und intoleranten Sektenismus wurde, während die Unfehlbarkeit sich der Absurdität verschrieb und die Vernunft schwindlig wird und der Glaube keine andere Quelle mehr hat ihre Augen schließen; und die apostolische Nachfolge wurde auf eine bloße Dynastie von Priestern und Päpsten eingeengt. Eine Hierarchie von Magiern, die Seelen durch Maschinen retten, das Königreich des Himmels durch ein „Sesam" von Beschwörungsformeln öffnen und schließen, für die es eine lebenslange Arbeit gewesen wäre, sie dem heiligen Petrus oder dem heiligen Paulus auch nur verständlich zu machen.

Wer soll nun die verblüffenden und brutalisierenden Auswirkungen einer solchen Religion berechnen? Wer würde es wagen zu behaupten, dass ein Prinzip, das die Vernunft so entwürdigt, nicht wie eiserne Bänder um das sich ausdehnende Herz und die kämpfenden Glieder der modernen Freiheit liegt?

Wer wird es wagen, mir zu sagen, dass diese schreckliche Kirche nicht wie eine riesige, unhandliche und anstößige Leiche am Schoß der Gegenwart liegt und das Lebensblut aus dem Körper der modernen Zivilisation drückt? Wir betrachten diese Sache nicht als religiöses Glaubensbekenntnis; Wir sind nicht hier, um es wegen seiner theologischen Sünden zu verurteilen; Wir diskutieren jedoch über seine Auswirkungen auf die politische und soziale Freiheit. Was muss die ultimative politische und soziale Freiheit sein, über die wir diskutieren? Was muss die ultimative politische Nacht sein, die über ein Volk hereinbricht, das keine individuelle Meinung und Unabhängigkeit im Willen hat und dessen Gehirne zu Werkzeugen in den Händen eines Clans oder eines Ordens geworden sind? Schauen Sie in dieses traurige Europa hinaus und sehen Sie alles! Sehen Sie dort, wie sich das katholische Element überall mit der Nacht markiert und die Seele, die Kräfte und die Freiheit des Volkes nach hinten und unten in die politische und soziale Untätigkeit zieht – in den unergründlichen Sumpf des Todes!